人を想い　地域を耕し　社会を変える人たちと

地域包括ケアを現場で語る

髙橋　紘士　編著

川　禮子　　市原　美穂
太田　秀樹　　大月　敏雄
奥田　知志　　祐成　保志
園田眞理子　　堂園　春衣
堂園　晴彦　　三浦　研
水田　恵　　宮島　俊彦
宮本　太郎　　山口　昇

木星舎

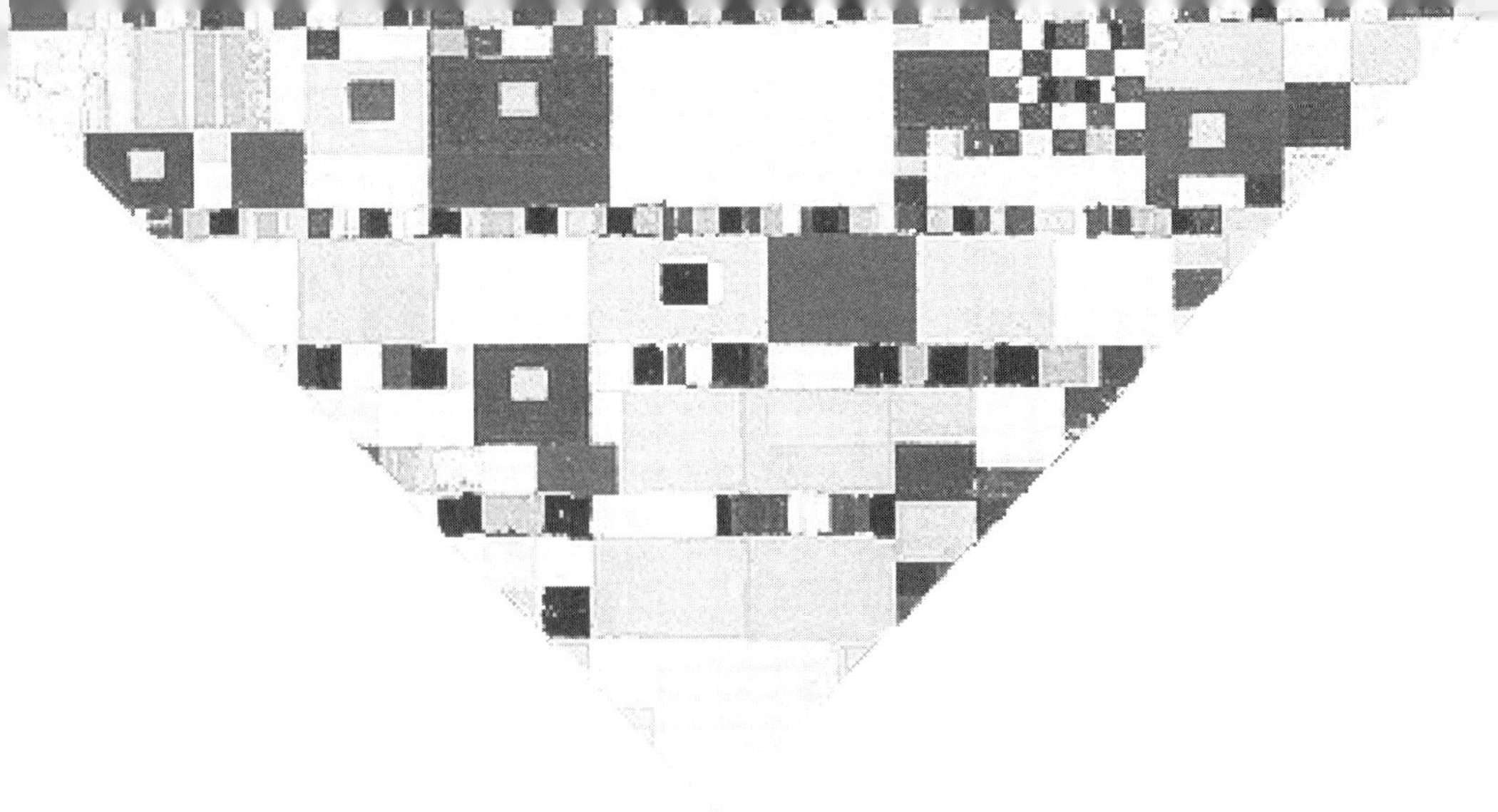

日本の土の中から生まれた宝石のような実践の数々。それを座談会という日本生まれの手法も使って歴史的視座から解き明した前代未聞の本。医療や福祉や介護・看護の現場、そして行政の世界で、前例を超えた前例を創ろうとしている方々にとって、必読書です。

大熊由紀子

はしがき

「地域包括ケア」とは、広島県御調《みつぎ》国保病院（現尾道市御調町）で山口昇医師のもとに展開した実践の名称である。しかし、その源流は多様な流れから発して、介護保険改革および社会保障政策推進の鍵概念となり、さらに地域包括ケアの包括化ともいうべき地域共生社会への流れに位置づけられるようになった。

これらの一連の流れと背景について、序章で在宅医である太田医師との対話の中で経緯を辿り、地域でケアを提供するための前提としての「すまいとすまい方」が課題となり、インフォーマルサポートを含む生活支援が重要となることなど現在に至るまでの展開をみていった。

その上で、第Ⅰ部においては、現場で活動する実践者と対話を通じて、地域包括ケアを構成するさまざまな要素の生成、発展、そして統合の姿などについて論じている。

第Ⅱ部では、施設を地域に展開するというイノベーション。医療・介護・福祉の協働の展開とこのような仕組みを創り出した地域の来歴。さらに、地域包括ケアの前提となる「ケア」の意味とあり方の転換について実践とともに論じた。これらは地域包括ケアの共通基盤《プラットフォーム》である。

第Ⅲ部では、地域包括ケアの来歴を探るために、概念の創始者との対話、コミュニティケア（在宅福祉）について春日市社会福祉協議会の実践、また、在宅ケアの先進的実践であるライフケアシステムの創始と展開を論じた。最後に、地域包括ケアは戦前の社会事業の中に萌芽があるということについて、歴史を遡りながら行った鼎談を収録した。

座談会とは「文藝春秋」を創刊した菊池寛による発明で、欧米では見られないとのこと。本書は地域包括ケアについて多分野の方々によって、多面的な角度から論じたさまざまな座談からなる内容である。

この書物が我が国の地域包括ケアの発展と、ますます必要となる専門分野間の連携と市民、専門職との協働による包括的支援システムの発展、さらに地域共生社会の創造に寄与することを願っている。

二〇二二年　初春

髙橋　紘士

はしがき　i

（敬称略）

序章　地域包括ケアの見取り図　在宅医との対話……太田秀樹との対談　1

病院完結型医療から地域完結型医療へ　1　進化する地域包括ケア　4　尊厳を取り戻す　9

第Ⅰ部　地域包括ケアを現場で語る　対談と鼎談

1章　ふるさとの会の生活支援　山谷から地域へ……水田恵・宮島俊彦との鼎談　17

単身困窮の高齢者を支える　18　生活支援を前提とした居住支援　22

「生活支援」を地域の中に埋め込む　25　地域力　31　暮らしの共同性　38　「生活の社会化」はない　41

2章　とも暮らしの可能性　ホームホスピスからのメッセージ……市原美穂・園田眞理子との鼎談　31

ホームホスピスが明らかにした住まいとケア　45　being　54　民家のもつ力　60

ひとり暮らしから、とも暮らしへ　66　再生の家　68　人を耕す　地域を耕す　72

ホームホスピスの今後の課題　74

3章　「けま喜楽苑」個室ユニットと認知症ケア　外山義の遺した仕事……市川禮子・三浦研との鼎談　78

生活を継続する居住空間　78　認知症の人が地域で暮らす　84

4章　NAGAYA TOWERが住まいを変える……堂園晴彦・堂園春衣・宮本太郎との座談　89

医療モデルから生活モデルへ　89　非血縁的な絆再生　93
支える側・支えられる側という二分法の崩壊　95　中間的領域にあるもの　97　社会的基盤の再生　104
お金に意思をもたせる仕組み　105　NAGAYA TOWERの実際　110　「必要縁」で人が集う　117
サービス供給者と消費者のリスクシェア　121　NAGAYA TOWERというリアリズム　125

5章　「抱樸」生活困窮を生み出さない社会へ　包括的居住支援の提唱……奥田知志との対談　128

「解散しない宣言」　128　社会保障の仕組みの穴　132　公の役割　136
自立を助けるための生活保護　139　生活困窮者自立支援制度　143　社会福祉のパラダイムが変わる　146

第Ⅱ部　地域包括ケアのシステムの共通基盤《プラットフォーム》

1章　「こぶし園」施設を地域に展開する　小山剛の仕事……155

小山剛が実践したこと　155　地域展開のためのサービス群の開発　157　小山剛の手法　163
施設の地域展開とその意義　166　地域包括ケアシステムのモデルと小山剛の仕事　168

2章　三方よし研究会と地域まるごとケア　近江の国柄……171

三方よし研究会の由来と活動　171　チーム永源寺　174　「三方よし」とは何か　177

近江商人の系譜　179　地域まるごとケアと三方よし　184　おわりに　185

3章　ケアの意味と新たなかたち　宅老所よりあい、ホームホスピス、あおいけあの実践……187

介護という概念の変遷　187　ケアの語源と分化　189　新たなケアのかたちの模索、実践　190

あおいけあの実践　194

第Ⅲ部　地域包括ケアの来歴をたどる

1章　御調国保病院の挑戦　地域包括ケアの創始……山口昇との対談　201

地域包括ケアシステムはこうして誕生した　201　地域包括ケアシステムは地域づくりで　206

エリアをコミュニティに　211

2章　在宅福祉事業の創始と展開　春日市社協の事業……213

春日市社協の事業活動への視点　213　追記：現在の視点から　春日市社協の在宅福祉事業　222

3章　包括的支援としてのライフケアシステム　佐藤智医師の仕事……227

はじめに　227　四つの柱　229　その理念　232　そのあゆみ　233

会員による「最寄り会」の意義　237　ライフケアシステムと地域包括ケアシステム　238

4章　社会事業の可能性　同潤会による不良住宅改良事業の構想と展開……大月敏雄・祐成保志との鼎談　240
同潤会の「不良住宅改良事業」の今日的意義　240　三・一一復興仮設住宅と同潤会モデル　242
地方改良と大都市定住　245　社会改良の流れ　252　社会調査と都市計画　254
生活のリアリティ、家族のリアリティ、労働のリアリティ　261　「空き家問題」の解決法　265
間の領域　266　住宅の質と住まいの質　270

あとがき　275

巻末資料──関連年表　276　／　図表一覧　278　／　初出一覧　279

序章　地域包括ケアの見取り図　在宅医との対話

医療法人アスムス理事長　太田　秀樹

太田秀樹医師

病院完結型医療から地域完結型医療へ

御調国保病院の悩み

太田　地域包括ケアというのは、元々は広島の御《み》調《つぎ》国保病院（現公立みつぎ総合病院）の山口昇先生がお使いになった言葉だと思います。少々仰々しく堅苦しいネーミングのように感じますが、概念はシンプルですよね。非常にわかりやすいシンプルな理念です。

高橋　まずは山口先生から直接うかがった話を簡単に申し上げます。一九七〇年代半ば、社会保障制度国民会議が報告書の中で「一九七〇年代モデル」と呼んでいる時期のことです。高度経済成長が完結した時期と言っていいかもしれません。山口先生は脳神経外科の医師でしたから、脳卒中の患者の命を救って、患者はリハビリテーションをして「先生ありがとう！」と言って元気に退院した。ところが何年かすると、その患者さんが寝たきりあるいは認知症（当時は痴呆症と言いましたが）になって病院に戻ってくる。急性期の医師は、自分が診た患者の行く末は知らないのが普通ですね。

太田　そうですね。病院完結型であれば。

高橋　ところが御調国保病院は、国民健康保険の直営診療所で、しかも町で唯一の診療機関だから、結局多くの患者がまたそこに戻ってくるので、自分の担当した患者さんがどうなったかがわかるんです。一九七〇年代は老人医療の無料化がありましたから、まさに患者が滞留する構造ができた時代でもありました。

山口先生は「なぜ患者さんが寝たきりになるんだろう。自分は最善の医療を尽くしたはずなのに」という疑問を持ち、患者がどういう生活をしているのか調べ始めたんです。御調国保病院は行政と直結していますから、町と病院のスタッフを総動員して訪問調査を実施しました。そこでいわゆる「寝たきり老人」を発見し、その原因は退院した患者さんの生活にあったことに気がつかれました。

例えば、それまで毎日家にいたお嫁さんが、一九七〇年代は共稼ぎ化して、日中は家庭内独居になり、介護力が低下していたんです。さらに入院するまでは交流のあった地域の人たちも、手術して帰ってくると遠ざかってしまい、地域からも孤立する。当時のトイレはまだ和式だし、お風呂は五右衛門風呂だから、介助がないと入れない。となると、おむつを当てっぱなしにして清拭にせざるを得なくなるようなことがあり、病院ではリハビリテーションをして元気になった人が、自宅に戻るとあっという間に寝たきりになってしまう。地域との関係性がなくなるのが重大な問題であることに、山口先生は気づくのです。

太田　一九七〇年代に御調のモデルができあがって、その時の理念が今の地域包括ケアシステムに引き継がれました。二〇〇三（平成十五）年には「二〇一五年の高齢者介護——高齢者の尊厳を支えるケアの確立に向けて」というレポートがつくられ、そこに地域包括ケアシステムというのが非常にクリアになって出てきました。

一九七〇年代の話がそのまま今の現実でもあることがわかります。しかもさらに深刻化しています。

老人医療費の無料化と病院死の増加

高橋　もう一つ、医療が福祉の受け皿になった問題です。一九七三年に老人医療費が無料化されて病院死が増え、三年後の七六年には全国で病院死と在宅死の比率が五：五になりました。

当時の日本では、ケアを受け止めるのは特別養護老人ホームなどの老人福祉施設でした。だけどそれは所得制限がかかる。現実には『恍惚の人』（有吉佐和子著　新潮社　一九七二年）の中に、区役所に相談したけれどサラリーマンでは対象にならないと追い返されたという場面があるように、ケアを受け止めるのは低所得者対策でしかありませんでした。そこを医療が受け止めることになるというのは必然の流れでしたよね。

太田　医療が福祉施策の貧困さを肩代わりしてきた歴史があるんですね。ちょうどその時期に医学部の定員が二倍に増えました。私たちは年間四千人前後が医師になる時代の医師なんですが、今は八千人に増えて大学受験生の百人に一人が医学部に行く時代になりました。私たちのときは四百～五百人に一人が医学部に行く時代でした。ちょうど専門医が一九八〇年代から整備されたこともあって、医師が増えるとみんな専門医になる。専門医という医師が現れると、国民は専門医に診てもらうことをありがたいと思うんですね。言葉は悪いのですが、身体を分解して診ていく（要素還元的な）文化ができてしまって、病院信仰が出来上がってしまいました。

高橋　結核を制圧したことで、民間の結核の療養病院が精神病院になり、老人病院になりました。そのうえ高度経済成長で診療報酬が潤沢に医療機関に入ってきましたから、病床の数も基本的には採算がとれれば開設者が増床できたのですよね。

太田　当時はベッド規制がありませんでしたね。

髙橋　家族の介護力が低下して、しかも脳血管障害などの後遺症がある患者を中心に、病院を利用することを国民側も納得していました。それが今日まで続きます。長期療養は病院に依存するということを続けてきたけれど、二〇〇〇年以降ゼロ成長で財政的に苦しくなってきた。介護を医療に委ねるというのはコスト面で問題になり、「社会的入院」と言われるようになりました。

太田　一九七〇年代の理念がそのまま受け継がれているときに、二〇〇三年に高齢者介護研究会のレポートが出て、そのときは介護保険制度（二〇〇〇年四月施行）が出来上がっているんですけれども、まだ社会一般には病院完結型医療です。今、「医療介護総合確保推進法」という法律の裏打ちのもとに、地域完結型医療を広めなければいけない状況になったんですね。

進化する地域包括ケア

植木鉢の変化

髙橋　医療の高度化と高齢者の増大で医療費が上昇し、社会的入院ではいよいよ財政的にもたなくなる。そこで、介護保険が入りました。そして老人医療の特別な制度を作りました。訪問看護サービスが導入され、居宅で看ることを可能にするシステムを目指しました。病院完結型医療ではなくて在宅サービスにより本人の自立意欲も尊重してサービスを提供しようという内容です。そうなると従来の外来＆入院というシステムに加えて、第三の医療としての在宅医療をつくらなければならなくなった。在宅での生活の継続を前提として、医療的必要度のある人には在宅医療を、さまざまなケアや身体上の生活支援は居宅介護サービスを利用してもらうことになりました。

さらに重要なのは権利擁護です。さまざまな自己決定の支援が必要になります。在宅で生活する人に多種多様な支援が入ってきて、認知症でも社会的関係が豊か、地域で人との関わりが豊かかどうか、ということが重要であることがわかってきました。

東近江市の三方よし研究会（Ⅱ部２章参照）の構成メンバーである花戸貴司医師の地元の「チーム永源寺」では、専門スタッフと同時にお坊さんも警察官も地域包括ケアシステムを実施するために欠かせないメンバーになっています。農協や銀行の窓口の人も重要な存在です。認知症の人はＡＴＭの操作ができなくなっていて、「あれっ？　おかしいんじゃないか」って早期発見してくれるのは金融機関の人たちが多いんです。そうなると地域連携というのは医療・介護・福祉の連携と同時に、地域で営業している事業所というか、お店にもスーパーにも加わってもらわなければなりません。

太田　地域の産業にも参加してもらうんですね。

高橋　永源寺診療所の花戸先生は、「あなたはご飯が食べられなくなったらどうしますか」と、事あるごとに患者さんに確認するんだそうです。「自宅がえーわなー」と答えると、患者が自宅で生活できるようにチームでサポートするんだそうです。

図１は地域包括ケアシステムの新たな考え方を示しています。左側の古い植木鉢の下には、「本人・家族の選択と心構え」とありました。これを「本人の選択と本人・家族の心構え」に変

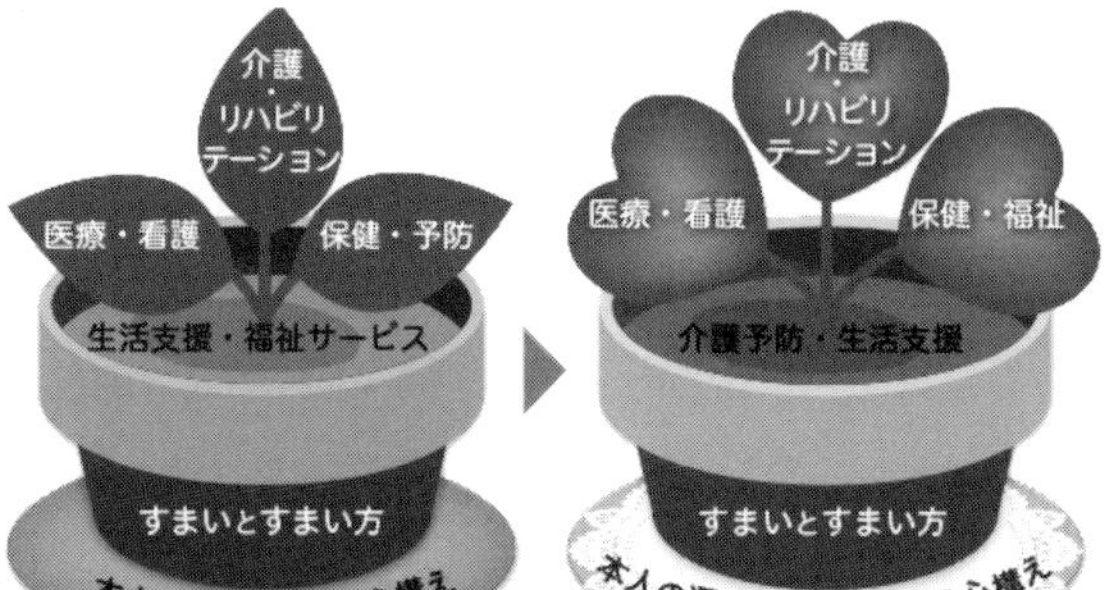

図１　地域包括ケアシステムの「植木鉢」の変化
（三菱 UFJ リサーチ＆コンサルティング「<地域包括ケア研究会>地域包括ケアシステムと地域マネジメント」、平成 27 年度厚生労働省老人保健健康増進等事業，2016 年）

えました。まずは本人の選択があって家族も含めた心構えがあると。今までは本人の意思とは別に、遠くから来る親戚兄弟小姑などが、病院に行けと言っていた。一緒に生活している家族は自宅で看取りたいと思っているけれど、同居していない親族が「自宅で看取るなんてとんでもない」と言って邪魔をする場面に何度も遭遇することがありますね。だから「本人の選択」になったのです。

ロングタームケア (long term care) の主役はナース

太田　図1を見ると、三枚の葉っぱに介護・リハビリテーション、医療・看護があります。医療の中に看護を含めないで、看護が独立しているのがすごくいいところです。じつはロングタームケアの主役はナースです。

高橋　これは戦略的に議論しました。諸外国はナースがディレクターだし、今、日本の介護施設でも看護師さんがポイントになっています。

太田　特定行為というくくり（ネーミング）で、より医療的なケアを看護師にしてもらい、そして看護師がやっていた痰の吸引や気管切開のケアなどをケアワーカーがやれるようにタスクシフトしていっているのが今の流れですよね。これらはすべて、地域完結型医療を目指す一つの手段だと思います。

高橋　今年（二〇一六年）五月の経済財政諮問会議で、医療関係と福祉関係の二つの資格を取りやすくするために、共通の基礎課程を入れようという議論がなされました。社会福祉士の資格を持っているナースは少なくなく、地域包括ケアシステムの担い手としてこのような複眼的な教育を受けた専門的人材をさらに増やし育てていこうとしています。今現場ではそれぞれの専門用語を使っていて、リハビリテーション、医療関係者は医師の専門診療科目別に専門用語があります。それが異なる職種の人にはわからないものが多い。

ところが生活の場で医療をするということは、福祉系の人が今、医療からみて何が起こっているのかは知っておかなければいけない。中身までは知る必要はないけれど、何がなされているかを理解する必要がある。また、医療系の人たちは生活支援の在り方を知る必要がある。医療と福祉の言語を共通化するためには、どこかに共通基盤をつくっておいて、その基盤の上にそれぞれの専門の花を咲かせる必要がある。それには教育課程とか制度や思想を含めて、既存のシステムを相当変えないといけません。

じつは生活の場で医療をするというのは、医師が毎日行くことではないんですよね。包括的指示をするというのが医師の重要な役割だと思うのですが、いかがでしょうか。

太田　病態判断と指示と責任ですね。病態判断は、診断と言い換えてもいいんですけれど、ダイアグノーシス（diagnosis）ではなくて、アセスメント（assessment）に近いかもしれません。

地域包括ケアシステムと在宅医療

髙橋　予防も重要です。例えばある市では徹底して予防に取り組んだお陰で、要介護認定率が全国平均一八％の半分の九％くらいに減少しています。さらに認知症が生活習慣病と関係があることがわかると、専門サービスとしての早期予防を始めました。予防と地域での豊かな社会関係があれば、フレイルの悪化というのは相当くい止めることができるそうです。これはエビデンスになり始めています。

太田　上流にある社会的フレイルをどうするかということを考えないと、介護予防にならないということですね。バスでデイケアサービスセンターに行って風船バレーなんかやっても面白くないけど、デパートやショッピングセンターに行けば楽しいでしょう。

髙橋　お金があるお年寄りだったらデパートや商店で買い物をしたっていい。買い物は愉しみであって、自分の懐を痛めて孫やひ孫のために何か買ってあげるというのは、まさに自立の証ですね。また、インフォーマルサポートを組み合わせると実はフォーマルサービスが非常によく、うまく動く。よく回るようになるんです。これは太田先生もたくさん経験していらっしゃいますよね。

また、地域包括ケアシステムは社会保障のお金を地域に循環させる働きがあるんです。雇用を作り出して、医療関係者も地域で消費するから、社会保障のお金が地域に戻ってくる。これは少子高齢社会かつ人口減少社会において、社会保障が有効に機能する絶対条件です。ハッピーな生活というのは、狭くても、ごみ屋敷であっても、自分の居場所としての楽しいわが家が大事ですね。

太田　そうですね。大理石の床があろうが、ふかふかの絨毯が敷いてあろうが、そこで（抑制されて）点滴を打たれていては不幸なことです。高齢者の増加で疾病構造が変わったとよく言われますが、正しくは疾病概念が変わったんですね。医療は病気の原因を取り除き、病気を治す科学です。原因を除いて健康増進をはかるのが医療。だけどフレイルとかサルコペニアの原因って何でしょう？　フレイルの原因って、言ってみれば誕生日が来ることです。つまり加齢なんです。だから根本的な原因は除けない。寿命に対して何ができるかと考えると、医療よりももっともっと大事なものがあるということを、社会が共有し始めたんですね。

フレイルには身体的フレイル、精神的なフレイル、社会的フレイルがあって、身体的フレイルならわれわれの領域だけれど、医師だけではどうすることもできない社会的フレイルをコントロールしなきゃいけない。社会的フレイルを何とかすることが、この植木鉢の絵にある「介護予防」なんです。毎日体操して筋肉を鍛えるのが予防ではなくて、買い物に行かなくなる、友だちと出かけなくなる、そこを防ぐのが予防です。歳を重ねるというのは喪失体験の連続でもあり、友だちが亡くなる、家族が亡くなる、足腰が弱って買い物に行けなくなる。そういう体験を経て要介護ということになって、やっと医療のところに入ってくるんですが、ここまで来るともう遅い。先ほどの地域包括ケアシステムの植木鉢の図における「介護予防」というのは、もっともっと上流の話をしています。買い物に行けなくなったところから虚弱化は始まるんです。

　在宅医療と地域包括ケアシステムって、視点が違うだけで表裏の関係にあると思っていいんですね。地域包括ケアシステムが完結するには医療が必要です。一方、在宅医療側から見ると地域包括ケアシステムがないと在宅医療が完結しません。

高橋　介護保険法の中に地域包括ケアシステムに関わる条項が入りましたが、さらに医療介護総合確保推進法の中にも地域包括ケアシステムが入りました。この意味はまさに太田先生がおっしゃったことです。

尊厳を取り戻す

在宅医療の合理性

太田　われわれは民間事業者ですから経済的なことも大事ですけれど、それを抜きにして立場を変えて国民側の目線に立ったときのことを考えたいと思います。

　例えば、尊厳ある人生をどう閉じるかとか、どう死にたいかとか、人生のあるべき姿というのを考えたとき、お金の問題を抜きにしても、在宅がいいだろうっていうのは誰もが感じるんじゃないでしょうか。「畳の上で死にたい」っていうのは、日本人の心のどこかにあるのだと思います。「そんなことをしたら畳の上で死ねないよ」って言われるくらいですから。

　よく誤解されるのですが、家で死ぬということを私たちが勧めているのではないんです。国が勧めているわけでもない。「どう死にたいか」ということは、国民が決めることなんです。国民の希望に沿える医療を提供するのが私たちのミッションです。私たちが「在宅死がいいよ」などと言う立場ではない。死に方を選ぶというのは、宗教とか倫理観が絡む非常に文化的な仕事です。そこには医師も必要だし宗教家も必要だけど、何と言っても国民が議論をしなければなりません。心臓が動いてるから生きているだとか、ご飯を食べられなくなった人にも栄養を送っていれば生きているとか、確かに生物学的には生きているけれども、人間として社会的に生きてるかっていう視点を、もっと共有しなきゃいけません。

高橋　二〇〇五年の介護保険法の改正で「尊厳（dignity）」という言葉が入ってきました。尊厳というのはその人らしい生き方を尊重するということです。長期療養病床でオイルサーディンのように寝かされている状態に尊厳はありません。

太田　いやいや、人工栄養、例えば胃ろうが始まった時点で、ある意味で尊厳はなくなっているかもしれません。

高橋　モノになってしまったんですね。

太田　主体が客体化しちゃったんです。

高橋　主体を取り戻さなければなりません。認知症ケアで話題になった「ユマニチュード」、あれは「人間を取り戻す」という意味なんです。フランス語で、ヒューマンを取り戻すっていうことですね。

ユマニチュードのメソッドは、地域包括ケアシステムの根源を示しているんです。スウェーデンは特別な住居をつくって、施設を全部住宅化したんですが、その意味が日本では理解されていません。人間中心に生活するためには管理の対象ではダメだということなのですけれど。

太田　先ほどから「在宅、在宅」と言っていますが、病院が機能を果たせないから在宅にするんだという考え方ではないんですよね。今、生産年齢人口がどんどん減っています。そうすると今のベッド数を維持しようとしても、人手不足で維持できないんです。ベッドを減らすことに反対している職能団体もありますが、じゃあベッドはあっても、そこで働く専門職の確保ができないという現実もあるんです。

髙橋　あるシンクタンクが地域包括ケアと在宅医療に関する興味深いシミュレーションを行いました。今の一般病院の医療スタッフを全部在宅に投入したら、医療法人経営はどうなるかって調べたんです。今の医療費を前提としているんですけれど、そうすると二割収入が増えるという結果が出たそうです。変な言い方をすれば、今まで医療は装置産業だった。ハード投資が固定経費になるから、すごい桎梏《しっこく》になっていた。ところがそれを在宅に切り替えると、人的資源だけで行けるんです。

太田　お金の面から見ても、今の日本の人口構造の面から見ても、在宅医療の合理性は明らかなのですね。在宅医療は安上がりだっていう話ではない。社会的コストを考えると、お金に換算できないものがあります。だから「安いから在宅医療を」という話ではありませんよね。

髙橋　病院や施設をつくろうとしていた予算を医療費に使えます。社会的にも医療経営的にもハッピーになります。

「住まい」に「住まい方」というソフトの概念を

太田　地域包括ケアシステムは「医療、介護、生活支援、予防、住居」という五つの領域から構成されています。五つの中に「住宅」があるということが素晴らしいと思うんです。御調国保病院の当時の理念には、住宅はないんですよね。

髙橋　御調町は農村で持ち家がほとんどでしたから。

太田　ＩＣＦというＷＨＯの国際生活機能分類に「環境因子」と明記されています。環境因子が障害を規定するということです。もっとわかりやすく言うと、例えば足の不自由な人がエレベーターのない建物の三階に住んでいたら外出できないけど、一階ならできる。つまり環境によって障害は変わるんです。高齢者というのはたいてい何らかの生活障害を持っています。その生活障害に向き合った医療を実践するのは簡単ではありません。医療の側面からだけで改善しようとしてもうまくいかない。けれども生活環境としての住宅という視点を加えると、困難ではなくなります。
　生活の場という考えが大事であることを認識しました。五つの概念の中に「住宅」が入っているということが、地域包括ケアシステムを完成させていると。

高橋　「医療介護総合確保推進法」という医療の法律に、「住まい及び自立した日常生活の支援」と書いてあるんです。生活の基盤は住まいですよね。それを今まで私たちはハードとしての「住みか」として考えていました。ところが「住まい」というのは「住まい方」というソフトの概念がある。ハードとソフトが一体なんです。今、住まいの空間の設計の仕方で、認知症の対応が変わるということがわかり始めてきました。この写真のような居住環境は、認知症の人を混乱させることがわかってきたのです。

太田　これは私だって迷いますね。隣の部屋に入って患者を診ちゃいそうです。

高橋　昔、団地に住んでいた人が自分の家がわからなくて別の家に行っちゃった、という珍事がよくあったそうですけれど。これからの認知症の人の最大の困難は超高層マンション。入るときに暗証番号から始まって、障害のある人を拒否する住まいです。それでイギリスでは認知症の人のための住居のガイドラインができました。色でわかるようにカラフルにしなさいとか。

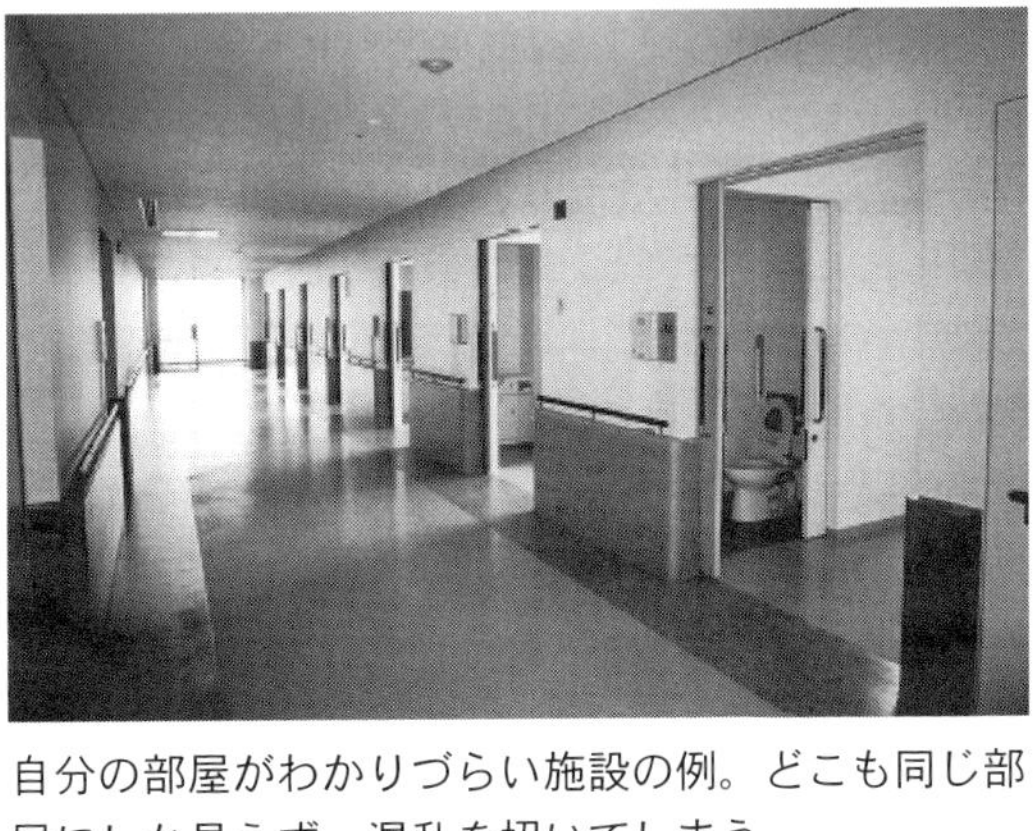

自分の部屋がわかりづらい施設の例。どこも同じ部屋にしか見えず、混乱を招いてしまう

太田　ユニバーサルデザインですね。

髙橋　日本の多くの集合住宅は平坦にドアが並んでいて、それだと混乱させるそうです。玄関を廊下からちょっと引っ込めるアルコーブという構造にして、そこに鉢植えを置いたりすることで、自分の居るべき所だということがわかります。好みに合わせて自分でつくりますからね。

どう暮らすか、どう生きるか、どう支えるか

髙橋　それからヨーロッパの高齢者住宅には、自分の半生をディスプレイしたスペースが必ずあります。子ども時代から今までの写真を見て自分の時間を行ったり来たりする。これは日本では、朝のお務めに該当するのではないでしょうか。お仏壇に手を合わせながら、亭主は浮気ばっかりしてたなぁなどと思い出すことは、ある種の回想療法です。そうするとものすごく落ち着く。またヨーロッパでは窓辺に置く植木鉢を外から見えるようにしているところが多い。するとオモテを通りがかった人が、鉢植えに気づいてふっと中に入ってくる。人と人とのつながりが切れないんです。昔の縁側ですね。

　東京都健康長寿医療センターの粟田主一先生は、認知症っていうのはつながりが途切れてしまう病いだとおっしゃっています。

太田　人のつながりだけでなく、過去から現在までの時間のつながりもすべて含めての「つながり」の疾患であるということですね。時間もそうだし空間もそうだし。

髙橋　人、時間、空間。これらのつながりを住まいの中に反映させることが「住まい方」です。反映できればお年寄りの自立性につながり、意欲低下を防ぎます。「他者との関わりがないと人は人でない」ということです。

太田　人との関わりがなければ人の暮らしでない、と。つまりどう暮らすか、どう生きるか、そしてどう支える

かというのが地域包括ケアシステムなんですね。地域包括ケアシステムというと、財政論から入っていると思われていて、確かにそういう側面も一部あるけれども、根底にあるのは、自分がどう生きてどう死ぬか、という新しい秩序だということですよ。

どういう医療が必要かということは私たちが考えるけれど、必要な医療をどう提供するかは、国が制度として考える。ですから地域包括ケアシステムという仕組みは新たな秩序であって、新たな秩序の中でわれわれが過不足ない正しい医療を提供していくということです。生活が上位概念になるから、暮らしを支えるシステムがしっかりしなきゃいけない。それには住まいが必要。鉢植えを置いて自分の部屋らしくして、居心地のいい場所をどうつくっていくのかっていう住まい方が重要になってくる。それが認知症の予防にもつながるし、認知症の発症を遅らせることにもつながる。それはもうデータが出ているんですね。

結局、地域包括ケアシステムというのは、構築されてくると街が変わって、文化が変わって、経済も変わって、日本が変わっていく。それくらいの力のある新しい政策でもあるし、われわれを幸福にしてくれる仕組みでもあるということですね。

太田　秀樹　医療法人アスムス理事長。日本大学医学部附属板橋病院麻酔科にて研修医。麻酔科標榜医取得後、自治医科大学整形外科医局長、講師を経て、一九九二年におやま城北クリニック開業。医学博士、日本整形外科学会認定専門医、介護支援専門員。著書：『家で天寿を全うする方法――病院での延命を目指さない生き方』（さくら舎、二〇一五）、『治す医療から支える医療へ』（共著、木星舎、二〇一二）他。

□医療法人　アスムスホームページ　http://www.asmss.jp/

I

地域包括ケアを現場で語る

対談と鼎談

1章　ふるさとの会の生活支援

山谷から地域へ

鼎談　水田　恵／宮島 俊彦

2章　とも暮らしという住まい方

ホームホスピスからのメッセージ

鼎談　市原 美穂／園田 眞理子

3章 「けま喜楽苑」個室ユニットと認知症ケア

外山義が遺した仕事

鼎談　市川 禮子／三浦　研

4章　NAGAYA TOWER が住まいを変える

座談　堂園 晴彦／宮本 太郎／堂園 春衣

5章 「抱樸」生活困窮を生み出さない社会へ

包括的居住支援の提唱

対談　奥田 知志

ここで取り上げる五つの対談と鼎談は、地域包括ケアの展開と呼ぶことのできる現場での実践について、その推進者と学識経験者を交えた対話を通じてその姿を明らかにしようとした。冒頭の章と終わりの章では生活困窮者支援にかかる話題が取り上げられる。ボランタリーな支援活動が、次第に活動を拡大して事業として地域に活動拠点を張り巡らしていく様子と、その支援を導く理念、そして政策上の課題が語られる。また、最終章ではこれに加えコロナ禍での生活困窮者支援について語り合う。

2章では、従来の病院や施設で実現できなかった看取りを取り戻し、地域と結びつき、育まれながら「とも暮らし」の場として「家」を活用するホームホスピスについて語り合った。ホームホスピスは現在、全国で六十カ所を超えるようになった。とすれば、従来型施設は変わらなければならない。ケア環境と住まい方について、施設を個室ユニットケアにつくり直すことの意義と可能性について3章で語られる。

地域包括ケアの最近の議論で「住まいと住まい方」ということが重視されるようになった。4章で伝統的な「長屋《ながや》」の持つ優れたあり方を、現代の賃貸住宅と一体化したNAGAYA TOWERの理念と実践について議論される。

1章　ふるさとの会の生活支援

山谷から地域へ

NPO法人自立支援センターふるさとの会理事（当時）　水田　恵
厚生労働省老健局長（当時）　宮島　俊彦

高橋　高齢者住宅財団では二〇一一（平成二十三）年度、老健事業の採択をいただき、低所得・要介護・単身高齢者の問題に関する研究に着手しました（「低所得高齢者の住宅確保と介護施設の将来像に関する調査・検討[1]」）。その中で、地域居住をサポートする新しい制度、つまり、住宅手当（家賃補助）と生活支援を組み合わせたような新しい思想に基く制度化が必要なのではないかと考えて、地域居住支援法（仮称）の構想を提起しました（図1）。その研究にあたり、宮島局長のイニシアティブがあり、局長には「ふるさとの会」の取り組みをみていただくなどして、今後の課題についてさまざまな角度から議論をする機会がありました。

　まずはじめに、局長はなぜこのような低所得高齢者の住宅確保の問題を検討しようという意識をもたれたのでしょうか。

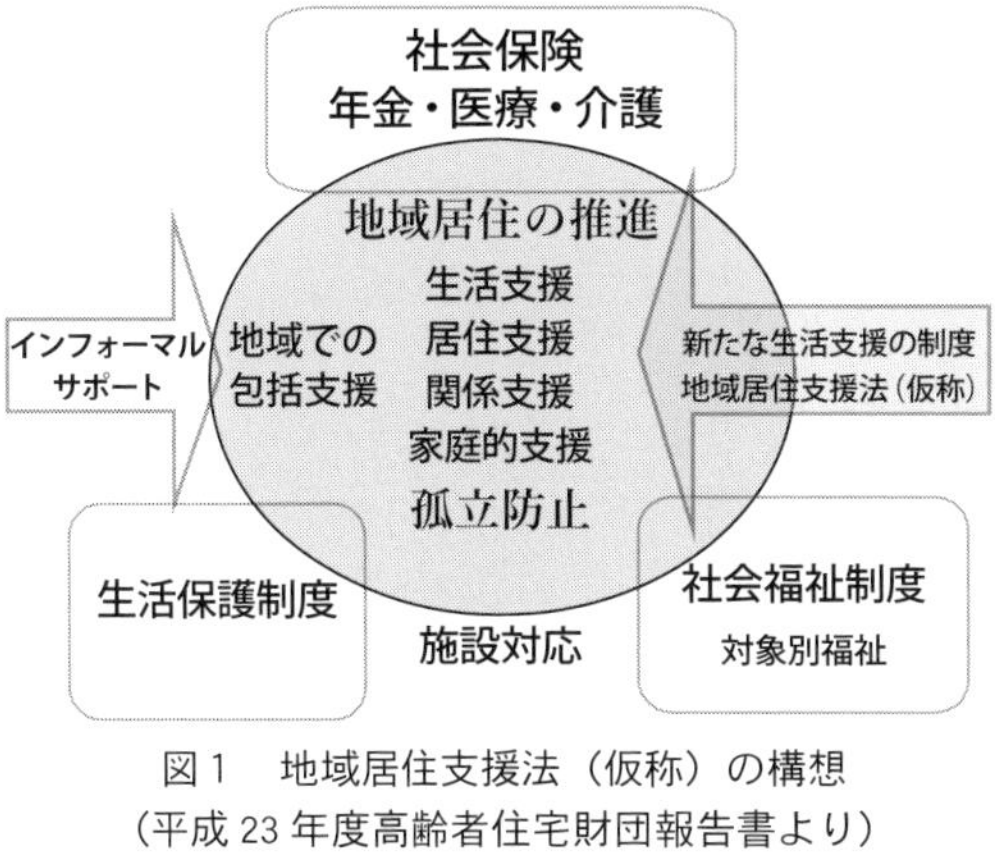

図１　地域居住支援法（仮称）の構想
（平成 23 年度高齢者住宅財団報告書より）

単身困窮の高齢者を支える

「たまゆら事件」

宮島　直接的には二つ理由があります。一つは、三年前、たまゆらの事件[2]がありました。東京都の生活保護を受けておられる方や低所得の方が群馬県の施設に入っており、それが貧困ビジネスではないかということで社会問題になったわけです。

老人福祉法上「有料老人ホーム」には定義があります。必ずしも一時金に二千万円も三千万円も払う富裕層を対象にしたものだけではなく、お年寄りがそこに居住して、食事や介護などのなんらかのサービスが提供されていれば、有料老人ホームであると定義づけておりますから、たまゆらも定義上は有料老人ホームに該当するわけです。そうすると、このようなことも行政としては考えなければならないということで、低所得者の住まい問題に着目したのが一点目です。

もう一つは、去年の十月に新しく、国土交通省と共管で「サービス付き高齢者向け住宅」が施行されました。これは都道府県への登録制度なのですが、高級な有料老人ホームと違って、月額費用が二十万円程度ですから、厚生年金を受給されている標準的な方たちが利用できます。このサービス付き高齢者向け住宅を、例えば介護保険制度の定期巡回・随時対応型訪問介護看護サービスと組み合わせれば、特別養護老人ホーム一辺倒ではなくても、在宅の形で都市部のケア問題に対応できるのではないかということで、できたわけです。そうすると、厚生年金を受給されている世帯はいいのですが、低所得の方の問題が残ってしまいました。

この二つの問題意識から、低所得の方の住宅問題あるいは生活支援問題を行政のテーマとしても考えていかなければならない時代になってきたのかな、と思ったのが契機です。

高橋　一つは、たまゆらの問題ということですね。ふるさとの会は山谷《さんや》を中心にして、いわゆるホームレスの人たちの支援をずっと手がけてきましたが、この活動がいろんな意味で拡大しつつありました。その矢先に「たまゆら問題」が起こったということですが、ふるさとの会から見て、従来型の施設の限界をいろいろお感じになっているかと思います。局長の今のコメントに対して、今までの実践を踏まえて、どういう感想をお持ちになりましたか。

地域の中に受け皿をつくる

水田　たまゆらは、ショックでしたね。生活保護を受給し、一応施設入所をされているという方たちであり、我々が日常的に支援しているような方々でしたから。

　我々は事件後、たまゆらを出られた方を墨田区にある「自立援助ホーム　晃荘」でお世話をしているのですけれども、ショックが残っており、やっぱり怖いとおっしゃいます。トラウマが残っている。ふるさとの会の主な利用者は、たまゆらに入所されていたような困窮で単身の要介護高齢者で、さらには認知症等疾患をもたれた方が多い。その方々の都区内における受け皿が圧倒的に不足しており、ケースワーカーにどうですかと紹介されて入所になったわけですが、ケースワーカーも、「なんとか支援をしたい、ほうっておけない」という気持ちが当然あったわけで、しかし結局は、あのような事件に巻き込まれてしまいました。

　だからこそ、ふるさとの会は、地域の中で受け皿をつくっていこう、単身困窮の高齢者を地域で支えていくシステムをつくろうということを、我々の事業目的にしました。私たちは「自立援助ホーム」と呼んでいるのですが、まず二十四時間三六五日の生活支援を必要とする重篤な方の受け皿としての共同居住の場を何力所か開設しました。それと並行して、同じ地域の、その周辺に家族のいない、困窮でなんらかの疾病を抱えた高齢者やアパートなど民間賃貸住宅で独居されている高齢者などを対象に、訪問・相談・見守り等生活支援のネットワークをつくってまいりました。そのような事業を支えるために、行政や地域の家主さん、地主さんと相談し、改装・改築された賃貸住宅を一棟借り上げるなどして共同居住の場（自立援助ホーム）をつくったり、あるいは地域の不動産屋さんと協力し、家賃保証の事業をつくるなりして、住居保障、居住支援を行ってまいりました（図2）。

図2　ふるさとの会による「自立援助ホーム」

この居住と生活支援という土台の上で、地域の医療・看護・介護などの事業者にご協力をお願いし、単身困窮の要介護で、認知症などなんらかの疾病を持つ高齢者の、安定した地域・在宅生活を支えていただいているわけです。

このような事業の制度化を考えていただいたのが「支援付き住宅推進会議」です。たまゆらの被害者のような人を、なんとか都区内の地域で支援ができるようにならないか、と高橋（紘士）先生や山岡（義典）先生と一緒に、「支援付き住宅推進会議」をつくらせていただき、制度化ができないだろうかと、厚労省の補助金をいただき、研究会やシンポジウムを開催したり、行政など関係各所の方々との意見交換を行うなど、この三年間、活動をしてまいりました。

都市部の単身・低所得高齢者の住宅問題

高橋　たまゆら事件というのは、行政が関わっていたというところが重要なポイントの一つで、行政の現場の方たちは、いわゆるソリューションがないまま、たまゆらへ送り込まざるを得ない現実がありました。従来の施策でそれなりにメニューはあるのですが、実際はそういう人たちが利用できない。そういう意味で言えば、現実のニーズに即して政策が提供されないという大きな真空状態が生まれています。そこをどう打開するか。

単なる貧困ビジネスに対する道徳的な批判だけではまったく不十分で、このような状況を打開するために政策の構築が必要だという認識が、現在のところ明確にもたれていないのではないかと思いますが、それはなぜだとお考えですか。

宮島　高級住宅街の百坪ほどの土地に建つ二階建ての立派なお家の中で、十数人のお年寄りを住まわせて、配食サービスなどを提供しているところがあります。例えば、八畳をカーテンで三つに仕切って、ベッドを入れてお世話するといったやり方をしている。こういうのは、行政のほうからすると、一概に否定できないのです。これを否定すると、その人たちはどこに行くかという問題を解決しなければならない。どこか住む受け皿を用意しなければならないことになるからです。

なぜ、この問題に焦点がまだ当たっていないかと申しますと、一つは生活保護の中に「住宅扶助」もありますから、生活支援のようなサービスの有無は別にしても、住まいを斡旋《あっせん》してそこに住んでもらえれば一応終わりというところにとどまっている、という現実があるのではないかと思います。ただ、たまゆらのケースは、むしろ都内に住まいそのものがなかった。ソリューションが、行政側にまだ見えていないところが一つの大きな問題だろうと思います。

もう一つは、低所得の単身高齢者がかなり増えていますけれども、行政として本腰を入れて対応するという意識までには至っていません。これは東京とか大阪のまさに都市部の問題ですので、国が全国的に施策を打つという話にはなりづらい。東京都の周辺の政令指定都市の方にそういう話をしても、まだぴんときません。東京都はこの問題にぴんときます。大阪も、まだ行政の担当の方とは直接話をしていませんが、多分ぴんときます。そういう問題なのです。だから今は問題がどんどん大きくなってくる過程にあるのかなという印象を持っています。

高橋　そういう中でふるさとの会の取り組みを視察していただき、また議論にも参加していただく機会がありましたが、ふるさとの会の実践をどうご覧になりましたか。

宮島　俊彦氏

生活支援を前提とした居住支援

「福祉は住宅に始まり、住宅に終わる」

宮島　私たちは、「地域包括ケア」ということを言っております。地域包括ケアは普通、介護予防があって、次に在宅医療があり、在宅介護があって、生活支援がある。そして住まいが必要、こういう順番に並びます。ふるさとの会に行って一番感じたのは、まず住まいがなければだめなんだということです。その次に、その人の生活が成り立つように支援する。その後に、医療や介護予防がくっついてくるということで、見方が一八〇度変わった感じがしましたね。

老人福祉行政をやっておりますと、特別養護老人ホームや老人保健施設といったハコモノがあるので、ある意味では、住まいはケアの大前提になってしまっており、そこにあまり意識がいかないのです。生活支援も、実は買い物とか配食とか見守りということですから、これは意外と、自治体がボランティアベースでなんとかなるのではないかと考えており、介護のほうが本質的で、生活支援はその外にふわふわっとあるようなとらえ方をされている。民主党政権のときに「新しい公共」という言い方をしたのですけれども、そういうふうに物事をとらえられやすいのです。

ところが、生活ができない人は、生活支援がないと次の段階のケアまで行かないのです。その辺で、まさにふるさとの会の実践は、住まいの確保と生活支援という二つのベーシックなところから出発しているので、私は、ああそうなんだなと思いました。

高橋　それで局長は最近、「福祉は住宅に始まり、住宅に終わる」とおっしゃるようになったのですね。

宮島　そうです。これはヨーロッパの言葉です。私は、これは気候の問題だと思っていました。ヨーロッパは冬が厳しく住宅がないと凍え死んでしまうから、そんなふうに言うのだろうと思っていたのですが、最近どうも違うなと感じています。生活のベース、前提が「住まい」なのです。それから生活があって、医療サービスや介護サービスが必要な人のところに来る（届く）、という構造になっているのではないかという感じがすごくしました。

高橋　ふるさとの会は、まさに住まいの確保を生活保護制度、とくに住宅扶助を活用し、これに日常生活支援の機能を付加しています。ふるさとの会の「晃荘」は、本来は六畳間にしたいけれども、持続可能な事業として成立させるには今は三畳の個室しか確保できないという現実があります。ふるさとの会の実践を展開しようとすると、制度のまだまだ至らざる部分も感じておられると思いますが、そのあたりのことをどうお考えになりますか。

「ケア前」ケアとしての居住・生活支援

水田　私たちは、単身困窮で、なんらかの疾病を持つ要介護の高齢者の地域・在宅での生活を支えるには、生活支援の制度化が不可欠と思っております。居住確保というハード面の保障ということを言っても、生活支援が付いていなければ、彼らの地域・在宅生活は不可能なわけで、生活支援を前提にした居住支援こそが必要で、しかし生活支援に人件費がかかる分、居住条件は後退せざるを得ないわけです。

従来の福祉政策には、地域生活の継続を可能にする生活支援の政策的なネグレクトに危惧を感じております。さらには、彼らには居住支援と生活支援なしには医療も看護も介護もないということですから、これら専門的なケアを可能にするケアとして、「ケア前」ケアとしての安定した居住・生活支援をシステム化することが支援のすべての前提になります。居住条件は生活支援を付け、社会サービスを入れながら改善してきました。そのようにして、在宅ケアの質が向上し、看取りまでの在宅生活を支える可能性が高まります。

この居住確保の創意工夫を、園田眞理子先生[3]にご協力をお願いし、やっているところです。「互助ハウス構想」です。これがビジネスモデルとして成立するなら、生活支援もうまくいきますし、看護も医療もうまく入ってくれると思います。

水田　恵氏

髙橋　生活困窮者は、地域包括研究会が提唱したパラダイムから見ると、自助と互助を失った日常生活支援の必要な人たちです。これは実は、標準的な給付を提供する介護保険では予定していない世界ですし、ひょっとするとホームヘルパーが毎日三時間行くのはそれに近いのではないか、ちっとも自立に貢献しないのではないかと疑いの目を持ちながら、その一方で、老人福祉が本来それをやるべきなのに、どうもどこかへ行ってしまった。それはなぜだろうかということを、老人福祉法を所管する局長にうかがうのはぶしつけですが、そのあたりのお考えを少しお聞かせください。

「生活支援」を地域の中に埋め込む

介護から生活支援を切り離す

宮島　介護保険法が二〇〇〇（平成十二）年にできた後、当時の厚生省は何を感じたかというと、高齢者福祉という領域から、自治体はどうも引いてしまっているのではないかということでした。要するに、高齢者福祉について自治体がいろいろと自主的な取り組みをしていたのですが、介護の社会化と地方分権の試金石という二大看板を立てたものですから、介護保険ができたら全部介護でできるという強い幻想を抱いたのではないかと私は思います。その反省から、〇六年に「地域支援事業」ができ、介護予防事業が一つの柱、もう一つは包括的支援事業みたいにして配食サービスや家族の支援あるいは権利擁護などに介護保険のお金を使う仕組みをつくったのです。それは、介護給付以外のところから手を引いたのを、もう一回戻さなければならないということがあるわけです。

「介護」という概念は法律上は結構広いです。医療や健康管理みたいなものから福祉まで入っています。

その辺をもう一度整理しなければならないのではないかと私自身は思っており、「生活支援」という言葉は、私は今、実は介護とは区別して使っています。「介護」というのをそのまま使ってしまうと、介護保険の保険給付の中ですべて片づいてしまうことになります。介護職員が行う介護というのは概念的には二つあって、一つは排泄・入浴・食事の介助や移動といった体にさわって行う身体介助、もう一つは生活援助です。生活援助というのは、平たく言えば家事援助で、一番典型的なのは掃除と洗濯と料理。それにリハビリみたいなことや、施設であれば買い物や病院への付き添いなど、いろいろ広がっています。

それは現状でもやれるのですが、それであるがゆえに、かえって「生活支援」も、介護保険の中でヘルパーがやるのではないかといった誤解があります。私はそこは別概念にして、地域の中に埋め込むような形で「生活支援」をつくっていかないとおかしくなるのではないかと思っています。

ここは、実は論争があるところです。介護ヘルパーがやってもいいのではないかという方もいます。ふるさとの会みたいな、低所得者に特化した生活支援というカッチリした活動も一つの形ですけれども、低所得ではない人の生活支援ということを考えると、ある程度民間事業的に展開して、お金のある人であれば、見守りや買い物、配食のようなことでお困りであれば、自己負担でやらなければいけないというのが生活支援という領域です。ふるさとの会はかなり集約的にやっておられますが、ただ、自助、互助でやれる生活支援もありますから、そこは自助努力でやっていく。生活支援は、最近よくよく考えてみると、自助、互助、共助、公助まで輻輳《ふくそう》しているのです。

地域の長屋化

水田　本当によくわかります。私たちは今、〝看取り互助〟といって、末期がんの方の看取りを互助でやろうとしています。それは看取り自体に、別に対価をもらっているわけではなく、職員や地域の利用者仲間の、お互い助け合おうという地域力みたいなものに支えられて、その人の末期の日常を支えているわけです。

　余命わずかでも、例えばみんなと一緒に「コーヒーでも飲もう」とか「冷やし中華を食べたい」となってくる。コーヒーは旅館暮らしの利用者が作ってくれる、冷やし中華は独居の元調理師が作ってくれる、そのようなわさわさした仲間との日常の協働作業で、人もだんだん違ってくる。最初はコーヒーしか飲めなかったけれども、そのうちに冷やし中華を全部平らげてしまうとか。時間はないけれど、生きている間はなるべく元気に希望を持って、となる。

　私たちは生活保護費の中から生活支援の対価をいただいて提供しているわけですが、それ以外に生活支援を通じて互助のネットワークをつくらないと、看取りにならないのです。

宮島　看取りというのは、昔は大家族の中で、おじいさんが亡くなりそうということになれば、孫たちも生きておられる間にみんな来て、面倒を見る。ちょっと大変だからというと近所の人が手伝うし、親戚などもつき合いの関係の中にありました。

水田　私のじいさんばあさんもそうですが、隣近所の知り合いや家族の看取りの中、家で亡くなりましたからね。

宮島　それは家庭と申しますか、家族とか親戚とかが地域の中の機能として働くベースがありました。だけど、今は都会で単身で亡くなります。そこには昔の家族なり地域の果たした機能がないんです。

水田　我々が先ほど互助と言ったのは、「長屋化」ということなのです。高橋理事長に教えていただき、「長屋のように」というイメージで今、互助をつくっています。私たちは今まで、無料低額宿泊所や自立援助ホームをつくって、単身困窮の疾病を持った要介護高齢者に入っていただいて、二十四時間の食事・排せつ・睡眠・清潔等のお世話を生活支援として行っているわけですが、これは、いわゆる介護保険では支援できない、家事援助にもならない家事の共同化（協働化）を行ってきたわけです。世間では、介護保険にかからない家事は家族がやるべきだと言っておられますが、そここそがふるさとの会の支援内容です。

宮島　そこは結構あるんですよね。

水田　すごく膨大です。昔の家族が果たした機能を仕事にしつつ、地域力（互助）の再生に取り組んでいるというわけです。

そこをうちの職員だけではなくて、入居者も地域の方も含めていろいろ支援していただいて、死ぬときには「さようなら」とあいさつする。「ふるさとせせらぎ館」という宿泊所で看取りをやったのですが、みんなが見守る中、息を引き取りました。日ごろ一緒に暮らした方々が周りにいて、「さようなら」を言ってくれる体制がありました。病院や施設で死んだりすることもそれはそれでありだと思いますが、こっちのほうが、亡くなるときに少しはよかったと思ってもらえるのではないかという感じがしますね。

互助という概念を踏まえ、長屋のイメージを都市の中でつくり上げていくことが、本当の意味での生活支援につながるのではないかと思っています。

高橋　先ほど「新しい公共」という言葉を局長がお使いになりましたが、本当は地域の「新しい民間」なんです。ただ、それをどうやってつくり上げていったらいいのか。実はそれなしでは社会的コストが猛烈にかかる社会になりつつあります。発見されない孤立死・孤独死があると、大家さんがその部屋を一年使えなくなる、あるいは家全体が使えなくなる。そういう意味では、制度になじまないからといって放置できない問題にも急速になりつつあります。「支援付き住宅」では、日常生活支援をなんとか仕組みにできないかと提案をしてきたわけですが、そのあたりを少し補足していただけませんか。

生活支援の事業立てという仕組み

水田　私たちがぶつかったのは、何はともあれ二十四時間の生活支援の必要な利用者であり、認知症とか障害を持った単身の高齢者の支援には、職員が一緒に暮らすしかなかろうというところから出発しました。最初は宿泊所で受け皿をつくりましたが、二十四時間の生活支援をやるという覚悟がなければ引き受けられませんでした。これは制度化されていませんから、貧困ビジネスなどと言われるわけです。

　彼らと二十四時間一緒に生活をする中で、家族のような生活支援を地域で「面」的にやってきました。例えば介護保険ですと、ヘルパーが来る時間が決まっており、その前に排泄されますと半日でもじっと待っていなければならないわけです。そんな状態が続くと、パニックを起こされます。すぐに対応する。そういう家事というか生存の基礎の領域を、日常生活支援でやっているわけです。

　宮島さんの言われた、介護と生活支援は別概念というのがよくわかります。

　しかし、これを制度にするというのはすごく大変なことで、無償の介護者を代弁する日本ケアラーズ連盟の方たちはケアラー法をつくってほしいと要求されているそうですが、生活支援の制度化がもしなんらかの形でできれば、たまゆらの事件もそうですが、都市の単身困窮の認知症など疾病を持った要介護認定をもつ高齢者の方々の地域・在宅の生活諸条件が高まります。

　そうすると、これに合わせて、そのような人の居住をどうするのかということを考えることが必要になってきます。支援付き住宅推進会議の考え方だと思います。先ほどお話しさせていただいたことですが、今、私たちは新宿・大久保地域で園田先生にご協力をいただいて住居の悉皆《しっかい》調査を行い、看取りもできる互助ハウスをつくろうとしています。お互いに助け合って、四人でも五人でも一緒に暮らせるようにする。二十四時間の生活支援ができるようにしながら、要介護の方にはヘルパーさん、疾病等のケアには医療・看護などに入っていただく体制をつくろうということです。居住と生活支援を土台に置いて、イベントや機能回復訓練など、いろんな地域リハビリをやりながら、在宅看取りをやる。我々の事業を「重ねもち」と言った方がおられるそうですけれども、そういうのを事業化しつつ、その中から、生活を支え合うような地域力としての互助の形ができれば、単身高齢者の地域での在宅生活、地域での安心生活は可能だと思っています。

以前、宮島さんは、この生活支援の制度化は「事業立て」がいい、と表現をされていましたね。

宮島　前に髙橋先生の〝生活支援給付〟という提案を読んでいたので、そういうことを私は「給付立て」と言っております。それは生活保護の受給者のためになってしまうので、それでは生活支援としては少し狭いかなという感じがしているんです。生活保護になる手前の人でも生活支援の対象になりそうです。高額所得者は、私が先ほど申し上げたように、自前でつくるものもあると思います。だから、どういう対象者にするかというのが一つあります。

それから、給付みたいな形にすると、対象が個人になってしまうので、それを事業者に代わってもらう形になる。それは生活保護という概念と少し合わない。だから、私は「事業立て」で、生活保護の受給者と低所得層を横断的にくくって、生活支援に関して事業法的なもののほうがなじむのかなという意味で申しました。もう一つは、生活支援といった場合に、どうしても高齢者と障害者がすぐ念頭に浮かぶし対象者も多いです。ただ、実際の今の世の中の動きを見ていると、失業者は一つの類型になっています。あとは母子家庭。その辺ももう少し横断的に見ていかないといけないのが生活支援の分野になってくる。それをどういう立て方にするか、考えなければならないと思っているところです。

髙橋　今のお話は、これからの制度のあり方について非常に本質的な問題ですね。今までは、対象者を特定して支援者という形で一対一にしていました。給付の思想はそうですね。ところが、周りの環境にアプローチすると、仕掛けが変わらざるを得ないのです。実は家族介護の給付の対象にすべきという議論と関連します。

宮島　現在は、要介護認定を受けた本人にしか、給付は行かない仕組みですね。

髙橋　そうすると、介護保険では、最近話題になっているケアラーのケアの話にまで結びつきます。どうも、新しいタイプの支援のための仕掛けが要るらしい。これがイギリスですと、全部チャリティーでやります。民間の完全な寄付で、がんの方の生活を多様なかたちでサポートする有名なマギーズセンターなどもそうです。ところが、日本ではそういう条件がなかなか整いません。そこで新しい事業立ての発想や思想が必要なのかなと思いつつうかがっていたのですが、そのあたりは、自治体の行政と、いろいろかけ合いながら仕事をしましたね。

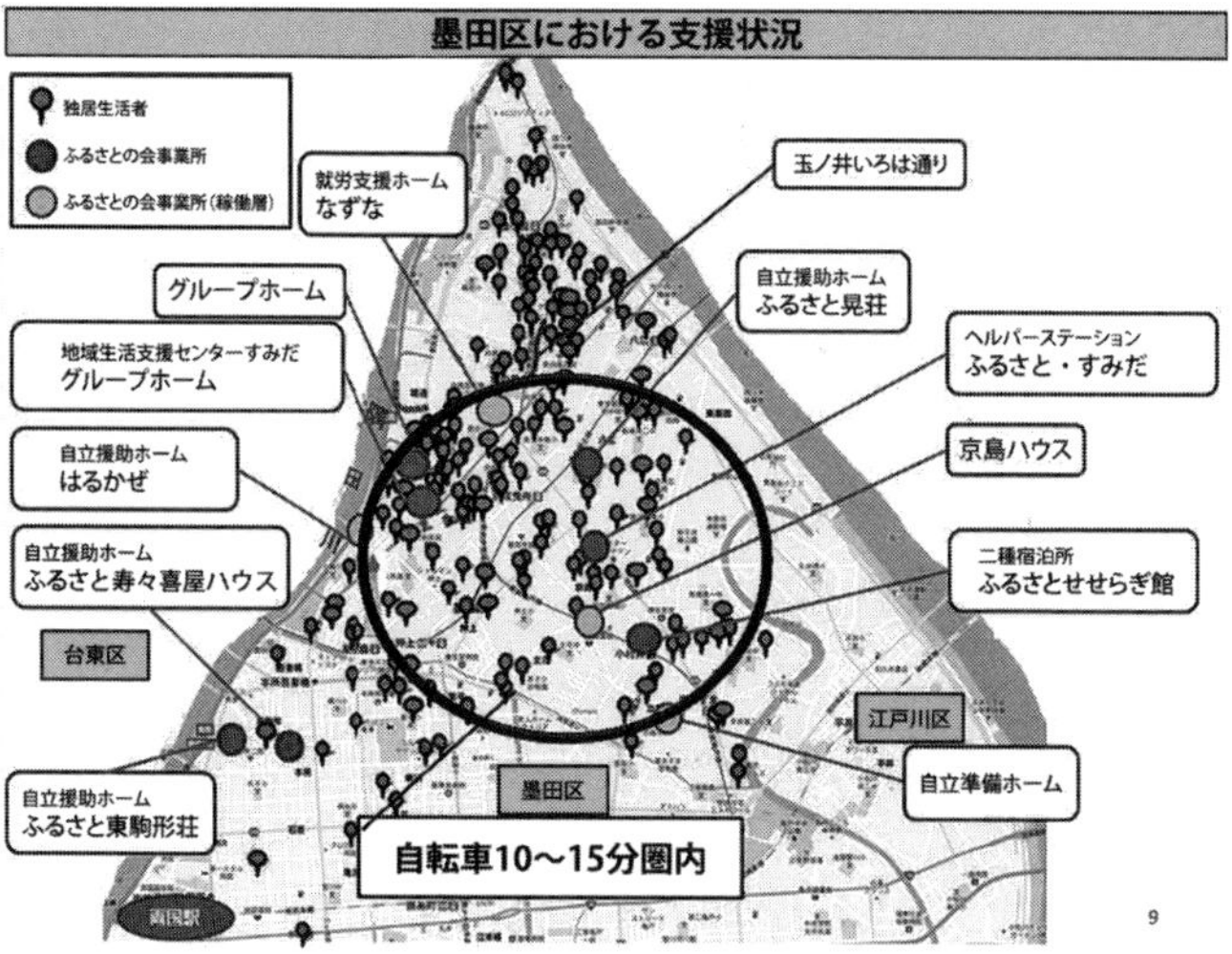

図３　墨田区におけるふるさとの会の支援状況

地域力

地域で生活困難者を引き受ける

宮島　ふるさとの会の活動を見ていると、生活保護の方でも、みんなが共同生活することで居住費も食費も安くできる。そういうコストダウンをする中で共同生活の部分についても拠出してもらうことによって、生活支援ができる。これもなかなか魅力的だなと思っています。魅力的というのは、コストを削るとかいうことが趣旨ではなくて、プライバシーを確保しながら共同生活をどうするか。その共同生活が地域に開いていることが本質的な形なのかなという気もしているのです。

　山谷みたいな地域でなくても、郊外で、立派な住宅のあるところがありますね。そこはお年寄り二人だけになっていて、子どもと一緒に住まない。では、そういうところはどうするのか。介護支援は来てくれますよ。これからサービス供給量が増えますから、「ヘルパーさん、来てください」と言えば来てくれる。だけど、共同体ができないと、多分ダメだと思うのです。そうなると、サービス付き高齢者向け住宅に引っ越そうとか、有料老人ホームや特養に入所しようということになっていきます。そこは非常に大事です。

水田　いま準備しているところですが、新宿の大久保地域でコミュニティカフェを開きたいと思っています（二〇二一年現在、運営費の確保が困難なため休止）。そこでは単身の生活困窮者だけではなくて、地域の「孤立した生活困難者」と言われる人の相談等も受けたいと思っています。家を持っていても、孤立して生活している方がいる。生活保護手前の、例えば国民年金のみの受給層など、こういう方はごまんといる。しかし、行政のニーズにはなかなか出てきません。結局、出てきたときは事件になってしまうことが多い。その方々とどうやって接触し、相談を受け、支援のプログラムをつくり、コミュニティ（互助）の中でどのように生活を支えながら一緒に生きていけるようにするか。その互助の中にこそ、単身困窮者の安心生活も、はじめて可能だと思っております。

　今までお母さんやお父さんと一緒に暮らし、しかし地域とあまり交流のない形でご自宅におられた精神障害の方が、うちのグループホームに入り、うちの単身困窮者の資源を活用されるケースがあってもいいのではないか。私たちが持っている単身困窮者の社会資源を、生活保護手前の方や、一般の、孤立した生活困窮者と言われる方たちにもっと活用していただきたい。私たちはＤＶを受けた母子も引き受けています。失業の青年とか認知症の方、要介護の方など、孤立した生活困難者の全部に相談に来ていただいて、いろんな地域の社会資源をご紹介しながら、一緒にコミュニティ（互助）をつくっていく。それでもどうしても行けないという方は、お父さんやお母さんが地域に住んでおられますから、一緒にうちの共同居住の場に荷物を運んでもらう。認知症の方とか末期がんの方で、もしお家があってもなかなか支援ができないようであれば、その近くにある互助ハウスで、地域力で支えられながら、みんなと地域で長く暮らしていけるような体制ができないか。これが望みです。

居住支援、生活支援、地域リハビリでイベントや新宿御苑に行ったり園芸をやったりしながら仲間をつくって、看取りまでやります。この上に、医療・看護・介護などの社会サービスがこれにきちんと協力していただければ、むしろ地域で暮らすほうがいいという方が出てくるのかなという感じがしているのです。

宮島　先ほど階層になっていると言いましたのは、特別養護老人ホームを分解すれば、まず居室があるから、住まいがあります。施設ですから、生活支援は自動的に備わっ

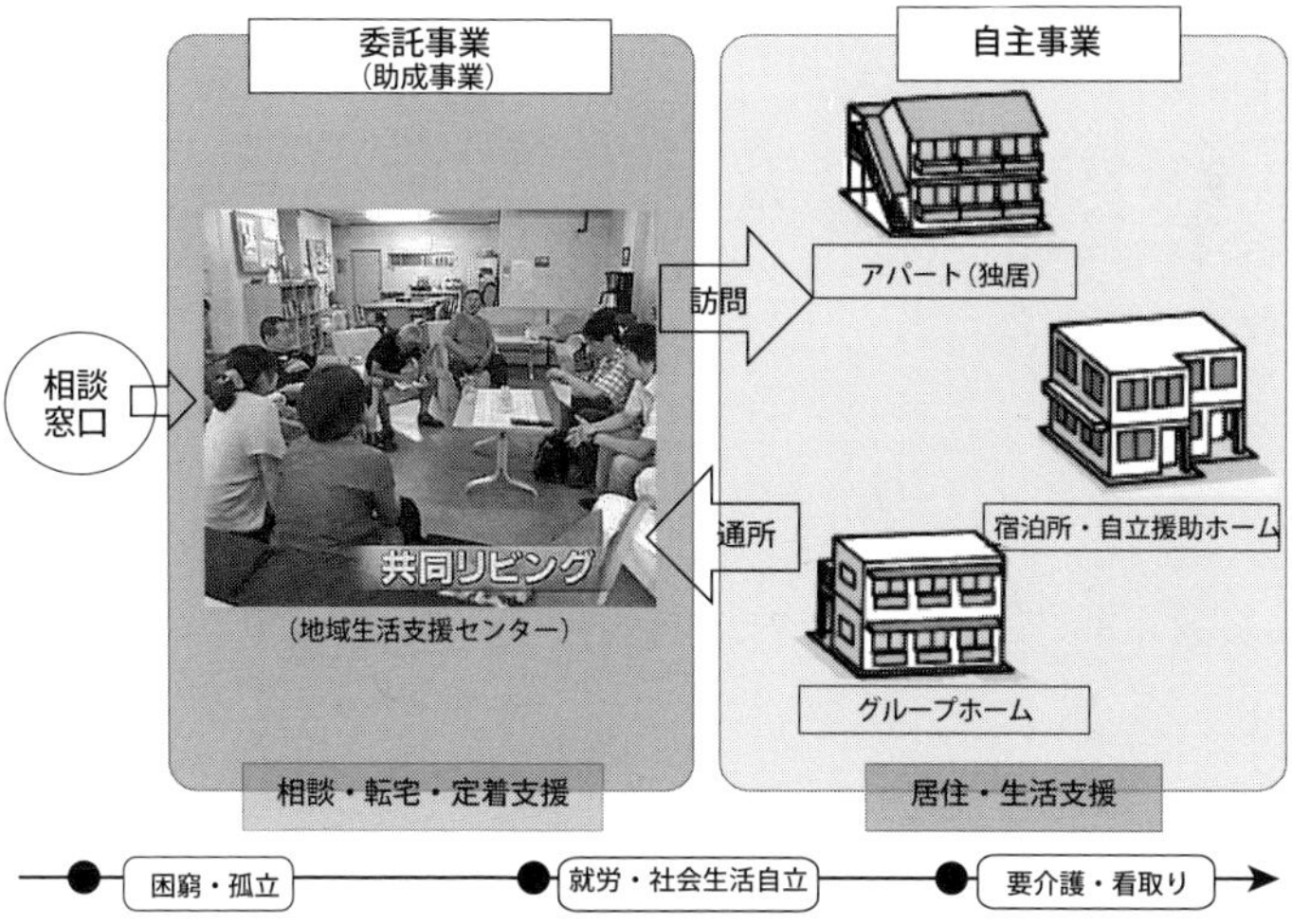

図４　生活困難者への支援

ています。生活指導員がいるということもありますが、そうでなくても二十四時間の生活の保障はされているわけです。介護があって、病気になると嘱託のドクターあるいは看護師がいる。施設というのは、ある意味パッケージで、そろっているのです。

　それで、サービス付き高齢者向け住宅の「サービス付き」には、見守りとか生活相談をする人を必ず付けるという意味があります。介護や医療は、地域ケアとして外から入ってくるので、サービス付き高齢者向け住宅にも生活支援が入っているのです。有料老人ホームも、管理体制の中で職員が生活支援に入っていると言えば言えますが、地域の単身の人というのは生活支援がありません。家族がいれば、それを代替できているかもしれませんが、普通の単身の人は、多分そこの部分はないと見るのでしょうね。それで孤独死という話になっている。生活支援というのは人と人との関係ですから、人間関係の部分があれば、孤独死にはあまりならないはずなんです。

地域資源を「生活支援」として活用

高橋　ふるさとの会は、ＮＰＯという組織形態で地域社会が活動の場です。普通は生活困窮者を入れると迷惑施設になって地域から排除されます。それを地域に、最近の言葉を使えば「包摂」されるような事業モデルをつくってきたというところがとても重要です。

　少なからぬアパートは自営業の方たちが家主で、彼らの老後保障という側面があります。入居者が減って成り立たなくなってきていたところに、生活困窮者が入居することで家賃が入ってくる。実はそういう地域を支える人たちとウィン・ウィンの関係ができているのがポイントです。そのウィン・ウィンの関係をどうやってつくっていくか。そのあたりについて何か感想はありますか。

宮島　ウィン・ウィンの関係というのは、その中では恐らく完結していないのですね。特別養護老人ホームなどは、そこの中で完結してしまうから、地域の人との関係や、地域資源を活用するところがないのです。

そこを、ふるさとの会では、生活支援という形で活用している。今のお話ですと、大家さんは家賃収入があるということですが、恐らく配食事業者がいれば、その人たちをどう活用するかという話も出てくるでしょうし、買い物ができなかったら、宅配をしてくれる近くのスーパーで、集合住宅にたくさん利用者がいるから小分けにして持ってきてくださいというような地域資源の活用の仕方が可能になってくると思います。

本当は、そういった支援は低所得の人向けに限らずあったほうがいいのです。実際、自治体もそういう動きになってきています。ただ、始めるとしたら、本当に必要なのは生活基盤のなくなった人からです。行政的にはそのはずなのですが、少し違うレベルから入ってしまっている。地方に行くと生活保護の人は少ないという事情がありますし、地域事情もあるので一概には言えないのですが。

髙橋　今までのノウハウをこれから展開するに当たって、何かありますか。

賃貸住宅市場と生活保護

水田　ふるさとの会では、生活保護を受給している単身の高齢者の支援ということから始めました。そして山谷で「いろは会　商店街をよくする会」を商店街の会長さんと私でつくって、イベントなどを行い、生活保護をもらっていてもきちんと生活している人は商店街のお客さんに、消費者になれるんだと言ってきましたが、なかなかうまくいきませんでした。

今年からは、自前で、いろは商店街の地域生活支援センターで毎月、ふるさとの会の利用者を相手にガレージセールをやっています。ゆっくりと参加者も増えており、そうして、商店街の方も、「ふるさとの会が来てくれる」、「大事なお客さん」として、町の住民だというところを理解していただくようになりました。これが最初のウィン・ウィン関係でした。

しかし、今一番大事なのは地域での居住確保ですね。新宿などは、賃貸住宅は一五％以上空いてしまって、大家さんのほうでもこれはなんとかしなければという状況です。我々の利用者である単身の困窮者は、トラブルメーカーともさんざん言われていますから、生活支援を行う我々はトラブル処理屋でもあるわけです。大家さんから賃貸住宅の管理も引き受けてくれないかというお話も出てきています。今までは利用者から保証の対価をもらうとして、生活保護課（福祉事務所）に「アパートの家賃保証をするから、費用を出してくれないか」というような話をしていましたが、今度は家主さんから管理費でいただくという話が始まっています。それを、新宿のほうからやりましょうという話です。

新宿・大久保で大きな火災事故がおきて、低所得の高齢者が四人も亡くなるという悲惨な結果になりました。支援付き住宅推進会議の山岡先生から、今居住されている、木造モルタルの老朽化した低所得者向けの住宅を支援付きにするだけでなく、防災まちづくりの観点から、耐震、耐火建て替えや改装などを家主さんに提案しながら支援とつなげたらどうかという提案がありました。園田先生のご提案もあり、それなら大久保地域の低所得者向けになる賃貸住宅の悉皆調査をやろうということになって始めたわけですが、新宿区は空き家が一五％もあり、家主さんと改装などの話をしながら、低所得者向け住宅を市場に出すことで、家賃の市場価格は下がるかもしれないし、七千億にもなる住宅扶助費を少しは削減できるかも、などと話しています。

さらに、これも園田先生の提案ですが、空き家になっている一軒家を借り上げ低所得高齢者の認知症対応や看取りまでやる互助ハウス（シェアハウス）を作ること、もし必要なら地域の単身高齢者や母子家庭、若年の失業者も受け入れ、地域力による生活支援を土台に支えていく、このような物件も市場化していくことになるとのこと。以上のような手法で、困窮高齢者などの住居の確保の可能性を広げたいと事業化を急いでいるところです。

宮島　園田さんの話を聞いて、なるほどと思いました。ちょっとびっくりしました。

水田　そこに居住確保のウィン・ウィンになる可能性があります。そうすると、先ほど言われたように、互助を支える生活支援の制度化が実現できれば、三畳が六畳になる可能性も当然ありますし、オーナーさんを含めた、地域のコミュニティができ上がります。大久保の軽費老人ホームの隣に住んでおられるオーナーさんは地域力の象徴のような方です。

宮島　私は三畳を六畳にしてもらいたいし、都市型軽費老人ホームの話があったときも、「四・五畳ではなく六畳にならないの？」と東京都の人に訊きました。やはり四・五畳でないと事業者が来てくれないので、そこは勘弁してくださいと言うのです。最低基準は四・五畳だけど、国の補助基準は六畳だよということで折り合いました。

　なぜ六畳にこだわるかというと、要介護度が増していったときのケアの問題なのです。四・五畳では、ベッドサイドでケアするにはちょっと厳しいところがあります。そう考えると、今のお話のよう

〈概　要〉

目的： 高齢者が、低額な利用料で安心して暮らしていただくための第１種社会福祉事業

定員： 20 名

対象： 身体機能の低下などにより自立した日常生活を営むことに不安があり、家族による援助を受けることが困難な 60 歳以上の方

場所： 新宿区大久保 1-15-4

開設： 平成 24 年 4 月

図５　都市型軽費老人ホーム「ルミエールふるさと」

に生活保護の住宅扶助の中で六畳に持っていけるというのは、非常に魅力的な話ですね。

水田　我々もやっと展望を持てます。低所得者は狭小なところで暮らせばいいという観点ではなくて、きちんとすれば、それ相応にケアが受けられる空間が確保できるのではないかと思うようになりました。

暮らしの共同性

共同生活にある安心生活

水田　我々の日常生活支援は、食事や排せつなど家事の協働作業ということですが、認知症などの機能障害が生活障害にならない支援を心がけています。共同生活の中に安心生活があることは、経験的にもわかります。共同性が、ふわっと利用者を包み込んでいるわけです。この共同性の効能、機能障害を生活障害にしない効能に私も感動しました。やはり認知症の方はアパートで一人ではなくて、きちんとしたプライベートゾーンは当然必要ですが、共同で暮らすことに意義があります。認知症の方でもちょっとした共同性という条件があれば、在宅でずっと暮らせるということがわかったわけで。

　共同で暮らすことの意味みたいなものには感動しました。阿保順子さんが『認知症の人々が創造する世界』（岩波現代文庫、二〇一一年）で書かれたのとそっくりの世界が本当にあったんです。ありがたいですね。

高橋　今のお話は、仮に福祉という言葉を使うなら、在宅福祉、施設福祉というのがあって、園田先生の言う「仲間福祉」というところもある。非常に個人主義的な社会の中で孤立して、施設で管理されるという道ではないタイプの新しい住まいとケアのあり方が、どうもふるさとの会の実践の中でありそうだ。これをどうやったら普遍化できて、広げていけるのか、そのあたりの道筋は、制度で誘導する話もあるでしょうし、事業立ても含めて、差し当たりどういう方法がいいとお考えですか。

宮島　行政があまり介入しない良さというのはあるんです。そうはいっても、制度にするとどうお金を手当てするかというのが一番の焦点になる。生活支援サービスの中身がどのように構成されているのか、一度調査はしなければならないと思います。買い物に関してはこうだとか、地域の共同の集会に関してはどうだとか、中身を分解していって、こういう経費のかけ方をしているからこの人たちの生活が成り立っているという調査をしないと、事業立てにしても、予算の立て方をどうするのかというのは、行政的に必ず問題になってしまいます。給付立てにすると、今のものを一人一人に分解しなければならないので、もっと難しくなります。

介護は、先ほど申しましたように、サービスがある意味で定型化されているから、個人立ての給付ができるのです。介護報酬とか診療報酬は、何をやればいくらだと全部書いてあるわけです。生活支援はそれとなじむのかという疑問があるので、事業としてみて、これだけの経費がかかるから何人分の生活支援が可能になっていく、という構造を調査することが必要になってくるのではないかと私は思いますね。制度化をするときは我々は必ずそういうことをやります。

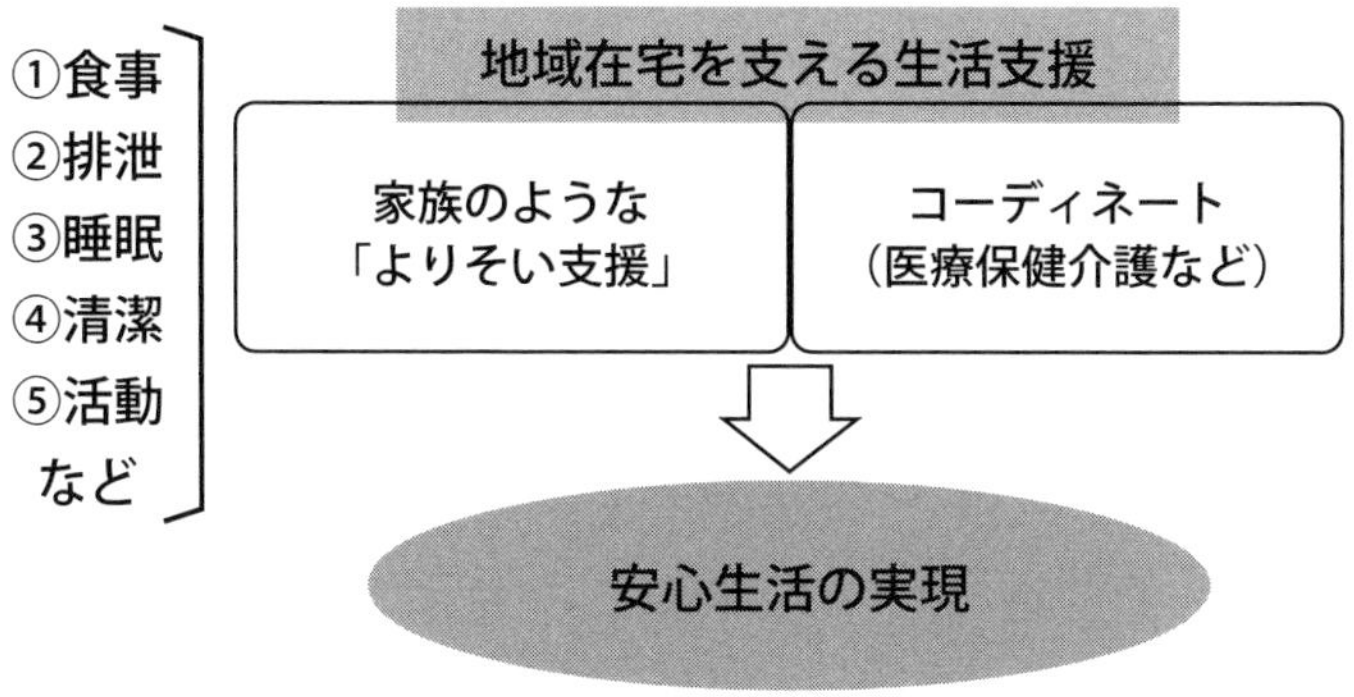

図６　機能障害を生活障害にしない家族的ケア

「住まい」があって「生活支援」があり、「ケア」がある

髙橋　本来は、ボランタリーな努力でさまざまに展開してきたものが、制度として成立した途端に、生き生きしたところが萎えてしまう。しかし、一方でこういう問題をきちんと顕在化しながら、いろいろなところででできるだけ普遍的にする。団塊の世代はまだいいわけで、これから団塊ジュニアの世代に無年金層も相当出てくるだろうし、生活困窮者や非婚率がものすごく上がっていますのでシングルも増える。そうなると、ここ数十年の課題として、今日取り上げた生活支援を軸にした仕組みはどうしたらいいのだろうかということは、まさにこれから、ふるさとの会の実践を手がかりにしながら、展望をもって追求する必要があります。

それは居住といいますか、先ほどの「福祉は住まいから始まる」という別の文脈でいう議論で、居住があって、そこにさまざまな人の営みが展開して、外から必要な専門サービスが入ってくる、そういうモデルを考える上で、これからいろいろな意味で非常に示唆的なお話をいただきました。

最後に一言ずつ、まとめの発言をお願いします。

宮島　平たく言うと、住まいがあって生活支援があって、ケアがあるという順番なんですね。

水田　最初に、ふるさとの会の立ち位置は生活支援の側にあるというご指摘をいただけて、ありがたいことです。生活支援は、ケアの前のケアであるわけです。ケア前ケアですから、ケアを可能にするケアであるはずなのですが、従来の福祉ではご家族が担ってきた領域でしたから、それは家族問題なのだということで、ほとんど制度化も支援論も、考慮も配慮も研究もされてこなかったわけです。今、単身者の高齢者がこれだけ増えてきたら、結局、家族的支援、生活支援を、一からつくり直さなければいけない。そのときに、日常生活支援・家族的支援の領域をどうするんだということを私たちはずっとやってきたのですが、結論として髙橋先

生に「長屋化」と言われました。長屋化とはなんですかと言ったら、熊さん、八っつぁんの世界ではないかと。まず、対価をもらいながらでも、こういう形の互助をつくり上げれば、生活支援の相互扶助ができ上がるのではないかと思っています。

我々は今、利用者の互助づくりを重要課題として取り組んでおります。共済会をつくって、イベントをやり、何より仲間と顔を合わせ、死にかかったときはみんなで応援しに行くという体制の土台をまずつくった上で、いろんなご協力をいただくような専門性のネットができれば、単身困窮者もそうですが、都会で孤立されているたくさんの生活困難を抱えている方の安心生活実現の可能性は大きくあると思います。

「生活の社会化」はない

宮島　介護保険をつくるときに「介護の社会化」と言っていましたね。介護は、家族ができなくなったら外からヘルパーさんが来るとか、デイサービスに行くことで社会化できると。では、生活の社会化はあるのかということですが、生活はその人のものです。だから、「生活の社会化」というのは何か変な感じです。そこに今おっしゃられた互助みたいな共同生活があるのです。それを組み立てるのにどう支援するか、というあたりが生活支援になるという理解かなと思っています。

髙橋　実は私の恩師の三浦文夫先生が「フュアズィッヒ・アンズィッヒ（即自的ニーズと対自的ニーズ）」という、ドイツ哲学に由来する概念を提起しておられました。「対自」というのは対象化できて形があるけれども、「即自」というのは、それこそ今おっしゃったその人に即したものだから、定型的なものとして認識するのはものすごく難しい。だけど、それがどうもニーズの概念を考えるうえで本質的なのではないかということを、一九七九年に『在宅福祉サービスの戦略』（全国社会福祉協議会）を出したときに言っていらっしゃるのです。ところが、三浦先生はだれも理解してくれなかったため、この概念を使うのをおやめになりました。

宮島　社会サービスというのとはちょっと違うんです。そこがなぜ難しいかというと、我々はお金に換算して、どういうサービスを提供すればいいかを型にはめようとするんです。生活を社会化するというのは変なんです。生活はその人のものだから。そこが成り立っていないわけでしょう。そこを支える。今おっしゃったとおり、ダイレクトにサービスを提供する介護とは違うんです。

高橋　そういう意味で言うと、機能的に目的を達成する場としての施設ではなくて、人の生活の場としての住まいということをもう一度考える。サービス付き高齢者向け住宅も、うっかりすると施設代替型になりかねないので、住まいの場とは何だろうかということを、今日はふるさとの会の実践をよすがに、介護保険や今までのサービスのあり方と重ね合わせながら議論ができたのかなと思います。

水田　ありがとうございました。実はいろいろと迷っておりました。生活支援は互助をつくる。我々の中で、生活支援は、結局互助をつくることではないのかという提案を始めていました。職員が毎日やっている食事・排せつ等の日常生活支援は、結局みんな互助づくりが目的。今度山谷で夏祭りをやるのですが、互助でグループをつくって、例えばキュウリを刺したり、いか焼きをつくったり、焼きそばをつくったり、みんなで屋台を出す準備をしている。それを生活支援している職員が一緒に楽しもうとしているんです。排せつなどのお世話をする職員は、そういう場所づくりを生活支援の目的にして初めて、生活を支え合う互助化が可能になります。

今まで生活支援、生活支援と言ってきたのですが、この目的を職員には明確に出せずにいました。ずっといろいろな問題・課題を抱えていたのですけれども、今日は目の前で明確に出していただいたので、ふるさとの会の職員に、「あなた方の支援の目的は利用者の互助をつくること、安心生活の実現ですよ」と言えます。「ふるさとの会がいなくても、彼らが安心して暮らせるようにするにはどうするのかを毎日考えてください」ということになる。利用者には、ふるさとの会という法人は、生涯お付合いしますが、それでもみんなで一生懸命、自分で生きていける条件を今のうちにつくっていくことが大事ですよというのが、支援職員の毎日の仕事の目的になる。そういう方向の理解を得ることができました。どうもありがとうございました。

宮島　こちらこそ、どうもありがとうございました。

髙橋　介護保険の自立支援とはなんだろうかということを考える機会にもなりました。

水田　自分を律するという意味で、自律ですね。

宮島　介護保険は自立です。自律は本当はもう一つあるのですが。

水田　精神障害、知的障害、発達障害がたくさんいて、その方々がみんな、ワイワイ騒ぎながらも、けんかもせずに一緒の目標に向かっている。この間、ケアの非対称性と言われましたが、職員は通いで、住んでいる方は毎日会っている。その差がいろいろ出てきて、「ふるさとの会が何だ」となることがある。そのときに互助をつくって、その中心軸にうちの職員がいて一緒に楽しむ。そのうちに、彼らが自分たちでご飯を用意したり何かをするようになる。今、二〇チームぐらいあって、毎年夏祭りをするのですが、今度は共済会のグループごとに屋台をつくってください、その準備を楽しんでくださいという面白いことになっています。

1）㈶高齢者住宅財団で行った平成二十三年度老人保健事業推進費等補助金老人保健健康増進等事業「低所得高齢者の住宅確保と介護施設の将来像に関する調査・検討」の本文は、高齢者住宅財団のホームページからダウンロードが可能。https://www.koujuuzai.or.jp/wp/wp-content/uploads/2014/12/project_20120410_04.pdf

2）静養ホームたまゆら火災事件：二〇〇九年三月十九日午後十時五十五分ごろ、群馬県渋川市の高齢者施設「静養ホームたまゆら」から出火、木造平屋建て二棟計約三七〇平方メートルを全焼、別の一棟が半焼し、入所者十人が死亡した事件。死亡した十人のうち六人は、東京都内の施設が飽和状態のため、墨田区の紹介でたまゆらに入所した生活保護受給者だった。

3）園田眞理子＝明治大学理工学部建築学科教授。Ⅰ部2章（四六ページ以下）参照。

水田　恵　一九四七年、兵庫県生まれ。全共闘の学生活動家から山谷での日雇労働などの経験を経て、九九年、ＮＰＯ法人自立支援センターふるさとの会を設立し、二〇〇八年三月まで代表理事を務める。現在は、ふるさとの会顧問。〇九年三月に政策提言・企画企業支援を担うＮＰＯ法人すまい・まちづくり支援機構を設立、代表理事。また同年七月、更生保護法人同歩会が認可を受け、理事長に。

宮島　俊彦　一九五三年、神奈川県生まれ。兵庫県立大学大学院経営研究科客員教授、介護経営学会監事、東京女子医科大学監事、日本製薬団体連合会理事長、元内閣官房社会保障改革担当室長。一九七七年、東京大学教養学部教養学科卒業後、厚生省入省。厚生省大臣官房組織再編準備室長、厚生労働省保険局国民健康保険課長、厚生労働省大臣官房審議官等を経て、二〇〇八年七月より厚生労働省老健局長。二〇一二年、厚生労働省退職。著書：『地域包括ケアの展望』（社会保険研究所）、編著：『社会保障と税の一体改革』（第一法規）などがある。

□自立支援センターふるさとの会ホームページ　http://www.hurusatonokai.jp

2章　とも暮らしという住まい方　ホームホスピスからのメッセージ

特定非営利活動法人ホームホスピス宮崎理事長　市原　美穂
明治大学理工学部建築学科教授（当時）　園田眞理子

ホームホスピスが明らかにした住まいとケア

「魂の器」

高橋　前に、市原さんを講演会にお呼びしたことがあったのですが、そのときに同席されていた大森彌《おおもりわたる》先生が「かあさんの家では奇跡が起こる」とおっしゃいました。しかし、奇跡というのは、あり得ないことが起こることです。「かあさんの家」のこの十年の歩みを拝見していると、実は必然らしいという思いを強くしています。

外山義《とやまただし》先生[1]の言葉に「魂の器」というのがあります。「人」と言わずに「魂」とおっしゃったところが非常に重要だと思っています。「かあさんの家」の個別ケアの話をうかがって思ったのは、ケアというのは、その人の魂を呼び起こす営みであるということでした。

私たちは、ケアというのは受け手が一方的に受けるものであり、受動的で、手を差し伸べなければならないものとしてずっととらえてきましたが、実はそうではなさそうであることに気付き始めました。認知症が重度になり、だんだん意思を喪失した人に対して、ケアをする側は一方的にオペレーションするといいますか、客体化して対象として扱って、食事、排泄、入浴などの三大介護を一方的に提供するとか、水を飲ませれば認知症が治るとか、そういった話になっていくのですが、そうではなくて、その人の魂に働きかける。そして、魂に働きかけるためには、援助者だけではなくて、being（場所）が必要であると園田先生がおっしゃいました。その場所とは何かということに対する一つのソリューションを示唆しているのが「かあさんの家」の十年の歩みなのかなと感じました。

のっけから結論のような話をしてしまいましたが、そういうことを踏まえながら魂と器の相互作用のような関係を考えたい。「ターミナルケア」あるいは「エンドオブライフ」というのも、いい日本語がなくて、「終末期ケア」とか「看取り」というふうに普通は言っておりますが、これを「器と魂」、言ってみればケアと住まい・生活の場所の関係としてとらえ直して、「かあさんの家」の実践の意味を考えてみたいと思います。

園田　私は四半世紀以上、住宅とか住環境にずっとこだわってきました。今から三十年ほど前、私が社会に出たばかりのころは、「高齢化」という言葉もなくて「老齢化」と言っておりました。今、若い方が聞いたら笑うかもしれませんが、「老人」と言うと失礼なので、「高齢者」という言葉が、今から三十年前に発明されました。それで、日本はこれからとてつもなく老人の数が多くなると言われて、住宅・住環境と高齢化との関わりから仕事を始めました。

以来三十年間のことを話すと時間がないので、そこはしょって、なぜ私が「かあさんの家」に来たのかというと、私は両先生より若干若い世代ですが、これからの仕事を考えたときに、高齢者住宅やバリアフリーの話をいくらしても、一体どこで、どういう死に方、死に場所があるのかわからないから、みんなは究極のところを得心していないと思っていました。私自身もそうで、死に方と死に場所がわかったら、あとは平気だろうと思っていたところに、髙橋先生から「宮崎をホスピスに」とおっしゃる市原さんのことを教えていただいて、最初にピピッときたんです。私がずっと考えていた死に方、死に場所は、一般にいうホスピスのように死にに行く場所だとか、暗い場所ということではなくて、ゴール。そしてゴールがわかると、若い人が元気になると思いました。

　自分もああいうふうに死ねて、幸せでいいなとなったら、心配なことは何もなくなるだろうと。だから、私の探していたものはここにあるかもしれないと思いました。

髙橋　ホスピスは、ヨーロッパでは滞在日数が非常に短いところです。ところが日本では非常に長い。宮崎では医師会病院に緩和ケア病棟ができたけれども、これにあきたらずホームホスピス運動が始まった。

　そこで、今日の大事なテーマの一つである「器」としての住まいについてと、普通の家を看取りの場所として考えていくプロセスを、市原さんからこの十年を振り返ってお話しいただけますか。

暮らしていた場所で人生を閉じたい

市原　最初からここを看取りの場所にとか、ターミナルケアなどというイメージが私たちの中にはっきりあったわけではなくて、ただ、その人がずっと暮らしていた場所、言ってみればbeingしていたところで人生の最後の幕を閉じることができればいい。でも、それが現実にできないのであれば、それと同じような空間であればいいなと思いました。

　現実問題として、どうしても家で暮らせない人もいます。介護力のなさとか、住宅事情とか、核家族になり社会情勢が変わりましたから。

宮崎には大企業があるわけではないので、若い人はみんな外に出ていって高齢世帯が残る。それもこのごろ、夫婦どちらもひとりでは難しいけれども、二人でいることでようやっと支え合って暮らしているという人たちもいます。それを無理やり施設にということではなくて、その人が居たい場所に最期まで居続けられれば、そこが一番いい場所だと思っています。どうしても家で一人で暮らせなくなった人にとって、自宅の環境とほとんど変わらないという意味で、民家はとても適していました。

私たちはお金がなかったので、そこにある家具とか洗濯機、掃除機から何から、生活に必要なものをそっくりそのまま借りましたので、資金はほぼ最初の家賃ぐらいです。お金を集めて新しく建てるという考えは、最初から毛頭ありませんでした。普通の家で暮らすということをそのまま継続してできるという意味では、普通の家が一番よかったのです。

高橋　今、さりげなくおっしゃった言葉が、実は大問題だと私は思っていて、日本の住む場所というのは、基本的に健康で自立した人の場合はなんの問題もありませんでした。畳の上で八割が死ぬ時代は、人は寝たきりになるいとまもなく死んでいました。要するに、病院に行く暇もないし、お金もない。一九五〇～六〇年代の病院は、医療保険は五割負担しなければいけませんでしたから、経済的にも入院させる余力のある方は限られていました。

最初にできたホームホスピス「かあさんの家　曽師」

しかし、高度経済成長の中で、長くケアが必要になる状態が継続する「長期療養」と言われる状況が起こりました。それを可能にしたのは、実は住まいの近代化です。アルミサッシによってすきま風がなくなり、火鉢がなくなって石油ストーブになり部屋を暖めることができるようになり、肺炎を起こさなくなりました。すなわち生活の近代化が長期継続するケアの必要性をつくり出したというのは、意図せざる結果なのかもしれません。

もちろん医療の進歩と全国各地への普及もありますが、環境的には、障害や病を持ちながら生きる期間が長期化することが一般化した途端に、今までの住まいが追いつかなくなり始めた。社会福祉施設というのは、基本的には貧しい人たちのものでしたから、病院を長期ケアの場所とするようになりました。そして、追い風になったのは一九七三年の老人医療費無料化で、病院に入院させたほうが経済的にも負担が少なくなり、医療側としても、「どうぞお入りください」という構造ができました。それが、ケアが必要になったら、住まいから追放して施設や病院に行く、という二分法になったと思います。そして今は、財政面から見ても、何よりご本人の生活の質を考えても、そういうやり方ではうまくいかなくなり始めたということです。

建築基準法の考え方も、基本的に住まいとそれ以外の二分法ですよね。要するに、施設か、元気な人が住む住まいか、という。

七十年前の「建築基準法」が定めた「住宅」

園田　まず、「住まい」という言葉は、建築基準法の世界にはなく、「住宅」です。第二次世界大戦の終戦でリセットボタンが押されたとすると、その後の七十年間は、日本は極めて優秀な近代化という思想の申し子だったと思います。建築についても、「建築基準法」という新しい法律がつくられました。日本中がほとんど焼け野原になりましたので、新築が前提で、つくるものの種類に応じて決めようというのが今の建築基準法のベースです。

それで、住宅と住宅以外の特殊建築物という用途をつくり、その用途の分類も、それ以前の日本の枠組みとは全然違う、家父長主義を否定し、男女平等で、近代国家にふさわしい民主主義という価値観のもとに分類ができたので、その時代にはぴったり合っていたものなのですが、以来七十年近く経過し、合わなくなってきているということです。

なぜ住宅だけが少し違う位置にあるかというと、ほとんど焼け野原と申しましたが、焼け野原になったのは都市部だけで、田舎のほうには家は結構残っていました。だから、住宅については新築前提で全部つくり変えてしまうと、以前のものもいろいろあるので不都合が生じる。例えば、階段の勾配が典型的なのですが、昔のはしご段みたいなものをオーケーにしておかないと、さすがに全部近代化はできないので、急勾配の階段を前提にしています。

だから、法律というと最上位のように思いますが、最近つくづく思うのは、そのときの時代的背景や社会状況を踏まえて法律や制度がつくられているので、法律を変えないでそのままがよいと言っているところが一番おかしいのではないか。一九四〇年代の人口がピラミッド状にあったときから七十年が経ち、逆ピラミッドになって状況が全然違いますから、時代と合わなくなっていると思います。

高橋　そこで、園田先生が日ごろからおっしゃっている話は、戦後、高度経済成長期に若い人たちを労働力として地方から都市部に移動させ、これらの人を勤務先の独身寮や寄宿舎に入れて、やがて結婚したときに夫婦で住める場所をどう供給するかということで、いわゆる核家族をベースにした住宅モデルができてきた。

「家族」の定義による住宅と福祉の単位

園田　もう少し正確に言うと、戦後、日本の住宅政策は二人以上で住むことを暗黙のうちの前提にして考えてきたので、「住宅」という名前のつくものは二人以上なのです。そこがポイントです。二人とは何かというと、家族社会学の定義に、家族とは血縁及びそれを超えた姻戚関係と、要するに、無償でお互いを支え合う福祉の最小単位が世帯、家族であるとしています。だから、「おひとりさま」の場合、家の中には福祉はありません。だけど、二人以上になるとお互いに支え合う。それが福祉の原点です。

髙橋　扶養単位としての家族ですね。

園田　日本の住宅が暗黙のうちに二人以上ということは、二人以上住めば、最小限の福祉は内包されているということです。

髙橋　逆に言うと、そこからはじき出された人は施設でみましょうというモデルです。

園田　だから、ひとり者の住宅政策はないのです。ひとり者は寮と寄宿舎と施設。

髙橋　寄宿舎というのが今なお残っていて、「かあさんの家」がもし新築なら、これは寄宿舎扱いだとかという話になるわけですね。

園田　そうです。あるいは寮とか。

髙橋　その話をなぜしたかというと、「かあさんの家」の試みというのは疑似家族という形であり、それは特別なものではなくて、生活の器としての住まいです。ところが寄宿舎だと、寝るだけの場所です。今や、家族の住まいと単身者の集合住宅の間に中間系の住まい方が登場しました。先ほどの園田先生のお話で、住宅の法制度や、医療・介護施設にも想定していなかったものが、あるリアリティを持った。

　非常に始末が悪いのは、例えば、シェアハウスに対して役所がまずしたのは潰す話ですね。しかし、「かあさんの家」は施設や病院では絶対提供できないクオリティのサービス、サービスというよりは、これまでのやり方で達成できない「あり方」をここで実現してきた。そういう関係の中で、さてどうしようかという議論が、多分、政策側でも少しずつ大きくなって、せめぎ合いみたいなものが起こり始めているのではないかと思っています。そのあたりはどうでしょうか。

外部化した「家」の機能を取り戻す試み

園田　先ほど、日本の社会は物をつくるときは近代の申し子だと言いました。住宅ということで言うと、気がついたら、家の中に内包されていた機能を全部、外部化した。子どもが生まれて、すぐ新生児保育に入れて三週間で職場復帰すると、赤ちゃんも外ですよね。ごはんも、コンビニのお弁当を買って食べると、コンビニの工場が台所になっており、病気になれば病院に行くし、子どもは学校に行って、塾に行き、お父さんは朝会社に行って夜帰ってきて、お母さんも今や共働きが普通で、家の中にあったことを全部外側に放り出してしまった。私はすごく面白いと思いますが、それでも皆さんは高い家賃を払ったり、生涯で一番高い買い物をして家を手に入れていますが、ではその家を何に使っているかというと、寝に帰るだけ。ごはんも一緒に食べない。そういうものにすごくお金を払っているわけです。

　ところが、子どもが小さいときと病み衰えて死ぬときは、放り出したものが全部自分の近くにないと生きていけません。「かあさんの家」は、みんなが放り出したものを全部拾い集めてきて、一つの家の中に戻してきているのです。それを制度にしてしまうとサービスです。

　忘れもしませんが、震災の直前に、住生活基本計画の見直しを社会資本整備審議会で議論していたときに

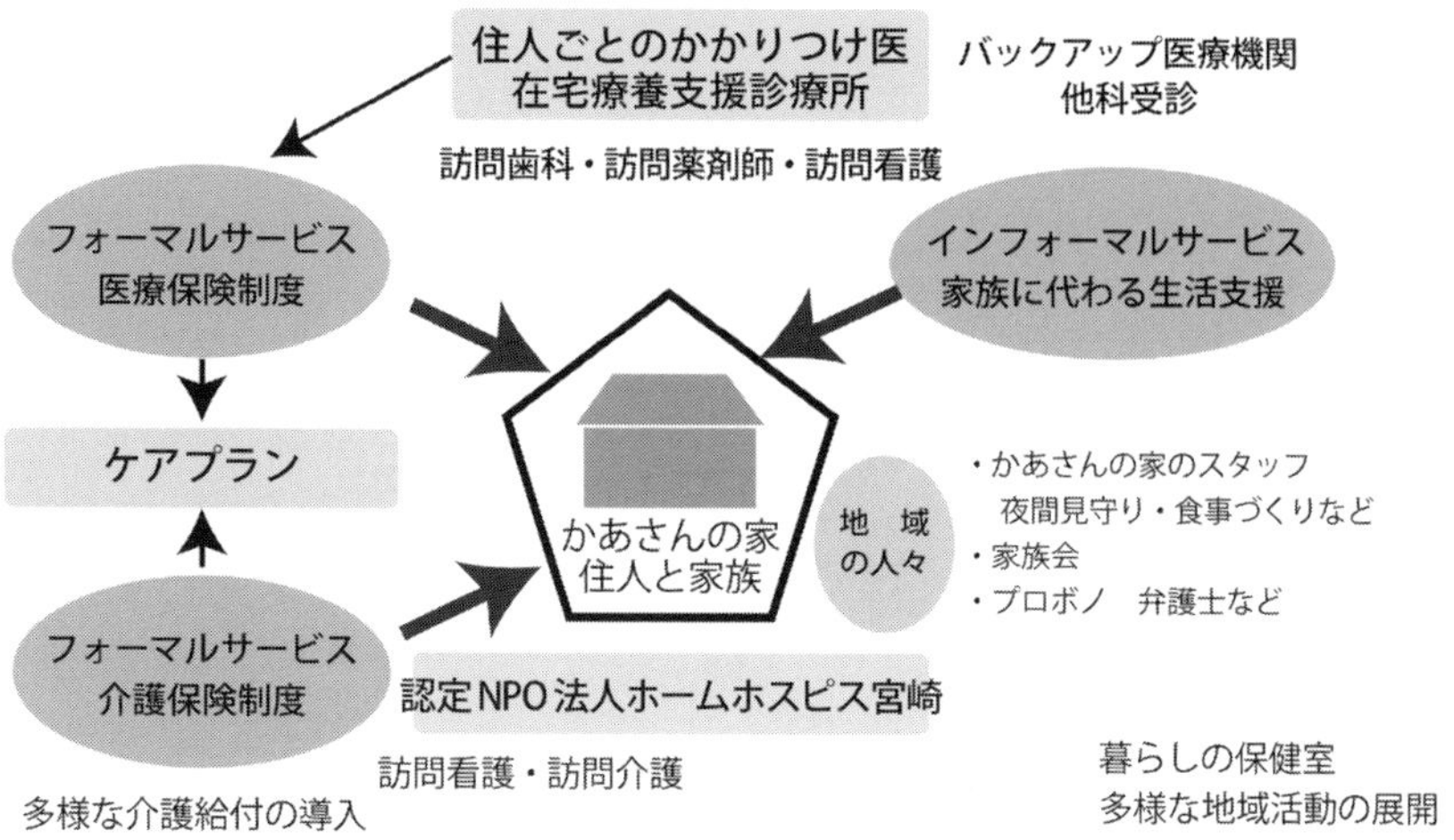

図1 かあさんの家の仕組み（市原美穂作成の図を髙橋紘士改変）

（却下されましたが）、「サービス」という言葉はやめてほしい、せめてその前に「サポート」とか「支援」とつけてほしいと申しました。実は、二〇〇六年に「住宅建設計画法」を「住生活基本法」という名前に変えました。住宅基本法でなく、住生活基本法だから大前進だと思ったのですが、そのときの生活とはイコール、サービスという意味でした。「サービス」は、お金を払った対価ですが、お金のやりとりではない人間の支え合い、思いやりの部分は非貨幣経済的なものにあって、「ふるさとの会」もそうだし、「かあさんの家」はそれが内包されています。放り出してしまった「サービス」という言葉では表現できない、経済的にカウントされないものを集めるということができている。

市原　最初に髙橋先生が来られたとき、私たちが「やっていることを図（図1）にしてごらん」とおっしゃいました。それで、フォーマルなサービスが、介護保険、医療保険。そして、こっちはインフォーマルサービスと私が言ったときに、「サポートだよ」って訂正されました。今、私たちがホームホスピスでやっていることを説明するときは、「フォーマルサービスとインフォーマルサポートを組み合わせています」と言っていますが、そういう意味だったのですね。

あること《being》の支援、いることの支援

高橋　「ふるさとの会」や「かあさんの家」は、ポストモダンと言ってもいいのかもしれないし、これから主流になるべき先駆けの支援の場です。秋山正子さんの「暮らしの保健室」もまさにそうだと思っているのですが、いつも園田先生がおっしゃっているのは、あることの支援、いることの支援ですね。サービスというのは、無償であろうがなかろうが、やってなんぼという世界。自立支援もそうかもしれない。何かやって元気にしてあげよう。キュアはそうですよね。しかし、やって治してあげるじゃなくて、生活の継続性の中で「いることの支援」が実は、「鍛えられた住まい」とおっしゃったところでしか実現しない。そこら辺の文脈をどう解いたらいいかと。

園田　ありがとうございます。私は気がついたのですが、世の中の仕組みとか制度で評価されることや、学生を教えていてもそうなのですが、そこには全て力が働くというか、何かをしてあげるから成績がよくなったとか、あるいは、これをしていただいたのでお金を払いましょうというふうに、目に見えるところが必要です。それは、英語のdo、「〇〇をする」ということに対してお金が動いていると思いました。

　ところが、英語のbe動詞、そこにあるとか、ただそこにその人と一緒にいるだけで幸せってありますね。あるいは、卑近な例ですけれども、夫と出かけると、どういうわけか必ずけんかになるレストランがあるんです（笑）。気がついたら言い争いになっている。ある日、ふと二人で「ここに来るといつもけんかしてる

よね」と。それはひょっとして、ここの場所、雰囲気がそうなのではないかということになった。だから、メニューでは同じ七百円とか八百円でも、仲よくなれるレストランとけんかしてしまうレストランがあって、私の場合、全て体験的なのですが（笑）、そのことをきちんと考えることが必要ではないかと思います。

そしてもう一つ、先ほどから出ていますが、東京で私たちが関わっている「ふるさとの会」というのは、貧困な人を支援する。その支援する側にニートとか、なんらかの障害で普通に働けないような若者が当たるのです。その支援というのが、横にいておじいちゃんがやることをニコニコと見ているだけです。これがdoingだと、「おじいちゃん、そんなことしちゃいけない」とか、「おばあちゃん、次はこうしよう」と言う。

ところが、普通に働くことが難しいと言われている若者がゆっくり見ていると、おじいちゃんはすごく機嫌がよくなって、逆に若い子に「こうやろうか」というふうに、全然違ったリアクションになるのだそうです。では、「それはbeing就労ですね」と言っても、時給はなかなか出てこない。レジ打ちとかしないと時給はくれないけれども、そこにいるだけでそのおじいちゃんもすごく気持ちよくなって、認知症の混乱もなくなったら、それも立派な〝存在就労〟です。

高橋　私は、「かあさんの家」にうかがうとき、秋山さんの「暮らしの保健室」と同様の、平穏さ、静謐さというようなものをいつも感じるのです。特養や病院に行くと、喧騒の中でお年寄りは困っているわけで、そこで働く方の仕事の仕方も、そういう器の中でつくられてきたのかなと感じています。

もう一つ、そこと非常に深く関わっているのは、徹底した個別ケアだと思います。個別ケアをするためには、何時におむつ

園田眞理子氏

を替えましょう、何時におむつを外して外へ出しましょうといった集団のプログラムとしての日課に支配されるのとは違う働き方であり、そのあたりをどのように考えたらよいでしょう。

空気感

市原　でも、個別ケアといえども日課はあるんです。結局、その人の生活をどうやって整えていくかという意味で言えば、朝眠いからずっと寝ていたいというのでお昼まで寝かせていたら、朝が抜けてしまいますので、それはその人のためにどうかと考えることだと思います。「この人のためには、このまま寝かせちょっちゃいかんやろ」と思えば、「今日は天気がいいから起きようかね」という声をかけながら起こすということが大切です。

そういう意味では、その人が望むようにしていればいいというのではありません。個別ケアはそこが間違いやすいところで、うちのスタッフにも「この人の思いのままにしてあげればいい」と言うと、「眠たいと言ったから起こしませんでした」と言います。「朝ご飯は？」と訊くと、「いや、食べてません」と。そうすると、その人の一日の食事の量が減ってしまうので困ります。その人の生活のリズムを整えていくために日課はあるのです。ただ、先ほど言われた空気感というのは、家なので、例えば日課はあると言いましたが、プログラムはありません。

高橋　その人のリズムや状況に合わせた、一人ひとりの日課はあるわけですね。

市原　デイサービスでは、「今日はパッチワークの日です」とか、今日はみんなで歌う日、風船遊びの日と、ある程度時間割りがあります。だから、デイサービスは学校です。特養は、生活の中にそれを全部持ち込んでいますから、それは生活ではないと思います。

ここは「かあさんの家」だから、みんなボーッとして、座って何もせずにテレビを観ている人もいれば、黙っている人もいますが、私はそれが家だと思っています。認知症の人なので、二人でコミュニケーションをとってしゃべれる人は、実は誰もいません。みんなそれぞれがそれぞれでいるのですが、それでも、お互いにどういう人かということは、そこに座っておられて、ちゃんとわかっているのです。それが疑似家族としての団らんだと思うのです。

病院で「ご飯は一切食べない」と言ったために、TPN（中心静脈栄養）を入れてきた方がいらっしゃいます。しゃべることもほとんどできないので、ほかの人とコミュニケーションもとれません。でも、そばにいたおばあちゃんが呼ぶので、「何？」と訊いたら、「あの人はご飯を食べやらんちゃわ。焼酎を飲ませたらどがんね」と（笑）。そして、「ほかの人に絶対言わないで」とおっしゃいます。黙っていてもちゃんと見ていて、「あの人はご飯を全然食べんな。もしかしたら焼酎を飲みやったら食べるようになるっちゃないやろか。でも、こんなこと誰にも言えないわ」と。その二人同士は何もしゃべっていないし、入って二、三日後でしたから、相手がどういう人かもまだ知りません。それが空気だと思います。プログラムはないけど日課はあって、もうそろそろご飯の時間だけど、あの人は食べないということを、わかっているんですね。

そういう空間は、普通の家だからこそです。食卓を囲んでいると、見えるわけです。スタッフがそばに行って「食べる？」と訊

病院から移ってきた住人が笑顔を取り戻す

いて、「食べん」と答えている。それで、「あの人、食べないなあ」って、こっちの人は思っている。そういう空気感みたいなものが、普通の家の団らんにはあると思うのです。

先ほど、近代の家族関係の中で失われてきているものを取り込んでいるとおっしゃいましたが、例えば塾に行く子どもが、お母さんはパートに行って家にいないので、「これ、食べときなさいね」というメモを見て、それを食べて行くというような生活だということですね。つまり、家の中で、子どもがボーッとテレビを観たり、携帯を触っていたりしていると、「いつまでスマホしてるの」とお母さんが台所で皿を洗いながら小言を言っているのは団らんだと思います。でも、それがなくなってきている。

私たちは特別なことをしているとは全く思っていません。ただ、普通に暮らす生活を取り戻すということで言えば、失われたものを取り込んでいます。ご飯をつくり、みんなで一緒に食べ、テレビを観るという、何げない生活をそこで取り戻しているということかと思います。

髙橋　昨日の「かあさんの家」創立十周年の会で、グループホームから面倒見切れませんと言われて「かあさんの家」の第一号になり、日常の生活にソフトランディングした内田さんのお話がありました。いわば施設とか病院とかいうのは、拉致もするけど追放もするところです。人工的なケアの一方的な管理の場から普通の空間へ戻ってきたときに、どういうことがご本人に起こるかを考えることがあります。失われたものの取り戻し方みたいなものに非常に意味があると思っていますが、そのあたりはどのように理解したらいいですか。

生活の場で回復する

市原　内田さんのお話で言えば、まず最初の朝ですね。ちゃんとお仏壇に線香をあげておられたとお嫁さんから聞いていたので、「じいちゃん」と声をかけてお仏壇に座ってもらったんです。見ていたら、ろうそくを持った。「火を点けるっちゃね」と言って火を点けた。そうしたら、ろうそくを立てて、線香も立てて、般若心経を上げられたそうです。要介護5ですよ。「かあさんの家」に帰ってこられたときは、よだれを垂らして、目はトロンという感じでした。抗けいれん剤、抗鬱剤など、山みたいに向精神薬が入っていたんです。それを全部とったら、日常をちゃんと覚えておられた。それまで積み重ねてきてその人の体にしみ込んだ生活のリズムを、場所があればきっと取り戻せるのです。

建築の話で言えば、宮崎市郡医師会病院の緩和ケア病棟は、私はどこの緩和ケア病棟よりもいいと思っています。なぜかというと、平屋で、各部屋から全部庭が見えるように、扇形になっています。各部屋からお庭に出られて、いつもお花が咲いていてとてもきれい。だから、そこに入って最期を過ごせて本当によかったというご家族もいらっしゃいます。

でも、やはり生活空間ではない。どんなに立派でも病室なんです。お庭があってもすぐにベッドがドーンとある。そういう家はありません。部屋が全部お庭に面している家に住んでいる人もいません。ということはつまり、生活ではない。少し前に山崎（章郎）先生が見に来られて緩和ケア病棟にお連れしたときにも、まず「いいですね」と。「でも、生活がないよね。やっぱり施設だよね」と言われました。

それは、建築としての用途が病院としてつくられているから、生活がないのです。入ったらロビーがあって、廊下の両側にお部屋がずらっと並んでいるのは、施設のつくり方でしょう。そこが、私たちは普通の家を使っているので、最初からありません。だから、

市原　美穂氏

「ごめんください」と言って玄関を開けて、そこがいきなり居間だったりすると、「あら、いらっしゃい」と、みんなが顔をバッと見るわけです。そういうところから、家そのものが全部を受け入れるので、おじいちゃんは多分、何も言わなくてもろうそくを点け、線香を立てということが自然に戻ってきたのだと思います。

髙橋　そういうものを思い起こす民家の力というのが後の話の主題になると思いますが、今のお話は、施設建設と住宅の設計のあり方に示唆的な議論だと思います。

民家のもつ力

モノからヒトへ

園田　そうです。私たち建築をつくる者は、物理的に物（モノ）をつくる教育をされるので、先ほどの用途分類ではありませんが、それがどういうモノなのかということからスタートする。病院では、「患者様」と言いますよね。「者（モノ）」なんです。日本語はすごく鋭いところがある。だから、モノとしてその人を治す（治療する）。入院する人も一時的だと思っているし、そこではモノになってお医者さんに体を縫ってもらったり切ってもらったりして、もとの人間に戻れる。そういう意味で、そこではモノになったほうがいいし、そこは治してもらって復帰する場ですよね。

　そして、グループホームや特別養護老人ホームですと、「居室」と言います。居室は自分個人の部屋で、「人」にはなりますが、他とのつながりはなくて「個」ですね。だけど、「家」に住むとどうなるかというと、ひとりで生まれてくる人はいないから、そこで一緒に暮らしていた家族のこととか、訪ねてきた親戚のこととか、隣近所の人とか存在しているので、実はひとりでいても、ご先祖様の写真がかけてあれば自分の過去とつながったりもしますし、ひとりでいても家族になるということだと思います。

そこまでのことをきちんと考えて建物をつくる人はそれほど多くないので、「はい、者（モノ）に合わせて病院を設計すればいいですね」、「はい、個人のプライバシーを守る居室設計をすればいいですね」と。それで、ようやく住宅になると、家族のために、となりますが、新築設計では全部用途の前提を置いたところからスタートするので全然似て非なるものができるのです。

市原　だから、ある施設にうかがったとき、「うちは家庭的に暮らしていただきます。ここは生活の場ですから」と言われてお部屋に行くと、サッシにカーテンではなくて障子だったりとか、畳の間がつくってあったりとかしますが、それはもどきですよね。家もどき。

園田　そうです。

髙橋　もどきだから、そこに「ホーム」という名前がついて老人ホーム。

市原　そこではなかなか心の回復もない。多分、内田のおじいちゃんは、自分がずっと暮らしてきた場所に戻ったから回復していった。日常の生活の動作もですが、心も一緒に回復していったと思います。

一カ月後ぐらいに温泉に行っているでしょう。そこまでの一カ月間は、本当にいつみ・ラワーセンさん（最初のスタッフ）は格闘しました。十分おきに「おーい」と呼ばれますから、行くと、「おしっこ」と言われます。でも、十分おきにおしっこは出ない。寝たと思ったらまた起きて「おしっこ」でしょう。それを「もういい」と言わないで、「ああ、そうね」と言いながら徹底的につき合った結

「お友だちがきてくれたん？」

果、一カ月後に普通の生活が戻ってきたんです。

それは「かあさんの家」だけでなくて、よそのホームホスピスもそういう体験をしています。あきらめないで、とことんつき合うと、その後に落ち着きが出てくる。例えば、先ほど奇跡が起こるとおっしゃったのは、奇跡でもなんでもなくて、もとに戻って回復していった。当たり前の生活をしていくことで当たり前になっていったのかなと思うのです。そういう空間としての民家が「かあさんの家」で、最初の動機はたまたまお金がなかったからですが、結果的にはこれがよかった。

鍛えられた空間としての家

髙橋　「空き家論」に入りたいと思いますが、どうも「空き家活用論」ではないのではないか。というのは、「かあさんの家」が教えてくれたのは、人が住まなくなった民家そのものの中に、「鍛えられた歴史」というのがあって、それを使うことによって生き返らせるから、単に空いているものを有効活用するという話とはちょっと違う筋で空き家論をしないといけない。

要するに、新しいものを建てるとお金もかかるし、空いていると無駄になるから活用しましょう。でも老朽化したら除却しましょう、更地にしてまた何か建てましょうという筋の空き家論でした。「ふるさとの会」も「かあさんの家」の家も、それに一石を投じているような気がします。

園田　先生が今おっしゃった、空いているから、もったいないから活用しましょうというのは、doing 的空き家活用。だけど、市原さんのお話をうかがっていろいろ感じているのは、being 力というか、目利き力で、建物は地面に根っこを生やしているのです。この地面は、地球上に同じところは一つもなくて、プレハブの建物はコピペしたような同じものはあるけれど、同じ場所に重ねては建てられません。横に建てた途端に、日

「かあさんの家　曽師」のテラス（上）と庭

差しも違うし、風の通りも違いますよね。

ですから、実は地球上にこの場所は唯一無二で、そこが持っている力をどのように見きわめるかがすごく重要で、それはシステムにはなかなか乗りません。家を借りると、そこに住んでいた人の信用力がついてくるとか、その人の歴史がついてくるというのもそういうことです。

例えばこのお家（かあさんの家　恒久：鼎談会場）でも、場所に時間が折り畳まれている。すごくわかりやすい例で言うと、子どもの成長を柱に傷をつけていれば、この家の中にその子どもが大きくなった時間が折り畳まれています。また、朝の様子、昼間の様子、曇ったとき、雨が降ったときで、外の様子も違うし、感じることも違って、そういう場面が折り畳まれているわけです。ところが、施設とか病院というのは、それが全部画一的になって、均質で白っぽくなっているから、時間もすごく短いし、どこにいるのかわからなくなる。

そういう意味で言うと、空き家活用というのは、空いているからもったいないという単純な話ではなくて、大切にされてきたものを大切に受け継いで、次に残すものかどうかを見極めるという目利きができるかどうかです。「かあさんの家」は、そういう意味で言うと、環境装置であり舞台だから、太陽も出演するし、風も出演するし、ご近所さんも出演する。だから空き家もそこまで見る。

市原　そうです。私たちはずっと空き家を見て回りましたが、パッと入った瞬間に、その空き家から感じるものがあるのです。どうやって選ぶかと言われたら、勘としか言いようがない。「ここはいい気持ちがする」とか、「いや、ここには私は住みたくないわ」という感覚ですね。

もう一つは、いくら小さくてもちょっとした庭があること。それは必須条件です。

曽師（最初に開設したかあさんの家）を見に行ったとき、大家さんがお留守でした。私たちは、窓に顔をくっつけて中をのぞいて、まず決め手になったのは、おじいちゃんが手づくりをした庭でした。「この庭はいいね、ほっとするね」と直感がして、「すみません、貸してください」と言ったら、「いやいや、ちょっと待ってください」と大家さんに言われましたが、そのくらい、私たちが家を決めるときは勘です。それがさっきおっしゃった風景というか、ここで暮らすことをイメージするということだと思います。

高橋　私もエッセイに書いたことがあるのですが、「かあさんの家」を取り上げたＮＨＫドキュメンタリー番組では、必ず朝のまな板のコトコトという音から始まった。あれが、もとの生活に戻ってきたということを象徴していると思います。まな板の音は、グループホームならまだありますが、病院にも施設にもない。

市原　私たちはみんな主婦なんです。主婦は、いつも朝起きたらまず自分が立って台所仕事をします。でも病気になって寝ていると、皿を洗ってくれる音が聞こえてくるとすごく居心地がいい。だから、例えば死を間近にした人も、向こうで皿を洗う音とか、鍋がカチャーンとする音が聞こえてくると、きっと心地良いのではないか、と感覚的に思っています。

高橋　逆に言うと、まさに高度経済成長期に、全部鉄の扉になり、町のさんざめきが聞こえない住まいを我々はつくり、あげくの果てに五十階建てとかいう、とんでもない住まいまでつくってきた。そういう意味では、住宅のあり方がとんでもないところへ行きかけているのではないでしょうか。

園田　内田のおじいさんの回復力もそうですが、私は、年をとったとき人間は動物より植物に似ると思います。植物は、根っこを生やして土から養分をもらわなければいけない。この地域包括ケアの植木鉢を参考にしたホームホスピスの絵（図２）もすごくいい。どんな花が咲くかというのは、土の種類とか、土の場所によって様々です。ところが、日本の二十世紀後半は、あまりにも大成功し、しかも、夫は外で働き、妻は家庭を守るという標準世帯、核家族向けに、ものすごいホモジニアス（均質）というか、単調な環境をつくってきました。

だけど、今やゼロ歳から百歳以上の年齢の人が同時的にいるので、みんな感じることも様々です。だから、リタイアした人の間でガーデニングブームが起きていますが、あれは場所ごとに、それぞれの土のよさを踏まえて、ここはバラがいいとか、ここはちょっとした下草がいいとかで植えている。実は今、日本の陥っている問題点は、あまりにも環境が単調で単一的なことです。

だから、家族で住んでいた状態ではお役御免になりましたが、「かあさんの家」がこのように別の使い方をすると蘇らせることができる。環境をつくり直すと、そこに咲く花も違ってきます。なので、あまりにも効率一辺倒につくったところをどうやって壊していくのか、そこが課題だと思っています。

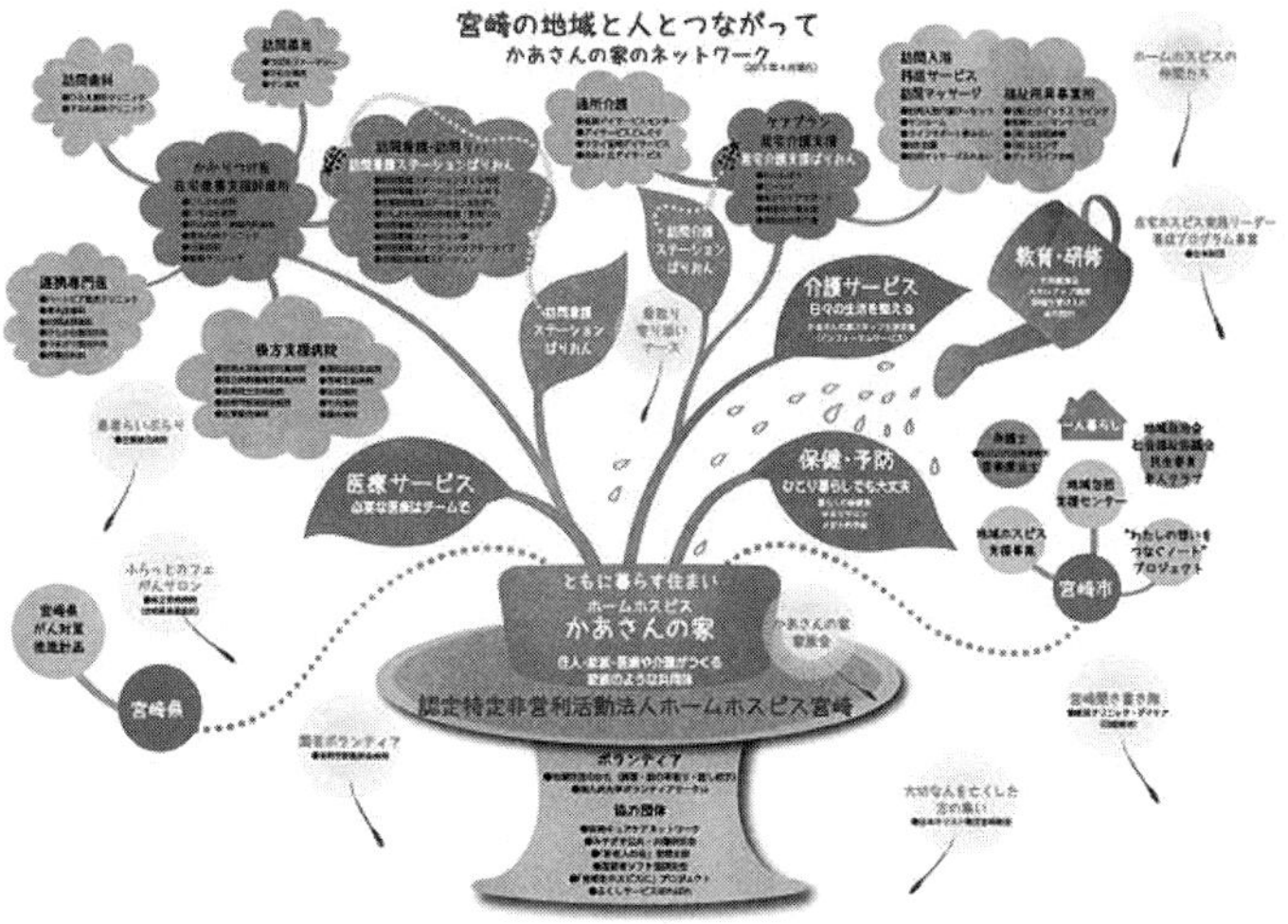

図２　かあさんの家のネットワーク

ひとり暮らしから、とも暮らしへ

友、共、伴

髙橋　そこで、「とも暮らし」の話をしたいと思います。「とも」というのは重層的な意味があるということで、市原さんは第一作（『かあさんの家のつくり方――ひとり暮らしから、とも暮らしへ』木星舎　二〇一三年）のときに副題に使っていただきましたが、そのときのお気持ちはどうでしたか。

市原　単純に、「ひとりで暮らせなくなった五人の人が集まって、ともに暮らしましょう」という感じでした。でも、髙橋先生は、「とも」に「友」と「共」と「伴」という言葉をつけてくださって、より深くなった気がします。それは友だち的な意味もありますし、ともに老いていく、坂道をおりていく人という意味もあります。また、家族はそこに寄り添う人という意味もあっての「とも暮らし」だなと、今、思っています。

髙橋　それは、洒落て言うとシェアハウスになるのですが、当初は、いろんな規制の対象になった経緯もあります。改めて「とも暮らし」の意味を、園田先生から解説や背景を含めてコメントをいただけますか。

園田　結局、人間はたったひとりでは生きていけない動物で、植物に似て、ここにいる人も、場所は別だけど何か感じ合っているということがベースですよね。特に、年をとって最期はひとりで死ぬわけですが、死んだ後のことを考えると、誰かとつながっているということは、ある意味必然だと思うのです。

　髙橋先生は冒頭に「ケア論」とおっしゃいましたが、ケアというのは、日本人にはなんとなくわかったようでわからないと私は思っていて、サービス付き高齢者向け住宅よりも、世話つき住宅と言っていた時期もありました。

私のこじつけかもしれませんが、「世話」の「世」というのは、古語で「兄《せ》」とか「妹《せ》」で、「話《わ》」は「私」。だから、「世話」というのは、「あなたと私」。それは、フランス語のトワ・エ・モワと同じですよね。だから、あなたと私の関係は上下でも何でもない。ケアというと、ケアする人、される人みたいなのがありますが、世話というのは、あなたと私ということだと思うので、「とも暮らし」というのも実は、誰かがお世話をして、誰かが世話されるのではなくて、あなたと私で一緒にいるときに常に相互的に入れ替わる。「とも暮らし」というのは、たったひとりでは生きていけない人間の必然ではないかと最近思うのですが、どうでしょうか。

ケアの相互性が生まれる場

高橋　ところが現代経済学の論理は、ロビンソン・クルーソーの世界。「自立した個人」であることを強制するという仕組みで動いていて、そこから排除された人はそれこそ対象化されて、施設や病院に放り込まれる。そういう構造で、多分、社会保障制度改革国民会議の報告書で指摘された一九七〇年代モデルがつくられた。標準世帯でないものは全部排除されているわけです。それが、どうやら境目がなくなってきたのではないか。

私たちの専門では「要援護層」という言葉を使います。援助を必要とする人たちと自立した人たちというふうに二つに分ける。だから、援助を必要としたり病める者は全部病院や施設で、自立した人は町の住宅に住むという二分法的なモデルでした、ところが現在それが崩れて中間系

住人同士の見守り

の住み方が現れ始めたという印象があります。

そうすると、そこでおのずから「器」の問題のほうに返ってくる。ケアのあり方論もまさにそうで、いつも少数の人に対して手を差し伸べてあげる、のではない。「ふるさとの会」とか「かあさんの家」などの最先端のケアの現場で、ケアされる者がケアをするようになる。先ほどのお話だと、一緒に住んでいる人たちが一対一ではなくて、場としての相互の関係が成立しているところに様々なサポートが成り立つ。これはどうも近代主義的なケア論からどう克服するかということの最先端の議論が、場の問題も含めて「かあさんの家」の中に凝縮して突出して表れているのではないか。私なりに整理するとそういう感じになるのですが。

園田　なかなか難しくなって、頭が破裂しそうなのですが（笑）、思うのは、「かあさんの家」が宮崎ではできていますが、では、東京でおひとりさまで最期まで過ごせるかというと、東京ではあり得ないと思いました。その差は一体どこにあるのかというのが、今、私の中の大きな疑問で、家もあるし、介護保険もあるけれど、宮崎では実現できているのに、東京ではストンと落ちていかない。髙橋先生がおっしゃる、新しいというところが、見えそうで見えない。宮崎に来れば大丈夫というのはわかったのですが。

再生の家

ターミナルの意味

市原　宮崎もいろいろありますが、もっと広く考えると、私が東京に行くと二泊が限界で疲れるんです。宮崎に帰って空港に降り立つと、ほっとします。それは、家に帰ってきてほっとするのと同じ感覚だろうと思います。東京でも、自分のマンションに入るとほっとするでしょう。そうしたら東京でもそれはできるのではないかと思います。やはりそれはつながり。何かがあったとき、いつでも飛んできてくれる人がいるかどうか。

もう一つは、園田先生は先ほど、「ターミナルケア」という言葉は少しおかしいとおっしゃいましたが、以前、日野原重明先生が、ターミナルというのは飛行場に第1ターミナル、第2ターミナルがあるように、そこから飛び立つときは違う世界に飛んでいくことだとおっしゃいました。

私は、看取りだとか最期だとかというより、「かあさんの家」で見ていて、違う世界に飛んでいくのを送ることだと実感しています。もうそろそろあちらに行きかけているなというときは、本人がわかる。そうするといろんなことが起こります。「とうちゃん、来ちょるね」とか、「誰がいたよ」とか、科学的ではありませんが、あの世とこの世を行ったり来たりする時間がある。そういうサインをちゃんと出す人もいるんです。

そうなると、「ターミナルケア」という言葉はとても合っています。ここから、別の世界に飛んでいくのです。体という物体はなくなるけど、多分、みんなの中には、あの世に行くという感覚があります。

園田　その話がすごく重要だと思うのは、近代という先ほどの問いかけは、死んだら終わりで次の展開がないのです。だけど、今のターミナル、次の世界という話は、死に方と死に場所はすごく重要だと私が最初にした話に返ってきて、そこがわかっていないと、次の若い命が生まれません。そういう意味では私は今の市原さんに賛成で、ターミナルのケアがあると、あの世に行く人もいるけど、今度はこの世に来る人もいて、この世に来る人が、あの世への行き方が見えていたら、この世が楽しくなる。

市原　そうそう。ターミナルというと、終着駅みたいな感じで言われるけど、終着駅ではないという意味で日野原先生はおっしゃって、私はなるほどと思ったのです。

髙橋　ギリシャ神話で言うと、時間をつかさどるクロノスの神様が審判して、この者が死んだら、魂はゼウスに返して、体は大地の神に戻すというのが、まさにその話と通じるのかなと思いました。要するに、出ては入り、入っては出るというターミナルの場はまさに國森康弘さんの『いのちつぐ「みとりびと」』シリーズの世界で、『恋ちゃんはじめての看取り』（農山漁村文化協会）でも、孫とおばあさんの関係としてターミナルを描く。それは、だいぶ前にNHKが「かあさんの家」のドキュメンタリーを放映したときも、お孫さんが毎日のように通ってきて、そのお孫さんは、そのおばあちゃんだけでなく、そこで一緒に生活している人のお孫さんか、ひ孫さんというような形です。

　だから、とも暮らしのよさというのは、多分そういうものを共有すること。さまざまな人間関係をシェアする場をどうしつらえるかという話です。

園田　だんだん解けてきました。私が、東京ではあり得ないというのは、東京などでは、死の場面が巧妙に覆い隠されていて、普通の人が目にする場所にないから、すごく怖いし、どうしたらいいかわからない。だけど、宮崎には「かあさんの家」もあって、すぐ隣のご近所にあること、私の一生のどこかで、ありふれてあることという感じがすごくいい。家が、効率的、近代的につくられて、死が巧妙に覆いつくされてここまできましたが、今、全部それが破綻し、露呈して、みんな放り出されて裸にされて、どうしていいかわからない。

高橋　そのあげくの果てに、自分の町の外の施設に入所させる。ある意味、言葉は悪いけれど、捨てる対象に物象化されていく。要するに、いろんな実践で今おっしゃったように、都会の中で忘れられたものをもう一度思い出させる力、そこから僕らがどうもう一歩踏み出せるか。これは団塊の世代の大課題だと思っています。

再生の場

園田　片仮名がよくないかもしれません。「ターミナル」というと、先ほどおっしゃったように終着駅でしょう。また、上野千鶴子さんは講演で、ホスピスというのは死にに行くところとおっしゃいました。けれども今、思ったのですが、「かあさんの家」は、再生の物語といいますか、再生の場だから、全く真逆で、終わりでなくて終わりから再び始まる家。

市原　宮崎でも、この間おばあちゃんが老衰で亡くなって、その場にいた家族全員が「よかったね、おばあちゃん」と万歳三唱したそうです。その声が隣に聞こえて、「人が死んだのに万歳三唱するなんて、とんでもない」と言われそうで、そういう風潮は日本全国にあります。だから、死ぬことはだめなこと、嫌なこと、忌むべきことという風潮の中で、でも、「かあさんの家」や全国のホームホスピスで家族が家と同じように看取ったところには、安堵感があります。

園田　「とも」というのは、もう一つは、なんでもやるという意味があるそうです。玄《げん》侑《ゆう》宗《そう》久《きゅう》さん（小説家、臨済宗の僧侶）の受け売りですが、「とも」というのは「伴」で、奄美に行くと、受付をやっていた人がお掃除係になって、またある時はお帳場にいてレジを打ち、調理場でごはんをつくって、最後は送迎までやっている。それは奄美の「とも」という考え方で、ひとりで何役もやる。一方、古語の「部《べ》」は、攻撃型というか、役割分担分業型で、専門職能はみんな「部」がつく。だから、「部」と「とも」というのはフォーメーションが違うのです。

市原　十周年の会のときの遺族の方から届いたメールがあります。

「十周年おめでとうございます。なんとかうかがいたかったのですが、都合がつきません。申しわけありませんでした。両親のことを思い出すとき、その姿はいつも『かあさんの家』での姿です。体が不自由でも、意思疎通が不自由でも、いつも穏やかな姿です。私たちもそのような姿を心穏やかに、よい思い出として思い浮かべることができる。それが私たちにとっては本当に幸せなことだと思っています。『かあさんの家』でお世話になったことのありがたさを心から思います。介護のことが報道されない日はありませんが、耳にするたびに『かあさんの家』を思い浮かべます。よいもの、必要なものと思っても、実行へ踏み出す勇気が十分ではありません。困難な中、多くの仲間を得られ、進めておられること、尊敬と感動の思いでいっぱいになります」

これは東京在住の方です。看取ったご家族の方たちが、お母さんのこと、お父さんのことを思い出すときに、いつも「かあさんの家」の居間に座っている姿を思い出す。そうすると、自分たちも幸せです、と。

園田　再生している。

市原　そう、家族も再生します。

人を耕す　地域を耕す

髙橋　ヴォルテールの『カンディード』の中に、一七五五年にリスボンの大地震というのがあって、神の摂理という考え方がガラガラと崩れていくという思想の転換の象徴として語られてきた話なのですが、その最後に、「私たちは私たちの庭を耕さなければいけません」というくだりがあります。今、世界で大転換が起こっています。それを生活の中にもう一度戻して考えるということがものすごく大事で、それは抽象的にではなく、「かあさんの家」とかいろんな地域で、それこそ生えてきた。

園田　リスボンとは順序が逆ですが、ＮＰＯ法人ホームホスピス宮崎は、生えてくる前に人と地域を耕している。三カ月連続でセミナーをやっていたりと耕し方が半端じゃなく深いから、土の肥沃さがちがう。滋養がすごく豊潤です。痩せた都会はまず耕さなければいけないのに、すぐ肥料を入れたがるでしょう。肥料ではだめで、耕すことがすごく大切ですね。

髙橋　ということで、私たちは耕さなければいけない。

園田　建物を考える前に、耕さなければいけない。耕して耕して肥えた土の上に建物を建てれば、生えるかもしれない。それを、ホームホスピスの商標登録を取る基準にしたらどうですか。九十日間連続セミナーをやる。耕しておけば、後で多少サボっても生えてくる。

髙橋　僕が尊敬している、クリスチャンで、コミュニティソーシャルワークの元祖みたいな阿部志郎さんは、「日本人が土と血を忘れてしまった。それに代わるものを見つけられるだろうか」と疑問を投げかけていましたが、それは今の話とまさにつながっています。日本が近代化の中で大都市化を選んでしまった。その落とし前をどのようにつけるのか。単なる経済の話ではなくて、私たちのファンダメンタルな場所として、我々はどこへ行くのかということを考えるときに大変大事な知恵とヒントを、地域のそれぞれの実践が与えてくれる。それを、近代的な営みにいそしんでいる人たちに、どのようにもう一度考えさせるか。

園田　今日、髙橋先生のお話の皮切りに出た外山義さんは、ユニットケアを広めた人で、彼は本当に敬虔なプロテスタントのクリスチャンです。「魂の器」で言うと、人間の器と考えてしまいますが、プロテスタントのクリスチャンの彼の中では、常に神と対話しているのです。そうすると、ほかの人から見てこれがいいか悪いかという「他者律」で物事を決めているのではなくて、自分の中に自分を見ている神がいて、その神との対話において、自分はこういうことをしていいか、こういうときにどうされたいのかというのを、いつも問いかけている人なのです。自分との対話というと、自分の思うがまま、あるがままではなくて、自分の中で自分を律する、もう一人の自分、キリスト教では神ということになるのですが、そこにおいてこの振る舞いは善きか悪しきか、ということだと思います。

　お金が出るからこっちの制度に乗ったほうがいいとか、こっちのほうが人気があるからということではなくて、「魂の器」と言ったときに、自分のふるまいは神との対話においてどうかという答えを実は探し求めていた人だと思います。

ホームホスピスの今後の課題

髙橋　「かあさんの家」が十周年を迎え、全国にホームホスピスが展開しています。これからの課題についていかがでしょうか。

市原　「ホームホスピスの基準」というものを、仲間たちとホームホスピス推進委員会[2]を組織して検討しています。このままいくと、ホームホスピスの理念にそぐわない活動も出てくる可能性があるからです。また、「ホームホスピス」を商標登録しました。これはホームホスピスと似て非なるものが現れるのを防ぎたいと思っているからです。

　もし、学校の教室がいっぱい空いているから空き教室の活用でホームホスピスはどうかと言われたら、私は「それは違います」と言うでしょうね。教室はあくまで教室です。どんなにしても家にはなりません。そういう意味で、ユニットケアのワンユニットというのは、つくりが教室ですよね。

園田　そうです。

市原　だから、やはり家ではないので、ホームホスピスではないと思います。

　生活保護でどこにも行き場がない人たち、病院から捨てられたギリギリの人たちが送られて、そこで亡くなってしまうような、ホームホスピスとは似て非なるところが現れ始めたことを心配しています。

園田　そういう問題は絶対起きますね。

市原　都会なりの事情で、急性期の病院から退院していいと言われたときの受け皿は、そう簡単に見つからない。

髙橋　実は僕も見に行ったことのある、空き家を利用してＮＰＯが行っている場所がありました。ここもまさにそうで、かたちだけ見るとホームホスピスそっくりです。地域に根をおろさなくても病院にネットワークがあるので次々と入居希望者が来る。それは善意でやっているのですが、地域との関わりもなく、情報開示も行われない、閉鎖的なビジネスにいつの間にかなっていく可能性がある。このように、似て非なるものはいろんな形で広がっていて、そこは幸い「ホームホスピス」とは言ってないけれども、「ホームホスピス」と言ってしまうと問題ですね。

園田　ホームホスピスが成り立つためには、地域を耕す手間暇がすごく必要で、私は建築屋だから思うのですが、短絡的になりがちなんです。特に建物をつくって用意してしまえば、そこに姿かたちは見えてしまう。だけど、先ほどから言っているサービスとかサポートとか支援は、姿かたちはみんな同じように見えても、流れている思いが全然違うところをどうするかというのは、なかなか難しい。

髙橋　建築で言うと、「養生」という言葉はまさにそれでしょう。人間の養生と同じで、コンクリートも、養生してずっと時間を待たないと、ちゃんと固まらない。

園田　ホームホスピスも半年間とか一年とか準備をして、どういうものかを理解して立ち上げるのが重要です。

髙橋　東京のある区でホームホスピスの準備をしている方たちも、地域の方々と勉強会をやったり、医療関係者や行政とネットワークをつくる努力をしながら彼女たちなりに一生懸命耕している。大都市部で地域をどう耕すかが課題ですね。

園田　怖いのは一つでも変なものができると、その悪いイメージに引っ張られてしまうことです。一番多いのは、ご近所から役所に通報が行くので、周囲によく説明しておいたほうがいいですね。もし、ホームホスピスを名乗っているところが、「あそこ、おかしいんじゃないの」と言われたら一網打尽にされてしまいます。

市原　そうですね。そういうことを心配しています。

高橋　これからの大都市の高齢化で、一番必要なところに受け止める場が少ないという現実があります。今日はほとんど議論できませんでしたが、ここ数年、医療が退院促進を始めますから、多分そういうかたちのものはこれから相当増える。もう一つは、長期入院ではなくて、きちんとリハビリをして重くならないうちに退院促進するというもので、それには特養ではなくて住まいが必要ですから、そこをどうするかも重要です。

園田　都市部だと、ビジネス化せざるを得ない側面があって、看護師や介護士を確保する必要があります。東京はとくに人材がなくて、遠くから通勤してくる人たちも雇用しなければならず交通費を払わなきゃいけない、住居費も高いとなると、頭のいい事業者さんほどビジネス化します。そうしないと、自分のやりたい事業自体が始められないし、回らないのです。この難題も残っています。

高橋　事業の持続性（サスティナビリティ）のための経営であるべきなのに、それがいつの間にか収益をあげることを自己目的化して倒錯するんです。ケアの世界でもそういう陥穽《かんせい》があります。そこがヒューマンサービスの難しさですね。あらためて、ホームホスピスの意義と理念を確認することが大事と思いました。

1）外山義（一九五〇―二〇〇二）東北大学工学部卒業。建築事務所を経て、スウェーデン王立工科大学に留学。博士号を取得し帰国後、特別養護老人ホームの個室化によるユニットケア、認知症対応グループホームの制度化など推進し、日本の高齢者福祉に大きな影響を及ぼす。京都大学大学院工学研究科環境地球工学専攻居住空間学講座教授在任中に急逝。

「わが国の高齢者福祉を改革しようと、常に先頭に立ち方向性を示された先生。そのアプローチの最大の特色は、工学が最も苦手とする人間性の問題に正面から向き会おうとする点にあり、その背後には信仰があったと確信する。ともすると人間性なき科学が幅を利かせる中で、あるべき姿を追求された」（三浦研「外山義―軌跡と建築」京都大学学術情報リポジトリ紅より）

2）ホームホスピス推進委員会を母体に二〇一五年八月、一般社団法人全国ホームホスピス協会を設立。同年十二月、ホームホスピスの基準を制定。二〇二〇年、一部改定し、改訂版を出版。

市原　美穂　一九四七年、宮崎県生まれ。熊本県立熊本女子大学卒業後、中学校国語教諭を勤め、結婚退職。八七年、夫の「いちはら医院」開院とともに宮崎に移転。二〇〇二年「非営利活動法人ホームホスピス宮崎」理事長就任。〇四年、最初のホームホスピス「かあさんの家」を開設。現在、一般社団法人全国ホームホスピス協会の理事長として全国に展開するホームホスピス活動を支援、推進する。
著書：『かあさんの家のつくり方―ひとり暮らしからとも暮らしへ』（木星舎　二〇一二）、『暮らしの中で逝く―その理念について』（木星舎　二〇一四）

園田眞理子　一九八一年、千葉大学大学院工学研究科修士課程修了後建築事務所勤務を経て、九三年、千葉大学大学院自然科学研究科博士課程修了。九七年より明治大学理工学部建築学科専任講師、同助教授、同准教授を経て二〇〇九年より明治大学理工学部建築学科教授。二一年、退職。在職中より、十津川プロジェクト、豊島福祉プロジェクトをはじめ様々な地域再生福祉活動を支援（本書二四ページ参照）し、現在、排泄の未来をデザインする産学官民一体プロジェクト「Deasy」に参加、ホームホスピスのよき理解者でもある。
著書：『世界の高齢者住宅―日本、アメリカ、ヨーロッパ』（日本建築センター　一九九三）他

□全国ホームホスピス協会ホームページ　https://homehospice-jp.org

＊この鼎談は、ホームホスピスかあさんの家の十周年記念会の翌日収録しました。

3章　「けま喜楽苑」個室ユニットと認知症ケア

外山義が遺した仕事

社会福祉法人きらくえん理事長　市川　禮子
京都大学大学院工学研究科教授　三浦　研

生活を継続する居住空間

人が「いる」空間を組み立て直す

髙橋　認知症の人はどうすれば自宅に住み続けられるのか。認知症の人と住まいについて語るとき、居場所、身の置き所をどうつくるか、ということが重要です。さらに施設が認知症の人にふさわしい住まいになるための条件は何か。空間論としては、故外山義《とやまただし》先生が提唱されたプライベート、セミプライベート、セミパブリック、パブリック、の四種類[1]を念頭に置く必要があります。

市川　今話しているこのスペースは、セミパブリックな空間です。

三浦　この考え方は、浸透するにつれ図式的に扱われるようになってきました。四つの空間が先にありき、のような。本来、人が「いる」場所として空間をどう組み立てていくのか、人の心理や行動を踏まえて、領域の概念をきちんと導入し、住まいとしての発想で空間をつくっていく、ということだと思うんですが。

市川　ホテルのように、居室のドアが廊下に沿って判で押したように平面的に並んでいると、たとえ個室でも施設という感じがどうしてもします。

三浦　私の師である外山義先生は、施設とは病室が道路でつながっているだけという考え方を持っていました。廊下は移動のためだけの空間に過ぎず、居場所になっていない。移動するだけ、通過するだけの空間を、人が「いる」空間、〝たまり場〟としてのスペースにどう変えていくのか。「領域性」という概念を使って組み立て直したんだと思います。

市川　最近は制度が整ってきた半面、杓子定規になってきて、そういう発想もできにくくなりました。個室ユニット型ですと、リビングを囲んで十人ずつの単位できっちり区切り、それぞれの玄関まで造れと言われます。ここ（けま喜楽苑）はそうなる前に造ったので、非常に緩やかなユニット運営ができています。

高橋　人の動きや生活を大事にしながら支えていくのが、ケア拠点・ケア施設の意義ですよね。それなのに、硬直化した基準がケアスタッフの創意工夫を邪魔するようなことが起こっていて、ケア論と空間論とが泣き別れになってきているんですよ。

市川　ほんとにそうです。

高橋　そこに認知症の問題が立ち上がってきて、右往左往している。施設か住まいかという二分法はもう成立しなくて、認知症ケアはまさに生活の継続性を尊重する居住環境が必要だという課題を端的に表しているのかなと思います。

市川　認知症の方は何もわかっていないのではなく、うまく表現できないことがあるだけなんです。感性や感情はしっかり持

三浦　研氏

従来型養護老人ホームの建て替え

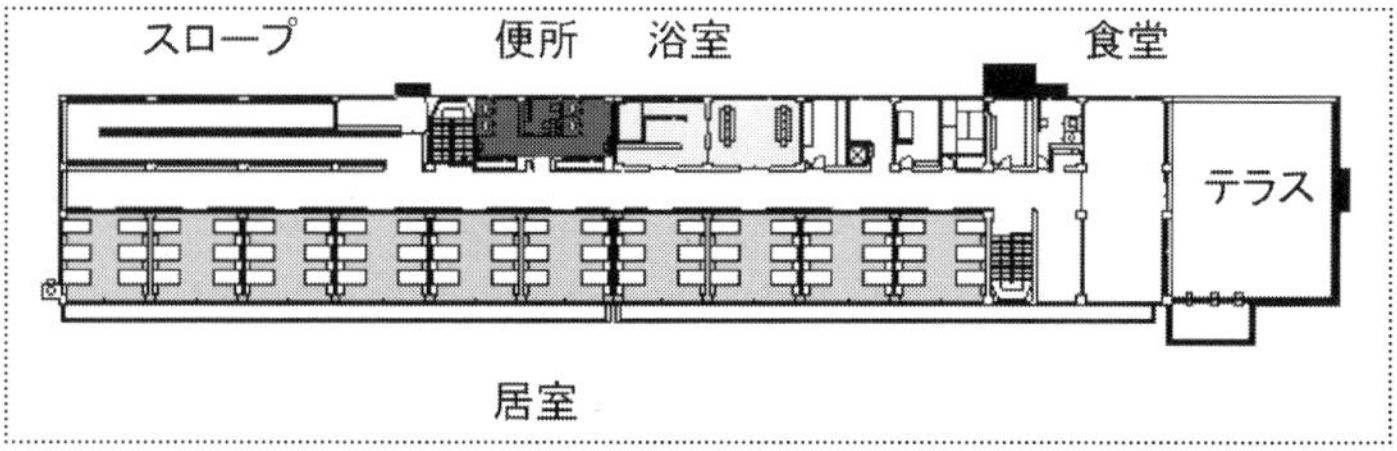

従来型特別養護老人ホームの個室化

各部屋を個室化しても、共用空間が貧しければ、入居者間の交流はない

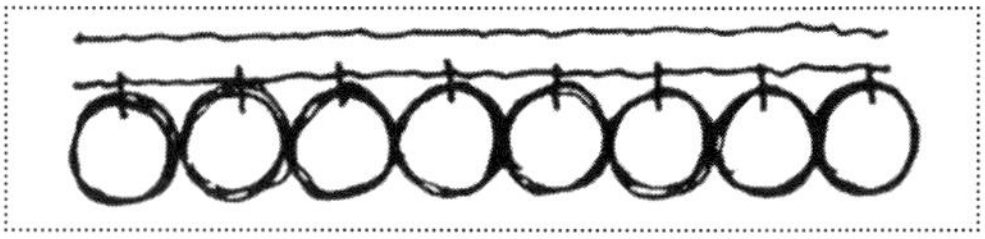

ユニット型特別養護老人ホームの誕生

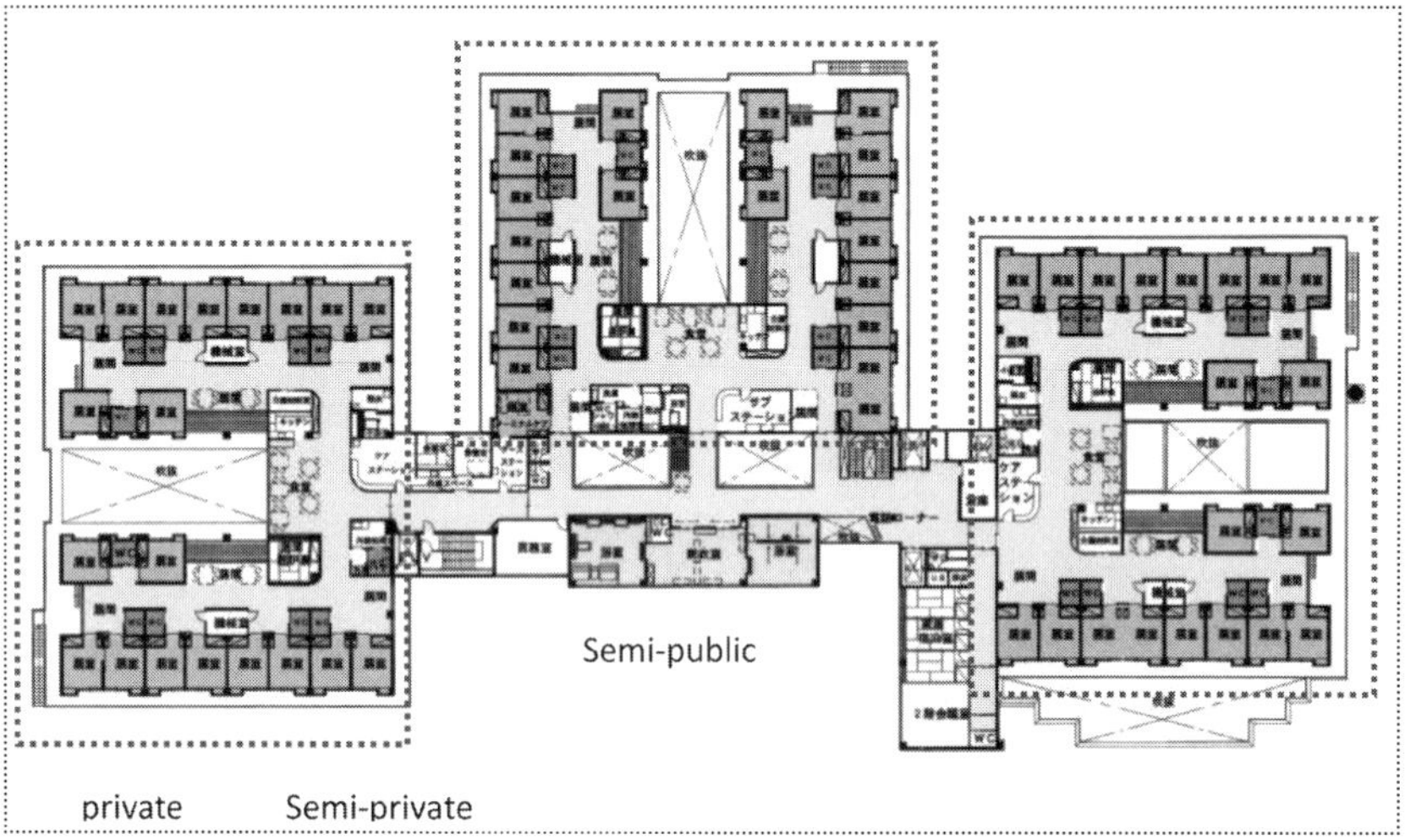

従来型特別養護老人ホームの個室ユニット化

個室が小グループを形成しながら、段階的に、性格の異なる共用空間をつなぐ

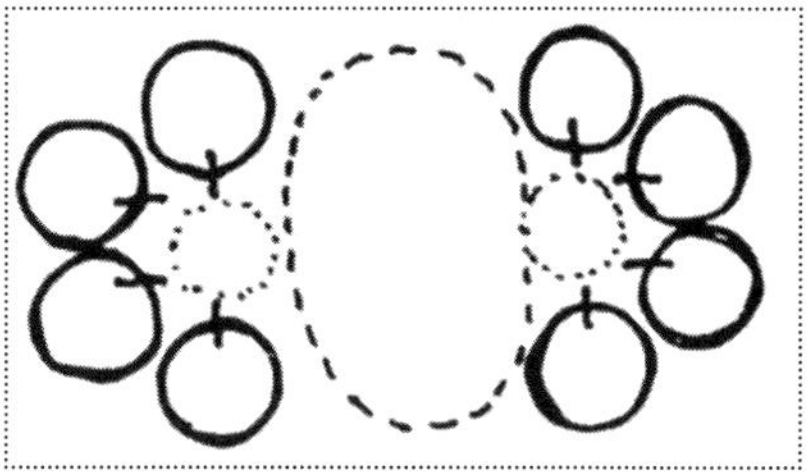

□図はすべて三浦研教授提供による

けま喜楽苑外観

食　堂（セミプライベート空間）

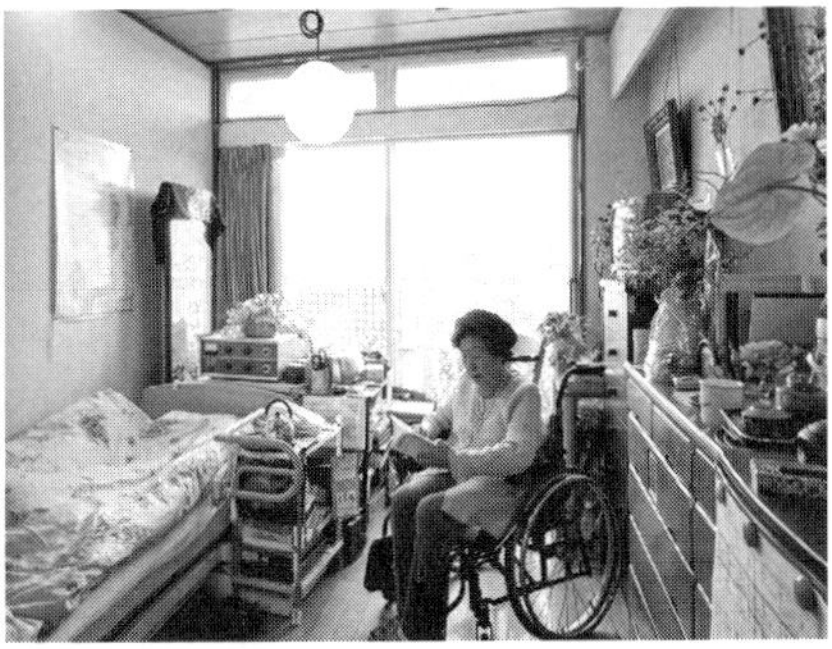

個 室（プライベート空間）

〈上〉中　庭（パブリック空間）

入居者は積極的に外出する

っておられます。外山先生は、認知症の方であろうともひとりになれる時間と空間が必要とおっしゃった。ひとりになりたい、人間のそういう根源的な要求を大切にしたいと思います。

認知症の人のための居場所づくり

髙橋　認知症の人のための空間づくりで注意すべきことについては、研究が進んでいますね。

三浦　ええ。従来の多床型特養は、ベッドに寝て安静にしているしかない病院型モデルでした。個室ユニット型はプライバシーが保たれるだけでなく、私物を持ち込んで自分の空間をつくれます。子どもや孫の写真を飾ったり、亡くなった配偶者のお位牌を置いたりしてそこを自己領域化、パーソナリゼーションできる。すると、身の置き所になっていき、精神的にも落ち着くんだと思うんですね。

市川　同感です。

三浦　病院モデルは、ベッドの上で安静にすることを求めるから、昼間、部屋に戻ってもすることはなく寝ているしかない。すると不活性になって身体機能も衰え、認知症の回復どころか、逆に進行が加速してしまうような経過をたどります。

市川　認知症の方は安静にするんじゃなく、社会の中で生きていくべきだと思うんですよ。閉じこもらず、どんどん部屋や建物の外に、地域に出ていただく。人間は社会的な動物ですから、人と交わり、地域の中で承認されたい。そういうとき、さきほど話に出たセミプライベート、セミパブリックの中間領域があると、出ていきやすくなるわけです。

三浦　研究室で多床室のコミュニケーションを調査したら、同室の人とはほとんど会話をしないことがわかりました。他人の匂いや音が感じられるような、お互いに目のやり場に困るような状況の中で過ごしている相手とは話しにくく、ちょっと離れた部屋の方と会話しておられました。他者との交流は、個人のプライバシーがしっかり守られるから図れるのです。

髙橋　その通り。

三浦　部屋の外で他者と交流できるから、自分の部屋も戻るべき居場所になる。両者のバランスなんですね。だだっ広い食堂のような空間に、知らない人が大勢いる。そこに放り込まれたら、どこに身を置いて、どうふるまってよいかわからないでしょう。混乱したあげく、ＢＰＳＤ（行動・心理症状、周辺症状）のようなふるまいになってしまう。近代の病院モデルには、行為の誘発という点で非常に問題があったと思うんです。

髙橋　僕が認知症について教えていただいているある医師によれば、認知症は脳の異変ではあるけれど病気ではないそうです。加齢のプロセスで必ず起こる現象である。空間のつながり、時間のつながり、人のつながりが失われ、脳の損傷で加速されるのだと。これらのつながりは、園田眞理子先生の表現を借りれば、空間の中に折りたたまれているんです。

市川　なるほどねえ。

髙橋　だから、お位牌を持ち込むことで、そこは家族を思い出し、時間を行ったり来たりできる空間になる。時間の経過を象徴するものが空間に表現されるのです。要するに個室ならなんでもいいという話ではなく、人と関われる空間を個室とセットでしつらえなければいけません。その意味で、サ高住（サービス付き高齢者向け住宅）は若者のワンルームマンションのようだと思うんです。

市川　禮子氏

若者にとってワンルームマンションは「ねぐら」でしかない。それと同じものになってしまっている。

三浦　そう。昼間は外で活動して、夜、寝るためだけの部屋ですね。

高橋　若者はそれでもいいでしょうが、高齢者にとっては寝るだけではない、生活し、つながりを育む場所なわけです。どこかのサ高住では夜、建物の入り口に鍵をかけるという。住まいなのにどうしてそんなに管理したがるんだろう。「認知症だから鍵をかけてくれ」と家族が要望することもあるらしい。住まいといいながら、住まいでなくなっているんです。

認知症の人が地域で暮らす

生活を奪わないケア

高橋　認知症ケアの最大のポイントは、当事者性だと思います。自分が認知症になる可能性を共有し、自分ごととして考えなければいけません。

市川　そして認知症になったら、地域で包括的にケアを受け、いきいきと生きていける社会を目指さないといけませんね。現実はその逆のように思えます。

三浦　そうですね。いわば、認知症の人から生活を取り上げるモデルが跋扈《ばっこ》しています。サ高住への専門的な支援がある。ということは、本来、サ高住は、自宅に住み続けられなくなった場合に、ある程度継続して自宅と同じような暮らしを続けられるモデルになるべきですよ。だけど、そこから生活が取り上げられ、ミニ施設化してしまっています。

市川　一九八三年に最初に立ち上げた特養では、入居者で希望する方に、地元の老人クラブに入ってもらいました、もちろん認知症の方も。会合や行事があれば普通に参加してもらい、地域の方と旅行にも行きました。職員が付き添いましたけどね。そんなふうに、認知症の方が地域に堂々と出ていかれて、みんなで支援しよう、そしてその方の力をもっとお借りしよう、ということをやらないと。

高橋　地域で暮らすのがあたりまえの普通のこと。施設は事情があってそれが困難な方が生活する場所ですから、住まいと連続してほしい。そして専門的なケアの場として地域に発信しなければいけない。ところが現実は、完全に閉ざされ、隠し場所になっています。

市川　もう亡くなった方ですが、ある入居者の方は、九十五歳で重い認知症でした。息子さんの顔も忘れ、左片まひもありました。若いころは音楽学校で教えておられた元ピアニストです。音楽療法を取り入れてこの方にピアノを練習していただいたら弾き方を思い出され、上達し、ついに芦屋のホールでショパンを三曲披露されたのです。それは見事に弾かれました。本当に重い認知症だったので、集まった方はもう、感動の渦。認知症そのものは治らないけれど、ピアノは弾けるんです。地域に出て、現実の姿、実際の力を見せる、そのための努力を周囲は惜しんではいけません。

三浦　社会福祉施設はもっと住宅に近づき、ケアと住まいは分離する。ケアの拠点としての住まいは街なかにあってほしい。ヨーロッパでは、ほんとに便利な場所に高齢者住宅があって、そこに介護が外から届けられ、オープンな形で地域とつながっています。

しかし、日本の高齢者住宅は立地が悪いです。マンションが売れな

地域の祭りに参加する

いようなところに相続対策で建てているのでしょうか。生活利便性のある土地にサ高住が建つような社会をつくらなければなりませんね。

　今の段階では、違う方向に行ってるかなと思います。認知症になって、多少は間違えることはあっても、自分の家に住めなくなったとしても、さっきも言いましたが生活を奪わずに、それまでと同じような暮らしが継続できるような、そういう社会が望ましいです。

高橋　さきほど三浦さんが多床室について述べられたけれど、四人部屋から個室になって入居者の状態がどれだけよくなったか。だから個室しかありえないんだけど、このことがいまだに常識になっていませんね。

ケア付き仮設住宅の住人

市川　そのお話を受けて思うのは、ケア付き仮設住宅なんですよ。

三浦　そうなんです。

市川　阪神・淡路大震災の後、グループホームケア型仮設住宅を四棟、三年ほど運営しました。入居者は認知症の方、脊髄損傷の若い方、知的障害の方、ケアを必要とされるいろんな方が住まれました。ある時期までは混乱しましたが、三カ月ほど過ぎると、皆さん、いきいきとしてこられた。

　たとえば認知症の方が外へ出ていかれると、少し元気な方が「わしも足がなまってきたから、ついて行ったるわ」と同行してくださる。精神疾患の女性が暴れると、お年寄りが「あんた何言うてんねん、ここで一緒に大相撲見よう」となだめてくださる。知的障害の人が片まひの人に「荷物持ったげるわ」と手を差し伸べる。だれもが自然に残存能力を他者のために向けるようになった。そうしたら、いきいきとなられました。

三浦　さっき言った、生活を取り上げるという話。生活を取り上げないというのは、まさにそういうイメージなんですよ。ケア付き仮設では、お一人お一人が自分の財布を握って、自分の洗濯物をどう干すか、今夜のご飯は自分で作るか作ってもらうか、そういうことを、自分で組み立てる。そこに支援が入っていくという、理想的なスタイルでした。

　しかし、同じような状態の人を一カ所に集めると、管理する側とされる側の構図ができて、ケアのクオリティは落ちてしまう。今のサ高住も、本来は生活支援を入れる器なんだから、一人親世帯が入居してもいいはずですよね。

市川　ケア付き仮設はまさしく住宅でした、施設じゃなくて。入居者と職員は水平の関係だった。施設では、職員がどうしても上から目線で管理するから、職員と利用者は人間として水平の関係でなくなる。

髙橋　まずは住まいの「思想」を広める必要があるんでしょうね。そして認知症の理解も深めて、なんとか現状を変えていかなければ、と切に思います。認知症の人が地域の中で自然に暮らせる住まいを、あちこちに実現しないといけません。

1）4種類の居住空間＝高齢者施設に必要とされる四つの空間
・プライベートゾーン＝個人的空間（身の置き所が保障される）
・セミプライベートゾーン＝準個人的空間（入居者が主導権を握ることができる中間領域）
・セミパブリックゾーン＝準公共的空間（入居者同士が他のユニットの入居者も交えて交流する中間領域）
・パブリックゾーン＝公共的空間（施設内でありながら入居者が地域との接点を経験することができる）
参考：『個室・ユニットケアで介護が変わる』外山義、中央法規出版、二〇〇三年）

市川 禮子　一九七四年、尼崎市委託事業「ひかり保育所」を開設。一九八三年、社会福祉法人尼崎老人福祉会入職、特別ノーマライゼーションを掲げる社会福祉法人きらくえん（当時）理事長。きらくえんは兵庫県尼崎市、芦屋市、朝来市、神戸市、三田市で特別養護老人ホームのほかさまざまな在宅福祉サービスを展開する。法人の運営方針は「人権を守る」「民主的運営」。養護老人ホーム「喜楽苑」施設長代行・生活指導員に就任。一九八八年、同法人特別養護老人ホーム「喜楽苑」施設長、法人理事を経て、二〇〇一年、法人理事長、「けま喜楽苑」施設長兼務。「朝日社会福祉賞」、「兵庫県功労者賞」受賞。

三浦 研　京都大学大学院工学研究科教授。日本学術振興会特別研究員、大阪市立大学大学院教授などを経て二〇一六年四月より現職。特別養護老人ホーム、グループホーム、小規模多機能居宅介護施設など、環境行動理論に基づく高齢者施設や住宅の設計・研究に携わる。

〈参考資料〉

市川 禮子『人・いのち・地域をつなぐ――社会福祉法人きらくえんの軌跡』東信堂、二〇一五年。『ユニットケアの食事・入浴・排泄ケア――人権を守る介護ハンドブック』クリエイツかもがわ、二〇〇五年。
外山 義『自宅でない在宅――高齢者の生活空間論』医学書院、二〇〇三年。
□けま喜楽苑ホームページ　https://www.kirakuen.or.jp/facility/kema
□きらくえんホームページ　https://www.kirakuen.or.jp/facility/kema

4章　ＮＡＧＡＹＡ　ＴＯＷＥＲが住まいを変える

堂園メディカルハウス院長　堂園　晴彦
中央大学法学部教授　宮本　太郎
ＮＡＧＡＹＡ　ＴＯＷＥＲ事務局長　堂園　春衣

医療モデルから生活モデルへ

対象別制度の弊害

髙橋　私なりにＮＡＧＡＹＡ　ＴＯＷＥＲ（ナガヤタワー）にはいくつかのキーワードがあると思っています。一つは、「コモンズ（共有地）」の一種である。つまり、縁のある人々の共同の場所です。「長屋」という言葉を再解釈すると、コモンズの豊かな住まいと思っております。

今日の鼎談は、三人ともバックグラウンドが違うところがミソで、宮本さんは福祉問題を政治学的に分析されており、スウェーデンに留学されて福祉国家の再定義という大変注目される仕事をされただけではなく、最近は生活困窮者自立支援法をはじめとして新しい社会保障の政策形成に関わっておられる。その中で、地域包括ケアは（厚生労働省）老健局の介護保険から出発したので、相変わらず高齢者のものだという誤解と錯覚がありますが、宮本先生は「地域包括ケアの包括化」ということをずっと主張されています。

堂園　「地域包括ケアの包括化」とはどういうことですか。

宮本　地域包括ケアは包括を謳いながらも縦割りの制約を受けていたということです。例えば、生活支援の分野で総合事業が始まりました。あれは本来、長い間仕事から遠ざかっていた若い層が働けるチャンスのはずですが、逆に老健局ベースでやられていますので、そういった広がりが出ないところがあります。

堂園　つまり行政的に高齢者、乳幼児、若者などと部門が分かれているということですね。ここを建てるときにも、一番困りました。あっちの部署に行け、こっちに行け、ここではないなどと、結局どこに行っても「高齢者」というわけです。

宮本　そこです。高齢者施設が、母子世帯を迎え入れるために補助金を行政に相談すると、「母子」なのか「高齢者」なのかわからないと用意できる補助金がないと言われるというのはよく聞きます。それは非常に象徴的な話で、私は本来、支え合いを支えるのが行政だと思っており、支え合いというのは母子限定でもなければ、高齢者限定でも現役限定でもないわけです。ところが、そういった多様な人たちによる支え合いを支え

鹿児島中央駅から徒歩５分に立地するNAGAYA TOWER

中庭を挟んだＶ字型の賃貸マンション。１階はカフェ、美容室、クリーニング店、貸し倉庫、児童発達支援事業所が入居。２階は単身者向け、３-６階は世帯向け。住民が自由に畑作りなどできる空中庭園や共有の岩風呂がある。

る仕組みがない。これはいったいどういうことだと常々思っていたのですが、それをまさに実践されているのがNAGAYA TOWERであると思いました。

堂園　例えば、隣のメディカルハウスは十九床なので、緩和ケア病棟ではなく有床診療所です。緩和ケア病棟は病院、つまり二十一床以上でなければだめなんです。だから田舎に緩和ケア病棟をつくれない。例えば、人口五千人のまちに緩和ケア病棟はつくれませんが、三床や五床の緩和ケア病室がつくれるともっと緩和ケアが発展するし、経営的にもすごく助かります。

宮本　それは恐らくこぢんまりとしていて、そこで常に支え合いがあるから。

堂園　おっしゃる通りです。

宮本　親密圏であると同時にケアの質も上がるのですが、縦割りの弊害で実現しないわけですね。そこが今の社会ニーズと行政のズレを非常に象徴する話だなと思います。

堂園　これからの一番のテーマですね。

二十世紀型病院の医療

高橋　私はいつもお医者さんを二つにカテゴリーに分けて、「悔い改めた医者」と「そうでない医者」と言っています。堂園先生は悔い改めたというか、二十世紀型の近代医学で治療を完結するような医療ではなくて、生活との関わりで医療の立ち位置を考えていらっしゃる。医療の地位がどんどん小さくなり、その他が大きくなっていく印象があります。

宮本　社会政策分野で、「医療モデル」と「生活モデル」と言います。医療モデルというのは、個体を関係から抽出して、そこに集中的に治療行為を投入して治そうとする。でも、「治す」というのは何でしょうか。具体的な社会的文脈で生きている〝人間〟を、そこから切り離して元気にできるのか。結局、社会的文脈の中でみんながいきいきすることが一番大切なはずなのに、医療は、そういう発想になかなかならない。

堂園　そうならなくなった、のではないでしょうか。逆に、以前はあったと思います。つまり、大病院化し社会との関係性が希薄になってきますよね。私が尊敬する元がんセンターの外科部長で、今は栃木のがんセンターの名誉総長がこういうことをおっしゃっています。例えば、がん末期の方が初診で来ると、この人は死ぬとわかっているので放射線科の医師は診察しない。でもそれは、単にがんが進行した臓器のことでしか、その方を見ないからです。

私はよく、詩人でもある韓国の医者の「実った果実から季節を想像できなければいけない」という言葉を引用します。その方ががんになった現在から遡って、今まで生きてこられたことを想像してあげなさい。そうすると、そこには家族とか地域などが必然的に出てくるわけです。ところが今は、一人の患者という物体の中の一つの臓器の中にがんがあるというような意識になってしまっているのではないでしょうか。

宮本　「二十世紀は病院の世紀」と言ったのは猪飼周平さん（一橋大学大学院社会学研究科教授）ですが、二十世紀医療はまさに病院の医療であって、それは複数の専門家たちが答えを抽出した上で分解して、どんどん生活から離したわけですよね。

堂園　夕張を再生した森田洋之先生が、病床がぐっと減ったのに死亡率が変わらず、医療費は減ったとおっしゃいましたが、病気を見つけて、治療して、収益を上げるというのが二十世紀型モデルでした。

宮本　そうです。それに対して出てきた「生活モデル」は、社会政策の分野でも、生態学的、エコロジカルなソーシャルワークと呼ばれることがあります。要するに、社会政策やソーシャルワークの中にも医療モデルに対する反省が出てきて、いかにみんなが元々の関係の中で元気になっていくかを問うようになってきています。それを、医療の分野でおやりになっているのが、ＮＡＧＡＹＡ　ＴＯＷＥＲや堂園メディカルハウスの一つのポイントかなと私は理解しました。

堂園　それは「温故知新」なんです。マザーテレサがハンセン病療養施設をつくった村、チタガールが今後はモデルになっていくと考えています。

非血縁的な絆再生・・チタガール

髙橋　宮本先生ははじめ、ＮＡＧＡＹＡ　ＴＯＷＥＲをナガヤさんという方がやっていると思われたとか（笑）。

宮本　「長屋は見直されてよい」という話を講演でよくするのですが、その私にして、ＮＡＧＡＹＡ　ＴＯＷＥＲから「長屋」という文字が浮かんでこなかった（笑）。

髙橋　そもそもＮＡＧＡＹＡ　ＴＯＷＥＲを着想されるに至った経過を少しお話しください。

堂園　さっきのコモンズの話に戻りますが、この土地は以前、何をしても全然流行らないと言われていました。一帯は田んぼで、今はメインになった鹿児島中央駅が、昔は西鹿児島駅といって第二の駅でした。それがだんだん一等地になったので、両親から社会的価値があるものに使えと半遺言的に言われていました。父が亡くなり、マンションにしようか、結婚式場か葬儀場にしようかと話していたので

堂園　晴彦氏

すが、インド、コルカタにあるチタガールというハンセン病の村に行って、これだと思いましたね。

宮本　チタガールとここの距離が、私の頭の中では結構あるのですが。

堂園　そこは八五〇人のハンセン病の人が住む共同体です。インドでハンセン病は最も忌み嫌われていて、ほとんどの人がアンタッチャブル（ヒンドゥー社会における被差別民）なんです。いわば、捨てられてしまった人たちをそこに集めて、マザーテレサが村をつくりました。

全て自給自足です。畑もつくり、養魚場や養豚場もあり、それから機織りをさせて、治った人はそれでお金を稼いでいる。そこには家族があり、子どもが生まれて、幼稚園、小学校、中学校まであります。軽いハンセン病の人が重いハンセン病の人の手を引いてリハビリをしたり、食事介助をしたり、治ったハンセン病の人がみんなの食事をつくったりしています。そこでは過去四十年間、自殺者がゼロで、警察沙汰やけんかがないということを聞いて、これだなと。つまり、血のつながりのない絆を見事につくっているのですが、それは「ハンセン」というキーワードがあるからだと思いました。

西洋はイスラム教やキリスト教の一神教なので、ある意味まとまりやすいですが、日本は多神教なので、そういう意味ではまとまりにくい。週に一回教会に行くと地域の人がそこで顔を合わせますが、日本ではそういうことがないでしょう。要するに顔を合わせる機会が日本はすごく少なくなってしまったのに、個が確立されてない。だから、ほどよい距離で顔を合わせるのがまさに、チタガールです。

宮本　日本は、血縁関係が強いとか、地縁でまとまっている国だとみんな思い込んでいますが、歴史家の網野善彦さんが、元々「無縁」という言葉は日本社会の中で非常にポジティブな意味があったと言っています。つまり、いろいろな新しい出会いが生まれる〝アジール（自由領域、治外法権が認められた場などの意）〟みたいなものだと言うわけです。日本は、儒教社会の中国や韓国に比べれば、本来は血縁から結構自由な関係をつくってきた国なんですが……。

堂園　日本は意外とノマド（nomad：遊牧民や放浪者の意）が多いですよね。

宮本　そうです。フーテンの寅さんがなぜあんなに受けるかというと、実は地縁、血縁から自由なノマド的存在だからです。もともと日本社会は養子を重視してきた国であり、武家でも主君の子どもの出来が悪いと「主君押込」といってどんどん交代させたように、わりと非血縁的な社会でした。ところが明治維新以降、戸籍制度などが整備されて、なんとなく血縁主義だと思い込まされてきたところがあります。そういう意味で、まさに「温故知新」だという気がします。

堂園　去年（二〇一四年）の後半、つまり右肩上がりではない時代に入ってきたときに、温故知新だと思ったのです。エコロジーなんて江戸時代が一番進んでいましたし、カルチャーだって江戸時代が一番爛熟していたわけです。エコノミーはこれから頭打ちだと思いますが、でもみんなが「まだ」と言っているなかで、何かもう一つ違う価値観が必要になってきています。

支える側・支えられる側という二分法の崩壊

宮本　先ほどは血のつながりのない絆ということに触発されて温故知新に入ったのですが、もう一つの温故知新というのは、支える側・支えられる側という二分法を考え直すということに関わります。「病院の世紀」後半頃から、社会保障制度が整備されたのはよいのですが、逆に税金や社会保険料を払って働く健康で若い人たちが支える側とされ、福祉のお世話になる病気で障害があって老いている人たちが支えられる側とされて、前者で後者をお支えしましょうという話になってしまった。

ところが、これにはどこか無理がある。元々、支えるだけのピカピカの強い個人は存在しないのに、それをフィクションとしてつくってしまった。また、支えられるだけのくしゃくしゃで弱い、依存するだけの個人というのもいないわけです。みんなどこか病気があるということを考えれば、「病気」の人はいても、「病人」という存在はありません。

ところが「病院の世紀」になり、社会保障制度が外形的に整備されていく中で、それをスッパリ分ける発想が定着してきましたが、幸か不幸か、そのフィクションがもたなくなってきています。支える側は正規の大企業に勤める社員で、会社は潰れないし、家に帰ると専業主婦の奥さんがなんでもやってくれる中でピカピカを装ってこられましたが、今はそういうフィクションが維持できずに、簡単にへたれてしまう。むしろ、人間とは元々そういうものだということが、わかってきた。

支えられる側がただ支えられていることが、ウェルビーイング（福祉）としてレベルが高いのではなくて、ＮＡＧＡＹＡ　ＴＯＷＥＲやコミュニティに入っていける関係こそウェルビーイングとして質が高いのだということがわかってきた。

堂園　そのわかってきたというのは、社会学者としてですか。それとも社会の雰囲気としてでしょうか。今、まさに「病気」がないのに、「病人」の患者さんが増えています。

宮本　きっかけは二つあって、一つは消極的な事情で財政問題です。もう一つは、社会保障や医療が進んできて、保護されていること自体が幸福ではないことが見えてきたということではないでしょうか。

例えば、生活保護などについても「納税者もしんどいのに、なんだ」という生活保護バッシングもあって、生活保護の支援も、受給者が元気に一日を過ごし、さらには社会とつながろうというより、ただ受け身に静かに生活させようとすることが多かった。本来はそうであってはいけない。そういう二分法は維持できなくなってきています。

堂園　要するに二分法というのは、医療モデルと生活モデル。

宮本　医療モデルと生活モデルに基づいて、支える側と支えられる側を形式的に分けるという発想ではもうだめだということに気づいた。そこで恐らく「住まい方」も、支える側の私的な居住と、支えられる側の施設居住・入院の二分法できましたが、その中間ゾーンに支え合いながら地域で暮らすという別な住まい方があるのではないかということが見えてきた。そこに、先ほどの非血縁的な関係が日本社会には底流としてあるということが温故知新としてよみがえって、ＮＡＧＡＹＡ　ＴＯＷＥＲ的なものが現れたと受けとめました。

中間的領域にあるもの

多様なニーズを包摂する第三の領域

髙橋　お話を全く同感しながらうかがっていましたが、一つのポイントは、そういう民間の自発的な活動に対する金の出所として、チャリティーなどが本来、第三の領域としてあるのですが、日本は残念ながらそこが非常に脆弱です。そうすると、先ほどお父上がこの財産は社会的に使いなさいという遺言を残されたことが一つのポイントです。日本社会はこれから第三の領域が多様な意味で必要になってくる。お金で言えば、税金と自分の稼ぎの間のお金が、生活空間的に言えば、プライバシーの空間とパブリックな空間の間です。ところが少なくとも日本社会は、土地を中心に私的所有の非常に強固な構造ができています。

堂園　土地神話とかね。

髙橋　そうです。ヨーロッパのコモンズというのは、もともと絶対王政時代の王の土地なども含めて、近代社会の中にずっと残っていた。一方、日本はそれをどんどん私有化して、コスト高の社会をつくってしまった。だから、非営利的な活動を展開する場が非常に小さくなっています。そうすると、やはり行政の補助金などに頼らざるを得ない。要は、この場所は、私有財産の合理的な経済行動で言えば、一般マンションになったはずです。ところが、それを合理的ではない行動で、後から採算面でのご苦労話が出てくると思いますが。

堂園　苦労してます。マンションにしたらよかったなと思いますよ（笑）。

髙橋　私的財産の社会的利用というスキームを考えざるを得ない時代になってきています。

堂園　子どもの遊び場でも、日本も昔は空き地がたくさんありましたが、今は全部コイン駐車場です。行政は固定資産税だけ取れればよいから、固定資産税を稼ぐために駐車場にしたようなものですよね。だから、私的財産と社会的財産をいかにうまくコミットしていくか。

髙橋　そういう所有権の議論が一つあって、それから今、宮本さんがおっしゃった支える側と支えられる側の中間系の議論がある。そうすると生活空間はどういう形になるのか。ここはまさに今、ＮＡＧＡＹＡ　ＴＯＷＥＲが実験をしているのだろうと思うのです。

宮本　先ほど堂園先生が、半ば冗談で、マンションにしておけばよかったとおっしゃった。今は制度とのズレがあるからですよね。しかし長期的に見たら、ＮＡＧＡＹＡ　ＴＯＷＥＲのようなものが膨らんでいかないと、社会全体は相当損をすることになるわけです。

髙橋紘士と宮本太郎氏（右）

堂園　というか、こういうものがこれから必然になってきますよね。

宮本　フランスでは世代間連帯といって、ここと同じように学生を高齢者のおうちに紹介して、週半分一緒にご飯を食べてくれたら下宿代を半分にする。ドイツでは多世代の家という形で、これもＮＡＧＡＹＡ　ＴＯＷＥＲ的なコミュニティです。行政と民間の事業体が連携して地域ごとにつくっています。世代間連帯のほうは日本でも中部大学が高蔵寺ニュータウンでやろうとしていますし、あるいはある民間の不動産会社が、高齢者と母子世帯に同時に共同住宅に入居してもらって、お母さんが働く夕方以降のお子さんのケアを高齢者にやってもらうということを試みています。そういう流れは少しずつ、洋の東西を問わず出てきていると思います。

堂園　そうしないと、社会がもう維持できないのではないでしょうか。

支援体制に中間ゾーンをつくる

高橋　ＮＡＧＡＹＡ　ＴＯＷＥＲの構想から実際に運営が始まって、理念と現実の間《はざま》という点でいかがでしょう。

堂園　学生にとっては家賃がちょっと高いので、社会的な補助があれば少しは学生も住みやすいと思います。それが一つの問題だと思います。

宮本　まさにそこだと思います。つまり、支える側の私的居住と支えられる側の施設居住が分極化していて、その中間をつくられたのですが、これを支え続けるためには、支援体制にも変化が求められる。例えば学生は、経済的な条件が確保されれば、高齢者と新しい家族的なつながりの中で頑張っていけます。また、ひとり親世帯も、社会の中で具体的なつながりを持って生きていくことへの〝サポート〟があれば、逆にこういう住まい方自体が継続していく。だから支援体制の分極化をあわせて調整していかなければ、この住まい方が継続できないという問題がありますね。

学生は日本では福祉の対象ではありませんが、スウェーデンなどの場合、大学は基本的に無償ですから、奨学金は学費ではなく大学に通っている間の生活費です。ところが日本は学費が異常に高いから、奨学金がその一部を補塡して、卒業するときは二百〜三百万円の借金を背負って出ていく。

髙橋　それが日本社会の矛盾の象徴であり、また生活困難の原因になっていると思います。

堂園　待っていても来ないのであれば、人をいかに集めるかという努力は必要です。鹿児島は離島が多いので、離島の子どもが病気になったときのためのファミリーハウスをこの中につくろうと思っています。行政に言っても埒《らち》が明かないので。そうするとまた、中間ゾーン的な役割を果たせると思うのです。

宮本　私はそういう居住の中間ゾーンと新しい支援のかたちが連携して、はじめて両方が続いていくと思っています。私は〝支え合いを支える〟ことが、これからの社会保障や福祉のポイントになると思っています。その場合、自助、互助、共助、公助という言葉がありますが、互助はそれだけで持続しなくて、互助も支えられなければならない。互助は何のためかというときっと自助のためです。〝自助を支える互助を支える共助を支える公助〟がなければいけない、ということだと思います。

　もう少しわかりやすく言うと、〝自助・互助を支える共助・公助〟がなければいけない。ところが、僕は「線引き型」と「連携型」と呼んでいるのですが、今は元気な人は自助でやれ、少し弱っているが行政の支えが要らない人は互助でなんとかやって、さらに弱ってきたら共助を使う。どうしようもない人は公助でみるといった、「線引き型」で回していこうとする。これは結局、支える、支えられるの二分法の世界です。これに対して「連携型」では、互助を支える共助・公助があり、ＮＰＯや民間事業者など多様な主体が支え合いをサポートする。そこに公的なお金が入ってくる。そんな形で支え合いが持続しなければならないと思います。

髙橋　今のお話を私なりに理解、整理すると、要するに逆説的には、一番重度の障害者が自立に価値を置くわけでしょう。ところが、科学的なというか、二十世紀的な概念はそれを矛盾だと思うわけです。「自立した人」と「重度の人」はわかるが、「自立を求める重度の人」というのは矛盾に聞こえる。「支えられる側が支えるなんていうのはおこがましい。自分の始末もできないくせに、人を支えるとは何事だ」というかたちで私たちの思考様式の枠組みはずっときた。近代教育はまさにそういう教育をし、構造化して、制度化してきた。

それをもう一回ひっくり返す。それは理念のレベルだけではだめなのです。日本のイデオロギー状況がものすごく混迷しているのは、自分と違うことを言う人の話を聞かなくなっていることも原因です。要するに、新しいコンセプトを入れるためには、相当なストレス、負荷がかかる社会に残念ながらなってしまった。そういう思考そのものも排除されていく可能性がある。だからそれを見せる。最近「見える化」という言葉をよく使いますが。日本語としたら変な言葉ですが、可視的に、さわれるように「あ、これはこういうことなんだ」ということを経験によって知る場がどうしても必要です。

実は「住まい」は具体的な生活空間なので、そういうことをいきいきと経験することができる。その意味で、理念の世界と、行動・活動の世界と、空間・器の世界を常に反復的に考えていかないと、宮本さんがおっしゃったことがわかりにくくなってきています。ましてや、「悔い改めてない医者」や「頑迷な政治家や行政官」たちに対し、そういう機会をどうやってしつらえていくかが戦略的には非常に重要です。

宮本　その頑迷というのは、恐らく家族とかコミュニティを大切にした

宮本　太郎氏

いという立場の人たちのはずですが、家族もコミュニティも保持する努力を怠ったらいかにもろいかということを理解していない。家族やコミュニティを守っていけば社会はうまくいくと言ってしまうことが、実はその人たちが大事にしているはずの家族やコミュニティを不安定にしてしまっている面があると思います。

もう一つは、家族とかコミュニティを非常に狭くとらえることで、実は日本社会の底流にずっとあったような絆を、埒外のものとして考えがちになっている。その二つの問題があると思います。

このＮＡＧＡＹＡ　ＴＯＷＥＲが直面している一番大きな壁は何ですか。

堂園　やはり学生が少ないということと、料金が少し高いということです。日本はシェアハウス、学生が二人で一つの部屋に住むという概念がなくなってしまいました。みんな自分の勉強部屋を持っていますし、下宿などもないから、一緒に住むという発想がない。

宮本　学生とは職業的に日常的につき合っていまして、つながりたいという気持ちは非常に強い。だけど、つながりの中で失敗したくないという気持ちが輪をかけて強くて、非常に緊張してしまうのです。彼らは飲み会すら、弱みをさらけ出して愚痴を言うより、いかにうまく盛り上げて空気を読んで場を壊さないか、それだけで結構疲れて、早く舞台裏に帰って休みたいという気持ちが強い。

堂園　失敗も含めて認め合う。

宮本　そうです。でも、引きこもってしまう若者たちは、常に成功的に結びつきたいという気持ちが強い。あるいは、失敗した時にそれを舞台上で修復していく芸がない。つながりたいし、つながりにセンシティブだからこそ、引きこもってしまう若者を、こういう場でどう引っ張り出すかが大きいと感じます。

堂園　ＮＡＧＡＹＡ　ＴＯＷＥＲのファミリーホーム[1]の子どもたちは、おじいちゃん、おばあちゃんがいることに馴染んできました。こういうところは子どものほうが馴染みやすいんです。

受取人払郵便

早良局
承　認
210

差出有効期限
2022年10月12
日まで
（切手不要）

郵便はがき

8 1 4 8 7 9 0

福岡市早良区西新７丁目
1-58-207

木　星　舎　行

購入申込欄

本書の追加ご購入は，このはがきで直接小社にご注文ください。郵便振替用紙を同封の上，お送りいたします。（2冊以上は，送料無料）。なお，書店に注文される場合は地方・小出版流通センター取扱書ということでご注文下さい。

地域包括ケアを現場で語る	冊

通　信　欄

本書に対するご意見・ご感想などお聞かせください。今後の参考にさせていただきます。

■　ご住所

TEL　（　　）

■　ご氏名

■　お買い上げ書店名

■　ご意見・ご感想

ありがとうございました

2F 単身者向け住宅（20 平米）。左＝共有キッチン。右＝各戸、洗面所とトイレは備え付け

3～6F、一般的な賃貸マンション。部屋の向きによっては、桜島が見える

左＝4F 5F、みんなのお風呂。岩風呂で温泉気分。右＝屋上庭園で芋掘り

3～6F、各階共通のステージは交流できる空間で、中庭を挟んだ向かいに声もかけられる

社会的基盤の再生

高橋　話が多層的になってきましたが、日本社会の一つのポイントは、ムラ社会が急速に都市化して崩れた。そして、都市の共同性の場を資本主義が追放した。ある時期まではデパートに座る場所がなかったことがすごく象徴的で、訪れる人は常に買物をする存在でしかなくそこで休めない。さすがに高齢者が増えてきたので最近は椅子を置くようになりましたが。要するに人間が常に消費者としても生産者としても機能的で、そこをつなぐオルガニックなものを全部忘れ去り、非常に効率的な社会をつくるのに大成功したと私は思います。だけど、成功は常に失敗のもとですから、私たちの次の世代の子どもの教育で失敗をしかけている。私たちにとって前提だったものが、実は前提でなくなっている。

　今日の一つのポイントは、コミュニティをつくらなければならない。それから、支えることを支えなければならない。それをずっと意識の外に置き、機能的であれば全てがうまくいくというのが高度経済成長のモデルですし、それを時代錯誤的に成長を取り戻そうとしているのがアベノミクスに代表されるような経済成長回帰路線だと思います。ところが、宮本先生が社会の持続性とおっしゃることと関係がありますが、基礎的な部分（社会的基盤）がなくなった場合のことを理解したがらない。そこをどう突破するか。これが重要なポイントだと思います。

宮本　高橋先生がおっしゃったことを、先ほどの議論、つまり学生があまり入らないという話に半ば強引に引き寄せると、例えば、一般の大人も旅行するときに、「隣に庭の水やりを頼みたいけれど、迷惑だろうな」みたいなことを考え過ぎて声をかけません。昔は醤油が切れたら、隣に借りに行かざるを得なかったのですが、今はコンビニで買えばいい。でも、幸か不幸か今、社会のファンダメンタルがかなり揺らいできて、借りに行かざるを得ない、水やりをお願いせざるを得ない状況が増えてきました。

ここ（共同居間）も、そういう意味で共有キッチンをつくったわけですよね。ファンダメンタルの揺らぎに対応して、舞台に出ていかざるを得ないような、そして自分の舞台裏にしておきたいことも、舞台との接点で解決せざるを得ないような時代になってきた。恐らくＮＡＧＡＹＡ　ＴＯＷＥＲはそういう時代に対応した設計になっているのではないでしょうか。

堂園　やはり場がすごく大事になってきます。例えば、ここの前の共研公園は野球場とプールとテニスコートしかないので、市長に老若男女が遊べる公園にしてほしいと手紙を書きました。自然が豊かなので、今はいろいろな人が集まっています。おっしゃったように、人が集まる場と隠れる場が重要ですが、その場づくりが下手。だから何を考えているかというと、町なか湯治場です。ドイツで言えばクアハウスみたいな感じで、あそこに行ってちょっとほっとしようという「お休み処」があまりないのです。

NAGAYA TOWER のベランダから見下ろす共研公園

お金に意思をもたせる仕組み

グレー資本主義

高橋　ここで銀行融資の話をしたいのですが、多分、銀行はなぜこういう無駄な空間（共同居間）をつくるのかと言うでしょう。そのことに対して、どうクリアされましたか。

堂園　彼らは理解できない。理解できないことにはカネを出さないのです。日本政策投資銀行のトップが九州のトップに言ってくれて鹿児島支店に行くと、そこの若い担当者がけんもほろろでした。わからないんです。日本政策投資銀行は税金が入っていて、社会にいいことをするわけだからドーンと出すのが筋です。ＮＡＧＡＹＡ　ＴＯＷＥＲもメディカルハウスも自己資金ゼロです。メディカルハウスも、鹿児島銀行はだめでした。そのとき、今の鹿児島総合信用金庫の理事長がその頃は融資部長で、「社会に貢献する事業だから」と出してくれました。彼はホスピスを支える銀行というテーマで論文を書いています。その五千万円が出なかったら、僕はメディカルハウスをつくらなかった。

ＮＡＧＡＹＡ　ＴＯＷＥＲも、神様がゴーと言うのであれば補助金が出ると思っていたので、国のモデル事業に採択されたからゴーにしました。補助金が出ない場合の融資を理事長に相談しましたら、理事長はわざわざ病院まで来て「わかりました。私たちが融資します」と言ってくれました。しかし、支店長がノーだった。ＮＡＧＡＹＡ　ＴＯＷＥＲを理解できなかったのです。

宮本　こういう可能性に満ちているけれども制度とのズレもあって苦労をされているところを、どう膨らますかということで、やはりお金の回し方が非常に重要だと思います。

　ロビン・ブラックバーンという経済学者が「グレー資本主義」という言葉を使っています。グレー資本主

堂園メディカルハウス

義とは、回っているお金が髪のグレーの人たちの老後の基金だという話です。つまり今、株価を支えているのは年金基金が相当入っているからだし、社会を回っているお金のかなりの部分は、髪のグレーの人たちがなんとか老後を安定させたいと考えているお金です。

髙橋　まさに今は、高齢者による膨大な老後貯蓄のおかげで国債の利率が上がらないで済んでいますね。

宮本　もう一つ「グレー」という言葉には意味があって、その人たちは決して投機的なお金の使い方を望んでいるのではなくて、自分自身の老後が不安だからこそ、社会が安定するようなお金の使い方をしてほしいと心の底では望んでいるのです。ただ、お金をマネージする権限がグレーだから、結果的に持ち主の意向を反映しないまま、お金が投資先の選択原理の世界で回ってしまう。

　ここをどうつなげていくかも大事で、ヨーロッパには「倫理的金融」とか「社会的金融」という大事なゾーンがあります。イタリアに「倫理銀行」というローマ銀行のオーソライズを受けた都市銀行があります。普通に買い物帰りの人たちがＡＴＭからお金をおろしたりしますが、特徴は、お金を預ける人たちが金の貸出し方を選べるのです。

堂園　思い出しました。バンカ・エティカ（Banca Etica）ですね。

宮本　そうです。四つのコースがあって、福祉・医療的な事業、フェアトレード、芸術活動、環境保護のどれにお金を預けるか市民が選べます。そして、そういう使途であれば、利子は要らないとか、半分でいいとか言える。まさにこれは、普通の人がお金に意思を持たせることができる仕組みです。ところが日本では、公的な資金というと税金しか考えていない。市中を回っているお金にどうやって意思を持たせるかは、こういう事業の拡大のためにもこれからすごく大事になってくると思います。

堂園　その一つが先ほどのファミリーハウスで、企業や個人にお願いしようと思っています。個人と企業に意識を持たせないと。

宮本　日本は銀行業ではなくて、融資業になってしまいますね。

堂園　私の最終的な夢は、医療福祉銀行をつくることです。工業銀行、農業銀行があるのに、どうして医療福祉銀行がないのか。医療に関しては低金利で貸す。例えば、自分の親がホスピスに入るときには低金利で貸してあげるというような。

髙橋　そもそもは、無尽のような相互扶助機能が信用組合や信用金庫の淵源でした。また、労働金庫は協同組合原理で組織されていますが、いまだ産業労働者の金融機関で、しかも強力に金融行政に組み込まれてしまっています。宮本先生や堂園先生のおっしゃるような生活支援労働銀行ではないわけです。労働概念やいろいろな制度概念が、十九世紀から二十世紀半ばで止まってしまっています。

ノブレス・オブリージュ・・寄付文化を育てる

髙橋　今のお金の話は重要で、福祉医療機構がありますが、国の補助金と機関債券で資金調達をしており、その融資の内容は全部政府が決めています。病院は本来、公的に建てなければならないところを私的病院に委ねているので政府も助けましょうという私有制度の補完でしかない。今しているのは、支える側と支えられる側、生活空間、そして金融システムの中間領域があるという議論ですね。そこの問題が実に厄介なのは、営利企業であればさまざまな手段があるけれども、非営利企業にとっては活用できる資源が驚くほど欠如している。それを本来は寄付が埋めなければならないのに、日本は相変わらず寄付文化が育っていません。

そこをどうするか。一つは、迂遠なことですが寄付文化を育てる。民間企業の場合、社会貢献の担当に優秀な職員を置く企業と窓際族を置く企業とに非常にはっきり分かれています。最も戦略的なものは、実は既存のビジネスにはないので、アンテナを張り巡らせる意味で、社会貢献などの非経済的部分でシーズを見つけるようとするはずです。しかし、そういう志向性が企業になくなってしまったように思えます。

堂園　例えばトヨタは、フィランソロピー（企業の社会貢献：Philanthropy）をよくやっていますが、社会がそれを知らないですね。

宮本　結局、物理的な欲望には限界がありますが、承認欲求は限界がないんです。

高橋　それこそ温故知新、ノブレス・オブリージュ（noblesse oblige　社会的地位が高い人に伴う義務という意味）の話です。アメリカで、ワシントンのナショナル交響楽団のコンサートに行ったら、たまたま前にお金持ちの家族がいました。プログラムに寄付をした後援者のリストが載っていて、子どもに「これがお父さんだよ。おまえもそういうところに名を連ねるように頑張れ」というようなことを言っているようでした。このような意識を子弟に持たせるために金持ちの親が子への教育の中にビルトインしているようです。（ＮＨＫの朝の連続ドラマ）「あさが来た」のモデルになった広岡浅子が後年チャリティーをやるようになったのも、ある種のノブレス・オブリージュだけど、そういうサイクルがブツブツ切られている実感があります。

堂園　アメリカは寄付をする人が多いのは、免税があるからでしょう。

宮本　そうです。あとは、何とか基金とか何とかビル、何とかストリートとか、どんどん名前を使わせることもあると思います。自治体がそういう制度をつくったのだと思いますが。

高橋　社会福祉法人に公益事業を法律で強制するというのは、カリカチュアとしか言いようがありませんが、そうせざるを得ない現実があります。本来、社会福祉法はそういうものとしてつくったのに、なぜ地域公益事業なのでしょうか。大事なものを見失ったまま現実は進行している。そうすると「蟷螂《とうろう》の斧《おの》」かもしれませんが、いろいろなところで現実に小さな動きが出てくることが、一つのシンボルになりますね。

ＮＡＧＡＹＡ ＴＯＷＥＲの実際

＊堂園春衣さんはここから参加

ＮＡＧＡＹＡ ＴＯＷＥＲの住人

髙橋　春衣さんは、堂園先生のお嬢さんで、ＮＡＧＡＹＡ ＴＯＷＥＲの事務局長、認可保育園の副園長もやっておられます。ＮＡＧＡＹＡ ＴＯＷＥＲには、今は何人が生活していらっしゃいますか。

堂園春衣（以下、〈春〉に略）　三十人から四十人の間です。

髙橋　理念と現実をどのように考えたらいいのかということで、現状をお話しいただけたらと思います。

堂園〈春〉　ファミリーホーム「冨永さんち」が入ったことで、小さい子どもさんが増えました。今、三歳と小学校に上がる五歳と小学校二年生がいます。それで入居希望者には、ここにはファミリーホームがあって、諸事情があって保護者と暮らせない小さい子どもがいることを必ず初めに言うようにしています。

　子どもが来て年齢層がぐっと開き、下が三歳、上が九十六歳になりました。介護度も要支援1から要介護5までと幅が広がったのが二年前です。高齢の方が六割ぐらいで、私たちのサポートの仕方も本当に人それぞれです。全然顔を合わせない人もいれば、毎日会ってしゃべる人もいる。その方のご希望に合わせて、フェイスブックを使ったりする人もいます。

　難しいのは、三年間ずっと住んでいる方同士は仲よくなって、なんでも話せるいい友だちという関係まできた人もいますが、途中で入ってきた方はそこまでの関係性がまだできておらず、どんな人かなと探っている状況が常にあります。だから、どうやってコミュニティをつくっていくか。ただ、特に仲よくならなくても、あの人は何号室に住む何さんということがわかっているだけで、なんとなくここの生活の満足感は上がるのではないかと感じています。

あとは、積極的な関わりを求めていない方にも、NAGAYA TOWERがどんなところで、私たちが考えていることをわかってもらえるように、ナガヤ新聞や掲示板の貼り出しで発信するようにしています。それは入居開始から二年が経過したところで、「相互扶助ですよ、隣人を愛せですよ」みたいなことを住人さんに定期的に言っていかないと、やはりみんな忘れてしまうと感じたからです。

髙橋　そういう意味では、支えることをつくる実験もやっているわけですね。

堂園〈春〉　三年が経ち、何かあったときに事務局にまず連絡が来ますが、時間外だと私たちが家から向かうよりも、住人さん同士で解決したほうが早いですよね。それで、六階に単身でお住まいの三十代の方に事情を話して、ちょっと見に行ってほしいとお願いすると、行ってくれます。そこは、二人の間に信頼関係ができていないと家に入れてくれないので、住人同士の「この人は大丈夫」という安心感が緩やかにできてきた感じはしています。だから、必ずしも私たちが二十四時間いなくても、サポートができるような態勢には少しずつなってきています。

宮本　入居する人たちが、あらかじめそういうつながりに期待しているというわけでもないのでしょうか。

堂園〈春〉　知らない人が隣にいるよりは、みんな知り合いのほうがいいわと。

宮本　それに対するほのかな期待はあるわけですか。

子ども達とお年寄りの七夕祭り。共有リビングで

堂園〈春〉　ほのかな期待はあります。でも、「毎日一緒に何かするのは嫌です」と皆さんおっしゃるので、そういうことはありません。

堂園　入居待ちがいればセレクトできますが、経営上、まず入れなければということもあったので（笑）。

宮本　でも、一緒に何かしたい人たちだけ集めても実験にならないですよね。

堂園〈春〉　そうですね。イベントとかには一切出てこない方もいらっしゃいます。私たちと会っても、そそくさと行ってしまう方もおられますが、ただ、「一人で死んで何日も発見されないのは嫌だから、毎日、新聞がなくなっているかだけは見て」と言う方もいます。老いるということを毎日身近で見て、私たちも自分ごととして、いろいろ考えます。

宮本　先ほど話題になっていたのは、そういう人ほど関係に対する飢餓みたいなものがありますが、同時に意識過剰で関係を恐れる。

堂園〈春〉　それはあると思います。

宮本　そういう逆説的な状況ですね。ただ、それを守っていられなくなってきているのが今の時代なので、さっきも議論していましたが、無理なくつないでいくにはどんな架け橋があるのか、ということですね。

堂園〈春〉　一つは、常駐の相談員がすごく若いので、皆さんが孫のように彼女に接してくれるということがあります。私には言わないことも彼女にはポロッと出てしまって、それで「春衣さんには言わないでね」と（笑）。これが、四十代、五十代の方が職員だと、少し構えてしまうと思います。

少しの支援があれば生活していける人

髙橋　少し運営費用の話をすると、事務局経費は相談員二人の人件費と？

堂園〈春〉　それとここの運営費。家賃、管理費、地代があります。

高橋　通常の集合住宅をこの近辺で借りるのと比べて、管理費とマネージメントの費用をどのくらい見たらいいですか。サ高住だと一戸当たり二万から三万が生活援助の費用だと言われていますが。

堂園　家賃としては、他よりも極端に高いということはないと思います。

高橋　確かサ高住の補助の百万円は生活支援の費用相当であると、当時の政策担当者は言っていました。それも中間領域をどこがファイナンスするかという、重要な議論が重なってくるのでお尋ねしたのですが。

堂園〈春〉　どうでしょうか。ここの場合はサービス管理料をいただける方ばかりではないので、その分も家賃に反映させなければいけないことと、よくも悪くもこんな（共同居間）スペースをつくってしまったので。いらっしゃった方は、他と比べて廊下が広かったり、共同リビングがあって、「わあ、いいね」とおっしゃいます。ただ、一戸当たりのサービス費用をどう考えるかはすごく難しい。明確にいくらと考えたことがなくて、今のところだいたい相談員が一人で皆さんの情報を把握できる人数だからいいのですが、戸数がもう少し増えてきたらどうしようというのは悩みどころです。

宮本　単独ではなくて周りのいろんな制度を引きつけ、束ねてやっていくしかないですね。

堂園〈春〉　そうですね。もしサ高住にしていたら、自由がきかなくなります。今は軽度発達障害の方も受け入れています。その方は生活支援費をいただいて、一人で暮らすことはできますが、二十年引きこもっ

共有リビングで食事

ていたので自立することはまだ難しい。例えば、約束の時間に間に合うためには逆算して何分までに出ればいいか、といったことがわからない。だから、明日は何時にどこどこに行くのだったら、何時何分には家を出るんだよと言って、必ずその時間に出たことを確認をする。あとは乗り物が怖いときに、ＬＩＮＥで「大丈夫だよ。落ちついて」と伝えたりして支えています。ある意味、サ高住でなかったから、そういう方も若者も受け入れられます。

　少しの支援があれば生活していける人はお年寄りだけではないと思います。今後、そういう人たちをどううまく制度と結びつけるかが問題です。高齢の方が八割ぐらいになり、生活支援費の対象者が増えていけば、学生さんにはもう少し割引して還元するということはできるようになると思います。

ごちゃまぜのサーキュレート方式

高橋　いわゆるごちゃまぜ方式のロジックというのは実はまだわかっていません。全員が要介護４、５だったら施設になるので、介護保険の給付が出てきます。だけど、住まいというのはいろいろな人がいる。長屋もそうですよね。ひとり暮らしのおじいちゃん、おばあちゃんもいるけど、隣に職人がいて、ゴソゴソしても気にしているうちに収まるとか、それがごちゃまぜ方式の意味ですが、そのごちゃまぜをどうやってつくるか。

　サ高住は二十四時間の生活の場であるにもかかわらず、若者が寝に帰るだけの単身向けマンションで設計してしまったのは失敗だと私は思っています。二十四時間を、生活相談員が全部背負い込むことになり、それこそ先ほどの支える・支えられるの一方通行の関係になる。そうではなくて、支えて、支えられるような空間があれば、それを生かしながら、全体をまかなう費用や生活支援をつくっていく。要するに、ごちゃまぜ型の経営学みたいなものを、大情況論と同時に、組織や経営論の中にも入れていく必要があります。

宮本　そうですね。この中で、相互交流してきちっと支え合っていることが、ごちゃまぜのサーキュレート（循環）を正当化すると思います。それも、必ずしも保障されることではありませんので、苦労しながら前に進むしかないというのが、ご苦労がしのばれるところだし、大変立派なチャレンジであるところだと思います。

堂園〈春〉　はい、チャレンジャーとしては（笑）。そもそもの始まりが、国交省から補助金をいただく時に「社会実験住宅」だと父が言っていたので、それなら変わった人がいてもいいし、高齢者に限定しなくてもいいのではないかと。私は役員ですが、従業員にきちんとお金が払えて、それで面白いことができたらいいという気持ちですので、本当にチャレンジだと思います。

先ほどのサーキュレートするという話では、夜、ここに住人の方が集まってご飯を食べるときに、八十九歳のおばあちゃん同士が「あなたは足が悪いから、私が洗ってあげるわ」と言って、毎回お茶碗を洗ってくれる。「私も歳なのに」とブーブー言いながら（笑）。その逆もしかりで、ご高齢の方はご高齢の方なりに、親しくなってくれれば、相手のために何かしてあげたいという気持ちが出てくるようです。

髙橋　それが長屋ですよね。

堂園　あまり私たちがお手伝いすると、それが生じないですね。

堂園〈春〉　あえて私たちは洗わないことにしました。

堂園　僕は日本の文化は「おでん文化」だと思っています。卵は卵、大根は大根で、いくら煮込んでもその個は残っていますでしょう。ところがいろいろなものを煮込むことによっていい味が出る。容れ物がこの

住民同士の麻雀

　長屋で、個は個でいながら、お互いがレゾナンス（共鳴）していい味を出せる。

宮本　そうですね。八つぁん、熊さん、与太郎。与太郎は先ほどの引きこもりではありませんが、今で言えば発達障害みたいなところがあって、大家さんは八つぁん熊さんの嫁さんまで探します（笑）。コーディネーターなんですよね。

堂園　私はオーナーで、やはり長屋には差配師が必要ですよ。

堂園〈春〉　私は鵜飼いの鵜のイメージです（笑）。皆がひもを持っていて、引っ張られた方向に「なんですか」と行く。必要以上にこっちから行くと嫌がれるので、引きがあったときに行く。

髙橋　多様性をどれだけ許容するか。

堂園　晩ご飯をつくると、そこに部外者が来ます。部外者がいると喜びますね。

宮本　開かれた長屋ですね。

堂園〈春〉　私の犬友も来ます。犬の散歩をしていたら声をかけられ、犬を介して知り合いになりました。その方は一人住まいで狭くて炊事ができるような家ではないから、みんなと一緒にご飯を食べたいと言って毎月いらっしゃいます。ここでまたいい人と出会えたと言って喜んで帰っていくのですが、面白いですね。

髙橋　こういう議論をすると必ず引き合いに出したくなるのですが、スウェーデンで学ばれた外山義《とやまただし》さんが、ユニットケアの生活空間のもとになった考え方で、プライベートとパブリックの間にセミプライベートとセミパブリックの四段階があるとおっしゃいました。大変、普遍的な議論です。

　近所からご飯を食べに来るというのは、セミパブリックな空間ですね。連れ合いが出かけていると、自分でつくる人もいるし、仕方がなくて食べに行く人もいますが、そこをセミパブリックなゾーンとして使いこなす。そこではお金のやりとりというより、むしろ人との関わりのやりとりがあります。

「必要縁」で人が集う

いろいろなかたちの井戸端会議

髙橋　昨日も福岡市内の唐人町商店街で喫茶店に入ったらまさにコミカフェで、単にコーヒーを飲ませるのではなくて、常連さんがおしゃべりしている。そこに乱入した我々にもお菓子をくれたりと、コーヒー以外のものを沢山いただいた。そういう人との関わり合いを許すような空間を都市装置の中にセットしておく。

堂園　井戸端会議ですね。

髙橋　そうです、長屋の井戸端会議。

堂園〈春〉　井戸端会議は、今も病院の待合室とかデパートのソファとか、ここらでもよく見かけます。

髙橋　僕は皆さんがなんとなく集って、お茶をしたり、くつろいだりできるメディカルハウスの二階が好きです。このような場のあるクリニックはどこにもありませんから。診療報酬的な感覚からいうと「無駄な空間」を許容できる文化を我々はどうやってつくっていったらいいのでしょうか。

宮本　ちょっと学者講釈になりますが、ハーバーマスというドイツの社会哲学者が、二十世紀的な公共性が出てくる大前提として、カフェの公共性が出発点になったということを言っています。カフェ、喫茶店ですよね。

　二十世紀的な国が集約する公共性が揺らいできて、公共性が再編されなければならない時代に、これからはカフェのような華々しい表舞台の空間ではなくて、病院の待合室とか介護のつながりとか、先ほど堂園先生がおっしゃったお休み処など、もう少し弱々しい場面で、みんなが愚痴を言い合ったり議論したりする場が、今後の新しい公共性の出発点になっていく可能性があります。

それを、地縁、血縁、社縁が弱った後で、私は「必要縁」と呼んでいます。介護とか子育てのための縁で、みんなが疲弊しているところで新しい井戸端会議が始まり、新しい議論が始まる。ただ、これをどう吸い上げていくかですね。

髙橋　そうです。認知症で言えば認知症カフェができ、障害者も居場所づくりがあり、精神の場合もいろいろある。けれども、対象別の居場所になってしまっているところをどうしていくか。

宮本　だから、まさにこういうごちゃまぜ。対象別のおしゃべりだと、全部縦割りに吸収されてしまいますから。

堂園　マザーテレサがハンセン病の村で成功したのは、ハンセンという中で、老若男女いろいろな人が集まったからです。一つ何か共通項があると集まりやすいのでしょう。宮本先生がおっしゃる両極性の中間的な実験を、経済面と住宅面とサービスの面で試みるということですね。ここは、まだ途上でしかありませんが。

髙橋　そういう意味でこれは完成形ではないところがミソで、僕らはモデルを完成形として見たがる悪い癖がある。

宮本　ベストプラクティス信仰ですね。行政もよくやりますが、「こんなにうまくいっている。やればできる。だから頑張れ」みたいなモデル神話が日本は多過ぎる。ＮＡＧＡＹＡ　ＴＯＷＥＲはこんなに頑張っているけれど、実はこんな苦労も抱えているという両義性が、むしろ大事です。

NAGAYA TOWER のバルコニー

空間を出発点にして支援をつなぎ直す

高橋　今、いろいろなところで専門化が進んでいますが、それをつなぐような価値観がありません。それを昔は「教養」と言ったと思います。変な言い方をすると、大学病院で手術ばかりしているお医者さんとは、多分こういう会話は成り立ちません。だけど、堂園先生と宮本さんと私の間で対話が成り立つ。ある意味で共通のグラウンドがどこかにある。そういう関係が今、なかなかつくりづらくなっています。

「住まい」一つをとってみても、従来は公共施設と人が住む住宅、それも集合住宅と一戸建てしかなかった。都市計画というか立地計画の話と、住まいの計画をリンクさせないと、コミュニティにならない。ところが、それを全部それぞれの専門家がやっているのでつながってきません。そもそも行政が土地利用計画をつくってそれらをつながなければならないのですが。愚かな象徴は、病院や施設は市街化調整区域に建てられるということで、長期療養施設は全部山の中に行く。鹿児島県でも相当数の精神病院は山の中にあるはずです。そういうものこそ地域の中になければならないのに、そういう立地計画をするところが全くない。それをもう一回つなぎ直すような議論を、専門の中に閉じこもっていないで、越境して出てきてやってほしい。

宮本　そういう背景は、かつて内務省が持っていた居住の機能と支援の機能が、内務省から厚労省が離れていく中で分裂して、国交省は空間、厚労省が支援と、別々に持ってしまっている。これをもう一回、より合わせていく場面で、やはり空間から始めるしかないと思います。空間を出発点に、分裂した支援をもう一回つなぎ合わせていくことが一つ（Ⅲ部４章参照）。

もう一つは支援の側からも、例えば子どもの問題で、大阪の社会福祉協議会の保育部会が、新しい資格制度を始めています。保育所の保育士さんたちは、育児放棄とか難しい問題に直面していて、子どもの発達、育ちをきちんと支えるためにも、親の抱えている問題から目を背け続けるわけにはいかなくなっている。だから、生活保護やＤＶの問題などいろいろ学んで、保育所がこうした困難に対しても包括的な相談に応じようとしています。「スマイルサポーター制度」と呼んでおり、そんな形で支援の側からも広げざるを得なくなってきている。そこを大いにチャンスとして活用しながら、こういう空間につなぎ合わせていくという局面かなという気がします。

堂園〈春〉　保護者も孤立しているんです。高齢出産が増えてくると、みんなが産み育て終わった後に産む。自分は会社では地位もあるし、後輩とか同僚にはプライドが許さないから訊けない。自分の子どもが歩く、転ぶということを知らなかった。保育園で転んで、この辺を切ったら、保育士に「何が起きたんですか」と詰め寄る。「あなたのお子さんは歩くんですよ。転ぶんですよ。立ち上がるんですよ」と説明して、いつも抱っこなんですが、おろしてみたら歩いた。転んだ。起き上がった。「本当でした」（笑）。

笑い話みたいですが、こういう方が本当に増えている。ある程度の時期を過ぎても歩かないことをおかしい、何かあるのかなと思わない。情報はあふれていますが、自分で塀をつくってしまう。保育士も、親御さんに対応するためにカウンセリング技術を学ぶようになりました。どうやって相手のお話を聴いたら本音を言ってくれるのか、聴く側の力も求められるようになってきましたね。

宮本　それが、「必要縁」と申し上げたことです。

サービス供給者と消費者のリスクシェア

福祉資格の共通化

髙橋　介護もそうですが、教育という一番面白いはずのものを面白くなくしている構造はなんだろうか。多分、医療の世界もそうで、仕事というものが貴賤がないはずなのに序列化してしまった不幸があり、それをどう取り戻していくか。

　僕は前の大学にいたときに感じたことは、ある時期から一部上場企業ではなくてＮＰＯに行きたいという学生が増え始めました。バブルがはじけて企業が人間を輪切りにする。そんな中で、優秀な連中は一部上場企業に行かなくなる。介護の世界も実は面白い仕事のはずなので、優秀な人材の吸収先になってほしいと思います。これをぶち壊しているのが、実は介護事業の経営側かもしれません。

宮本　福祉の仕事に就く皆さんは真面目ですが、僕は「興味深い仕事でしょう」と言っています。こんなところで人はこんなに頑張るんだとか、逆にこんなところで倒れてしまうということがわかるのは、非常にドラマチックでインタレスティングな、自分自身を啓発するすごい仕事です。

　ところが、なかなかそう受けとめられないのは、一つは、縦割りの中で自分のサポートする手段が限られている。ただ、どんどんオープンにすればいいかというと、実はサービスをする側にも縦割りに頼らざるを得ない理由がある。資源が乏しい中で、縦割りの壁を全部取り払って人が押し寄せたら、対応する側が潰れてしまいます。唯一、縦割りだけがそれの防波堤になっている。このパラドックスみたいな壁をどう乗り越えていくかが一つ。

もう一つは、今まさにフィンランドで、准看護師の資格をベースに福祉資格の共通化をしています。

髙橋　ラヒホイタヤ。

宮本　ただ日本でこれをやろうとすると、財源問題からなるべく一つの資格でいろいろなことをやってもらうという「使い倒し」の論理になったり、保育は二〇一七年に需要のピークに達するので、その後は介護に回したいという「使い回しの論理」になるのですが、逆に、先ほど申し上げたインタレスティングな仕事として充実させていく契機にもなるわけです。保育だけでなくて、介護とか医療などを複合的にできると、処遇のアップにも必ずつながるはずです。ただ、この話が出てくると、各専門職団体が反対されるので、前に進まなくなります。デリケートな問題です。

髙橋　今のお話は非常に重要なポイントがあって、何か変えようとすると、それに利害を持つ団体が壁になる。医療の世界が最もそうです。たまたまシュンペーターのイノベーションの本を読んだら、そういうしがらみを乗り越えてブレークスルー（突破）するのが本当のイノベーター（変革者）で、資本家はそうでないと言っています。資本家は保身的だから。イノベーターという意味で、NAGAYA TOWERは多分、住まい方と住まいに関するイノベーションに、悩みや課題を抱えつつチャレンジしていると僕は思っています。物心の物はできませんが、心の応援はしていきたい。

宮本　それはみんな言えると思います（笑）。

消費の中間領域

堂園〈春〉　私は、高齢者が自分の意思を持ってほしいと感じます。医療にしても、「先生にお任せします」と言っていても何かあると、「そんなはずではなかったのに」と。自分で決めないで、人に判断を委ねるんです。

高橋　そういう意味で、最近話題になった樹木希林の「オフィーリア」のパロディの広告は、ある種の時代の象徴、転換を実にうまくすくい取っています。「死ぬときぐらい自由にさせてよ」と。あれは既成の制度に管理されたことに対する、反乱の予兆みたいな感じがあります。

宮本　同時に、日本の医療も商業サービスもレベルがかなり高い。だから利用者でなくてカスタマー（消費者）に徹してしまう。消費者として「お任せします」と言いながら、「話が違う」と消費者としてクレームをつける。ある意味、レベルが高いがゆえにそうなっているのですが。

高橋　それこそアポイントメントをとって、一週間は我慢しなければならないという制度であれば、医療はそういうものだと思うのでしょうが。非常に逆説的な言い方をすると、これから消費生活水準を明らかに切り下げないともたない社会になるはずです。日本は、日曜日にはデパートとショッピング・モールにしか行けない社会をつくってしまいましたが、ドイツは、日曜日は店が全部休むので公園に行けます。だから、ある意味、消費生活水準維持が成長経済と裏腹になっています。

　高齢化が進むとモノの消費は少なくなりますが、別の消費が栄えていく。これが先ほど言った中間領域です。そうすると器だとか空間とか、我々が体験できる場が必要です。要するに、これは本を読んだだけでは想像ができないので、こういうものとして眼前に見せるのがＮＡＧＡＹＡ　ＴＯＷＥＲです。

　そういうものをいろいろなところに多様な形でつくっていく。それがやがてある種の大きなメインの潮流になる。そろそろそのための戦略を考える時代に入ってきました。

サービスの共同生産者になる

宮本　医療でもサービスでも、保護するだけではなくて日常生活の質を上げるためには、利用者に「どうしたいの？」と訊かざるを得ないわけです。ところが、消費者になってしまうとそこまでサービスが展開しない。つまりサービスの共同生産者にならないと、これ以上のよいサービスは生まれてこない。

堂園　医療もそうですね。

宮本　これは医療だけではなくて、例えば先ほど公園の話をされましたが、日本の公園はどこに行っても砂場と滑り台とジャングルジムの三点セットでつまらないことこの上ない。本当に面白い公園をつくろうとしたらみんなでリスクをシェアして、親はこの遊具はこのようにして使わないとこけるよと言って、サービスを展開させなければならない。ところがそこで消費者としての枠を守ってしまうから、いいサービスにならないという逆説がある。ここからどう公園の共同生産者、医療の共同生産者、高齢者サービスの共同生産者になっていくかというきっかけが必要です。

堂園〈春〉　それは教育にも言えます。先生の言ったことだけやっていればよくて、「質問がある人」と言われたときしか質問できない。そういう教育を受けてくると、実際にＮＡＧＡＹＡ　ＴＯＷＥＲでも、「どう思いますか」と訊いたときに、「いや、私は何も」とか「わかりません」という答えしか返ってこない。自分の意見は違ってこうだと言う体験が人生の中であまりにも少ないので、自分の意見が相手と違うときに、批判したと思われるのではないか、けんかになるのではないかと思う。激しく議論を闘わせてもけんかではないということを理解していないので難しいのでしょう。

宮本　それは、先ほどの井戸端会議の空間、自分からだべっていく空間をどれだけつくっていけるかということでしょうね。今から小学生に戻れませんから。

高橋　子どもから大人まで、いろいろな形でそういう経験を積む場をつくる。これからの高齢者は団塊の世代ですから、また文化が変わります。ゲバ棒を振るった世代ですから。

堂園　それは期待しますね。ゲバ棒を振るった人たちは、その前の世代とは何か違うのではないかと思いますね。

NAGAYA TOWERというリアリズム

髙橋　そろそろ結論的な話にしたいのですが、メディカルハウスも新しい構想でお考えのようですが。

堂園　人がほっとできる場所があまりにもなくなってきました。私自身、疲れたときにはメディカルハウス二階のアロママッサージに行ったりしますが、やはりほっとする場をつくりたい。それは日本の湯治場だと思いました。長屋の次は、町なか湯治場です。朝来て夕方までいて、温泉に入って、アロママッサージや歯のクリーニングとかいろいろなサービスを受けられる。お疲れ入院という人がいましたが、四、五日居てもよい。疲れた人がほっとする場。つまり、社会に対して新しい場をつくる挑戦こそが自分の役目という気がします。

堂園〈春〉　今でも点滴の後、二時間ぐらい一人でゆっくりしたいという患者さんがいますね。

堂園　家だと一人になってしまうので家族が心配されて。では、朝連れてきて夕方までいればいいではないかと。

髙橋　逆に言うと、それをデイサービスにして、介護保険にしてしまうとまた

堂園メディカルハウスの待合室

変なことが起こる。だから、自発的な空間というか、余白だらけの空間をどうつくるか。今後は空き家が増えて地域が余白だらけになるので、そこをどう使うかということにもなり、日本型の都市再生でもあります。このＮＡＧＡＹＡ ＴＯＷＥＲはメディカルハウスと連動しながら、オールジャパンから見ると本当にミクロな点ですが、ものすごく重要な点であると私は思っています。

宮本　私自身、サービスの連携ということをずっと言ってきましたが、ここにうかがって、なるほど、サービスをどうつなげるかという論理からだけではなくて、具体的な空間から必要なサービスを見ていくと自然につながっていくことがわかりました。目からうろこでした。

ただ、これを問題提起していくのは簡単ではありません。先ほど申し上げたように、サービスを供給する側も模索していて、縦割りが唯一の防波堤になっているという現状がある。あとは資格の連携や財源の問題。こういう問題を考え合わせながら、何をどのように要求していけばいいのかが問われていると思います。

髙橋　スウェーデンとかデンマークはドイツ語で言うとザッハリッヒ、即物的にものを考えます。学校を無料にしなければならない。住宅手当は要る。高齢者になったら住宅が必要だ。とすれば負担はどこから出てくるの？と考える。間接税が高いと同時に所得税の捕捉も徹底的です。ところが日本の場合は、まだ即物的・現実的に考えられない。そういう意味では、社会保障を最も伸ばさなければならない政治勢力が終始一貫して負担に反対してきた。それもやはりイデオロギーですね。その不幸があって、この議論も一見、夢物語をしていると言われる可能性がありますが、実はリアリズムに徹するとこういうことを問題にせざるを得ない。

堂園　そうですよ。現実にリアリティがありますから。ＮＡＧＡＹＡ ＴＯＷＥＲとかメディカルハウスとか。

髙橋　まさに宮本先生をお連れしたかった理由はそこです。

宮本　ありがとうございます。リアリティの社会科学見学でした（笑）。

1）ファミリーホーム：厚生労働省が定めた「小規模住居型児童養育事業」を行う住居のこと。家庭環境を失ったこどもを里親や児童養護施設職員など経験豊かな養育者がその家庭に迎え入れて養育する「家庭養護」。

堂園　晴彦　一九五二年、鹿児島生まれ。医学博士、堂園メディカルハウス院長。錦ヶ丘保育園理事長。幼保連携型認定こども園錦ケ丘理事。ナガヤタワー大家。慈恵医大卒業後、国立がんセンター、慈恵医大講師、鹿児島大医学部講師を経て、一九九一年父の産婦人科を継ぎ、在宅ホスピスを開始。九六年、堂園メディカルハウス開院。通院、入院、在宅をコンビネーションしたホスピスケアを行ってきた。大学時代は寺山修司の演劇実験室「天井桟敷」に在籍。著書『それぞれの風景』（日本教文社）、絵本『水平線の向こうから』、『ともにあり続けること』（女子パウロ会）、『サンピラー——お母さんとの約束』（石風社）その他。

宮本　太郎　一九五八年、東京都生まれ。中央大学法学部教授。中央大学大学院法学研究科博士後期課程単位取得退学後、ストックホルム大学客員研究員、立命館大学教授、北海道大学大学院法学研究科教授を経て現職。専攻は比較政治学、福祉政策論。主な著書『生活保障——排除しない社会へ』（岩波新書）、『地域包括ケアと生活保障の再編』（明石書店）、『共生保障—〈支え合い〉の戦略』（岩波新書）他多数。

堂園　春衣　一九八二年、横浜生まれ。ナガヤタワー事務局長、錦ヶ丘保育園副園長。慶應義塾大学環境情報学部卒、Tampere University of Applied Science MBA in Educational Leadership 修了。「ちょっと親孝行」と思って鹿児島に帰ってきた二〇一〇年以後、ナガヤタワー設立と運営に携わる。

□NAGAYA TOWERホームページ　http://www.nagaya-tower.com
□堂園メディカルハウスホームページ　https://www.dozono.co.jp

＊NAGAYA TOWERでは、二〇二一年から月二回「ナポリ通りの子ども食堂」を開き、地域交流の場になっています。

5章　「抱樸」生活困窮を生み出さない社会へ　包括的居住支援の提唱

認定ＮＰＯ法人抱樸理事長　八幡東バプテスト教会牧師　奥田　知志

髙橋　奥田さんはいろいろな分野で活躍され、活動は多岐にわたっています。その端緒は学生時代、大阪・釜ヶ崎でのホームレス支援活動にさかのぼるとうかがっています。大学卒業後、牧師の資格をとって北九州市の教会の牧師に赴任され、それと並行してホームレスや生活困窮者支援を続けておられます。

北九州市という産業都市でホームレス支援の活動を展開され、今では日本で指折りの支援団体の一つに成長したというか、発展したというか……。

「解散しない宣言」

格差と貧困　社会構造の変化

奥田　そうなんです。成長とか発展となかなか言いにくい業界でして、我々はあまり発展しないほうがいい存在です。私は二〇〇〇年にＮＰＯ法人「北九州ホームレス支援機構」をつくったときに、「一日も早い解散を目指します、こういう法人はないほうがいいです」と言ったのを覚えています。しかし二〇一三年、もう解散できないと覚悟を決め、「解散しない宣言」をしました。

一九八八年、前身の「北九州越冬実行委員会」を結成し、ホームレス支援のボランティア活動を始めました。このときの我々の考えは、格差とか困窮とか貧困、あるいはホームレス現象というものは、景気の動向に沿って現れる。景気が悪くなった現象として現れるものであって、景気が回復したらおさまっていく。だからこの急場をしのぎ、景気が回復するまでなんとか命を守ればよい、それにはどうすればいいだろう……、というものでした。

髙橋　成長局面に戻れば、手を引けると。

奥田　一九八八年はちょうどバブルが始まったぐらいの時期です。ものすごい勢いで世の中が明るくなっていった時代でした。ただ、北九州はちょっと違っていました。

髙橋　北九州は戦前から炭鉱や製鉄が栄え、多様な働き方の労働者が重層的に存在していた町ですね。

奥田　それが戦後、一九五〇～六〇年代のエネルギー改革で石油が中心になると、炭鉱が全部なくなり、その後に鉄鋼業も縮小していきました。八〇年代後半から九〇年代ごろにかけては、炭鉱が閉鎖され二、三十年経っていた時期です。炭鉱で働いていた人が製鉄所の孫請けになり、さらに日雇い労働者となって公園で寝ている、というような状態でした。でも、日本全体としてはバブルに向かって景気が良くなっていました。北九州もその流れに乗ると思い、我々は八八年の設立当初、この団体はいつか解散すると考えていました。

奥田　知志氏

　ところが二十五年経ってふと気づくと、社会の構造が変わり、格差や貧困というものが常態化してしまっていました。緊急避難的な支援でなく「常《つね》」に対する支援が必要だ。常態化した格差や貧困への態勢を整えないといけない。それで二十五年目にして方針を変え、解散しないということにしました。

髙橋　格差や貧困の発生といった経済・社会の構造変化による、大きな転換だったのですね。

非正規雇用者の急増

奥田　それまでは、路上で死ぬ人をなくそう、一日も早く路上から脱出しよう、という二つがメインテーマだったんです。いわゆる自立支援が主眼でした。第三のミッションが、ホームレスを生まない社会の創造だった。ホームレスが生まれるような状況がおさまれば、我々は退場できると。しかしおさまらないので、第三のミッションだったホームレスを生まない社会をどうつくるかが活動の中心となっていきました。

髙橋　一九八〇年代後半以降、日本社会は様々な変化を経験することになりますね。労働の世界では、「労働者派遣法」の施行が八六年、派遣の対象業務を拡大した「派遣法」改正が九六年。そして九九年、さらに改正され、原則としてすべての業務で派遣が可能になりました。

奥田　一九八五年ごろ、非正規雇用の人の数は労働者の約一五％でした。データのとり方が八〇年代と今と同じかという問題はありますが、二〇〇八年のリーマンショックを経て、二〇一〇年代、非正規率は四〇％近くまで上がっていました。

　気がつけば派遣など非正規雇用の人がすごく増え、経済がちょっと風邪を引けば肺炎を起こしてしまうような人たちが町中にあふれていた。それが日比谷公園の「年越し派遣村」に象徴される事象です。そのあたりで貧困や困窮の常態化という問題に気づき、これはもう解散できないなと思うようになりました。

高橋　当時の議論は、非正規雇用の労働者を正規雇用せよ、というものでした。その結果、二〇一五年に派遣法が改正され、同一部署に三年派遣された人は直接雇用するなどの制度が導入されました。

奥田　はい。でも重要なのは、正規か非正規かではなく、ちゃんと生きていけるのかということのはずです。非正規雇用でもいいから、ちゃんと給料をもらえるか。いざというときの保障が整えられているかなんです。

抱樸《ほうぼく》　そのまま抱き留める社会

奥田　活動開始から二十五周年の二〇一三年に「解散しない宣言」をして、翌一四年、団体名を現在の「抱樸《ほうぼく》」に変えました。「ホームレス支援機構」という名称では、いかにもホームレスが問題だからそれを支援する、と表明しているようです。支援とは、マイナスをどう埋めるかという概念です。

高橋　抱樸というのは、中国の古典に由来する言葉ですね。

奥田　老子の言葉で、「原木・荒木を包む」という意味です。この言葉に改称したのは、問題解決型ではなく、私たちがどういう社会を作りたいかを表すためでした。それは、どんな状態になってもそのまま抱き留める社会です。そういう社会の実現を団体名に込めました。

　原木・荒木とは、切り出したまま製材されていない木で、これを「樸《ぼく》」といいます。人はときに、根付いていたところから切り出され、あるいは引き剝がされ、放り出されるようなことがある。そんなときでも、抱き留められる社会をつくろうということです。

高橋　改称したことで、奥田さんのお立場に変化はありましたか。

奥田　前身のホームレス支援機構のときは、私は行政に対して「北九州市・殺人行政許さんぞ！」みたいに、拳を振り上げていました。二〇一三年からは、そうやって誰かを責めるとか、誰かのせいにするのではなく、自分たちがどういう社会を　つくるか、ということに軸足を移していきました。

社会保障の仕組みの穴

住み込み型就労の問題

髙橋　新型コロナの問題は困窮と直結し、社会全体に大きく影を落としています。

奥田　コロナによって起こっていることはすなわち、コロナによって明らかになった、それまで隠されていた問題です。実は、常態化された矛盾がずっと続いていましたが、表面化していませんでした。例えば非正規雇用の問題は、十年以上前のリーマンショックの時、あれだけ明らかになっていた。特に居住の観点から言えば、住み込み型就労の問題です。

髙橋　寮付き派遣、住み込みバイトなどと言われる働き方ですね。いわゆる給与住宅。

奥田　これらはとても便利なんです、仕事を探している人が、仕事も住まいも得ることができるから。便利なんですが、仕事がなくなったら住むところまでなくすことになる。そういう構造です。髙橋先生には言うまでもありませんが、この場合の住まいは借地借家法上の住宅ではないから、賃貸借契約になっていませんよね。

髙橋　そうです。だから、住む人には居住権が保障されていません。

奥田　一般の賃貸住宅であれば、たとえ家賃を滞納しても、借り主に問題があったとしても、大家が「明日出ていけ」と命じることは不可能です。訴訟を起こして裁判所命令を得ないと、明け渡してもらうことはできない。しかし、住み込み型就労ではそれができてしまう。会社の寮というのは福利厚生の一環にすぎず、いわば従業員へのサービスだからです。

実は二〇〇八年九月のリーマンショックのとき、我々はこの構造を明らかにしました。ただ振り返ると、当時は非正規雇用問題だけがクローズアップされて、居住問題には至らなかったのではないでしょうか。

髙橋　確かにそうでした。

奥田　当時、我々は非正規労働の問題点を強調しすぎて、居住の問題をあまり訴えなかったという反省があるのです。安価な労働力として使い捨てられることが大きな社会問題になったけれども、なんでそんなことで住まいまで失わないといけないのか、ということはあまり指摘されませんでした。

髙橋　その後、二〇一二年に第二次安倍政権が発足すると、アベノミクス効果で株価は上昇し、〝戦後最長の好景気〟と言われ、人手不足が問題だと言われていました、コロナ前までは。

奥田　まったく「のど元過ぎれば」ですよ。団塊世代の大量定年もあって、日本は労働力不足の時代となりました。そのとたん、有効求人倍率がぐんと上がった。リーマンショック翌年の二〇〇九年は、一九九九年の〇・四八を下回る〇・四七でしたが、そこから十年でじわじわ回復していきます。

そして、コロナ直前の二〇一九年は一・六でした。こうなると完全な売り手市場で、一見、仕事はあります。賃金ベースは低いけれど、それでも最貧困層は少なくなりました。このことを象徴するように、ホームレスの数はものすごく少なくなっています。

髙橋　それには、奥田さんたちの頑張りもあったでしょう。

就労が切れると住居を失う

奥田　それと、二〇〇二年の「ホームレス自立支援法」も功を奏した。そうやってなんとなく問題が見えなくなりつつあるところに、コロナが来ました。

コロナは、問題を隠していたベールを一気に引っ剝がしたのです。例えば、明らかになったのは、リーマンショック時には表面化しなかった、就労に付加された不安定な住まいに暮らしている人があまりにも多いこと、それがわかった。これから仕事と住まいを一気に失う人がどこまで出てくるか。私たちにとってはとても重要なポイントで、恐れています。

高橋　いわば、従来の社会保障の仕組みにたくさん穴が開いていることをあぶり出したわけですね。就労が切れるとたちまち居所《きょしょ》が失われる。するとバッファ＝緩衝地帯がないから、生活保護制度を使うことになります。就労が切れて住まいを失う、次は生活保護を申請して住宅扶助を受給する。その間《あいだ》がないんです。さらに、生活保護を弾力的に運用するということが行われず、受給を抑止する傾向がみられ、必要な方が受給に結びつかないという現実があります。

1988年からつづく支援活動、抱樸の炊き出し

社会保障の対象外にある住宅扶助

高橋　間を埋める手段としては社会手当があるべきなのです。社会保険のような直接的な拠出を必要としない給付で、機動的に対応できる所得補償の仕組みです。生活保護の受給に際し行われる悪名高いミーンズテスト（広範囲に及ぶ資力調査）ではなく、シンプルなインカムテスト（所得調査）に基づいて給付されます。日本で社会手当といえるのは、児童手当ぐらいしか制度化されていません。

日本以外の先進国では住宅手当が定着しています。住宅手当というと、日本では民間企業が任意で実施する福利厚生の一つと位置づけられますが、イギリスやフランス、ドイツ、スウェーデンといった欧州先進国では社会手当として導入されています。アメリカでも、低所得層向けにこの制度が整えられています。また、住宅ローンを限定的に補填する住宅手当制度があると聞いています。

奥田　よく我々の業界で、住まいの確保を優先すべきというハウジングファーストの考え方が提唱されます。これも、もともとアメリカの発想ですよね。

高橋　そうです。意外かもしれませんが、日本の住宅政策については社会保障的な発想がありませんでした。低所得者の住まいは民間賃貸住宅か、さきほどの給与住宅（寮付き派遣や住み込みバイト）か、公営住宅です。困窮者向けには住宅扶助や無料定額宿泊所がありますが、これらはいわゆる貧困ビジネスと結びつきやすい。二〇一五年四月に始まった生活困窮者自立支援制度の中に限定的ですが、住居確保給付金が盛り込まれました。これは住宅手当への入り口となる制度で、住宅扶助の単給化と結びつければ、住宅手当の第一歩になると思うのですが。

住まいは生活の根幹ですから、住宅の問題は社会保障としてやらなきゃいけないんです。

奥田　そうですよね。今から思うと、日本は八〇年代半ばあたりで舵を切らなければならなかったのに、通り過ぎたんだと思います。日本の住宅手当が企業の福利厚生であるように、日本型社会保障の根幹は企業ベースという構造があります。特に現役世代に対しては、企業が男性の働き主に、その家族分の給与や社会保障をつける。高度経済成長以降、日本という国はある意味、そこにあぐらをかいてきたと思います。だから、社会保障というと、だいたい子どもか年寄りが対象で、現役世代は関係ないという話になってしまいました。

高橋　企業の法定福利厚生として、社会保険。住宅手当や家族手当、育児手当などは法定外福利厚生と分類されます。企業はサラリーマンとその家族の面倒を見ているといえますね。

奥田　日本企業はある程度、福祉的だったと思うんですよ、バブル崩壊までは。経営者も家族的経営を掲げていました。おそらく一九八〇年代後半にそれが転換し、むき出しの弱肉強食のような新自由主義に変わってきた。八七年、イギリスのサッチャー首相が、「家がないからと言って政府に頼るのはやめてくれ」と発言しましたね。もう社会などない、あるのは個人、男と女、家族だけだと。

ちょうどその時期に、アメリカではレーガノミクスをやって、日本では中曽根さんが民営化に手を付け始めた。国鉄がＪＲに変わったのは、派遣法が施行された翌年の八七年です。日本も含め、競争社会になっていって、いわゆる「私」の世界にブレーキがかからない状態になっていく。

髙橋　日本の住宅政策にはもともと福祉の側面が希薄で、そこに新自由主義の波が押し寄せたと言えます。住まいが社会保障という観点を欠いたまま、住宅は私有財産としてのみ位置づけられていきました。二〇一七年に始まった新たな住宅セーフティネット制度はこの流れを変えると期待できますが、本来の役割を果たすにはまだまだ課題が残されています。

公の役割

「官」と「私」をつなぐ「公」

奥田　住宅政策と社会保障の関係を考える上で、住宅政策における「公」の概念が問われていると思います。

住宅政策では、住宅の直接供給は民間市場に任せて、最小限の公営住宅の供給に限定されてきました。「公営」といいますが、県や市町村が供給し、国が制度の大枠と補助金政策によってすすめる、いわば「官」

が上から降っていくかたちで提供してきました。私的供給に任せる「私」でもない、「官」による供給でもない、もう一つの本来の「公共」にふさわしい「公」の住宅が必要です。

　イギリスの民営化を進めたサッチャー首相（一九七九〜一九九〇首相在任）が「社会はない」と言ったのは、私的所有による市場が生み出す「私」の世界と、政府・行政による「官」の世界しか認めず、しかも「官」の役割を極小化し、市場による「私」の世界を至上としたからです。

　実は「公」とは、国あるいは政府すなわち官の所有でも、私人や営利法人による私有財産でもない、いわゆる公共的、あるいは協同的／共同的であることが重要です。今後の居住支援や、ハードとしての住宅政策でなく「住まい方」というソフトの面を包含した居住政策は、このような、本来の公共性に依拠して発展させていくべきなのではないかと思います。

高橋　その例の一つとしてホームホスピスや、自由意思で共同生活を営む若い世代のシェアハウスなどが思い浮かびます。これらは「私」の世界ではない互助的な関係に依拠し、地域のコミュニティに支えられています。

奥田　人口減少で空き家が増え、山のようにストックはあります。地域の空き家を活用してパブリックな住宅をつくろうという事例が登場しています。

「私」と「官」の間にある「公」、あるいは「私」と「官」をミックスさせたような「公」の枠づけが今後、もっと出てくるのではないでしょうか。困窮支援に取り組むＮＰＯ法人などが、これを担うプレーヤーとなるでしょう。そんな可能性を国の政策に携わる要職の方々にも届けたいと思うのです。

高橋　「官」は非効率でかつ機能不全を起こすので、市場で活動する民間事業者に代替させるべきだ……と、大きな政府を批判し小さな政府を礼賛する議論がこのところ政治から出され、実行に移されてきました。ところが、この政策の結果、数々の不祥事や歪みが生み出されています。

このような路線に対抗するという意味もあって、社会の共同に依拠した「コモンズ」を形成し活性化させるため、民間の非営利活動の意義を強調する考え方も有力になってきました。「官」本来の「公《おおやけ》」の役割と、非営利民間の「共」的な役割と、営利的民間が形成する「私」的市場の役割。これらを丁寧に議論しなければと最近改めて思っています。

かつてサッチャーは「社会はない」と言ったけれど、しかしそのイギリスで昨年、「社会はある」と……。

奥田　ボリス・ジョンソンがそう言いましたね、コロナから生還して。僕はその記者会見を見ていて、大笑いしました。サッチャーもジョンソンも保守党ですからねえ。

自助、共助、官助

髙橋　日本の総理大臣は、このときジョンソンがどういう意味で言っていたのか、果たして理解できただろうかと思います。だから、「私が目指す社会像は自助、共助、公助、そして絆であります」と発言していました。[1]

サブシディアリティ（補完性原則）というのは、歴史的には一九三〇年代、全体主義に対する警告として誕生した考え方です。奥田さんが「官」とおっしゃる「公」がすべてを支配することへの警告でした。現代において、サブシディアリティ原理は、市場主義がすべてを支配することへの警告となるはずです。

さらに、市場主義の基礎である自助の可能な人間がどんどん減っているときに、自助を重視する政治的ステイトメントを出してしまった。奥田さんの活動は、これに対する非常に明快なアンチテーゼといえます。

奥田　自助・共助・公助という分け方自体は否定しませんし、私は自助は大事だとずっと言っています。自己責任も大事です。問題は、自己責任がとれる社会であるのか、ということです。本来、自助を大事にするために共助も公助も存在するのです。

公助は官製の制度だから、正確には公助は「官助」と言うべきと思います。菅前総理が本当の意味で、自助が大事と言いたかったとするなら、「共助も官助も自助のためにある」と言えば問題なかった。だけど、「まず自助」と言った。「まず」がついちゃったんです。それがだめなら共助で、「その上で政府が」と。この言い方が、セーフティネットである生活保護を貶《おとし》めるわけですよね。

髙橋　二〇二〇年六月、当時の安倍総理が参院決算委員会で生活保護について「ためらわず申請してほしい」と述べたのと、ある意味対照的です。

奥田　菅前首相は二〇二一年一月の参院予算委員会で、コロナ関連の給付がなくなったらどうするかと訊かれ、「最終的には生活保護という仕組みがあります」と答弁しました。これに対して野党が「最終的にならないために政治があるんでしょう」と言ってしまった。これはもう、僕から見れば恥の上塗りというか、与党も野党も生活保護を最後と言い続け、何も考えていない。僕らはこれを「やめろ」と言ってきたわけです。

髙橋　生活保護へのスティグマや偏見を助長することになりますから。

自立を助けるための生活保護

生活保護はもっと手前の段階で出せ

奥田　先日、自民党の勉強会に呼ばれて発言を求められ、「生活保護は大事ですよ」と言いました。政治の役割について言うんだったら、入り口を広くして出口も広くする……、つまり生活保護を受けやすく、そしていったん受けても抜けやすくするように、政策的な転換をすべきだと訴えました。

今は、ただ保護世帯数を減らそう減らそうという圧力がかかっているけど、それは違う。まずは受けやすくする。そうすれば多くの人が網にかかって保護世帯数は増えるけれど、保護世帯数が増えても保護費が増えない政策を考えたほうがいい。できるはずです。

現実はご存じのとおり、最終的に自分の持っているストックである貯金が最低生活費を割らないと申請させない。ぎりぎりのどん底までほったらかすわけです。

そして、すべて失って手遅れ状態になってから来い、そうすればお金を出す。そんな仕組みだから、いったん受給すればなかなか抜け出せず、延々とお金がかかります。風邪薬で治せるときに放置して、肺炎で瀕死になったら助けてやるのに等しい。研究会でそう言いました。だから保護費総額が三兆八千億（二〇一八年度予算）にまでなるんです。入り口を広げて、そうなる手前で支給すれば、今二〇六万人ぐらいが保護を受けている（二〇二〇年四月）けど、それが三百万人になっても三兆八千億で抑える。そういう政策はできると僕は思う。

髙橋　「出口」ということに関して、受給者向け就労支援もありますね。これも、どん底の状態よりは、少しでも余裕のあるときのほうが前向きに取り組めるでしょうし。

奥田　生活困窮者を対象に実施した調査[2]で、生活保護を受けたくない理由がわりと詳細にわかってきました。これまでは扶養調査がいやだから、家族に知られたくないから、という理由が強調されていましたが、この調査では別の理由が明らかになったんです。一番多かったのは、自分で働きたいから。自立したいから生活保

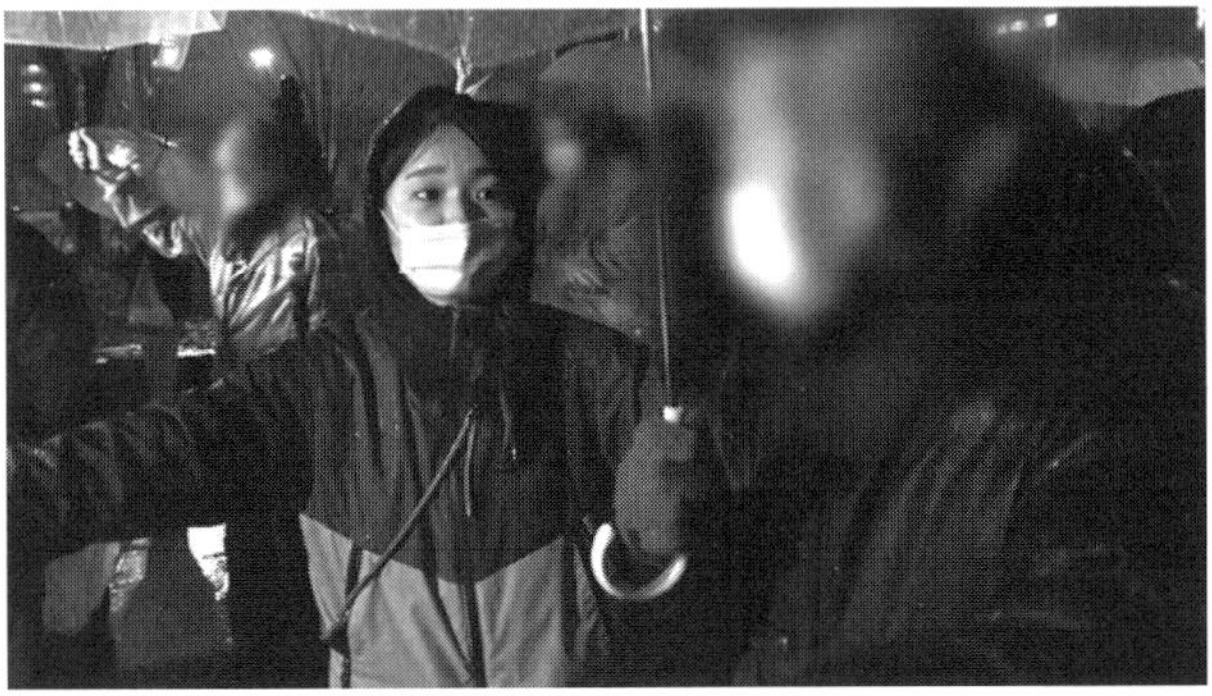

抱樸のスタッフ。「抱樸」フェイスブックより

護は申請したくない、というのが一位で、扶養調査のような「需給に伴う制約」は二番目でした。

高橋　自助意識が高いことがわかる、興味深い結果です。

奥田　こういう実態をみれば、政策の方向は変わるでしょう。自立して自分で働きたいという声が多いんだから、生活保護は自立のための支援として早めに使うほうがいいはずです。最低生活の維持のために使うとなると、それはある意味、本人もどん底の情けない状態になっているわけですよ。その情けない状態を家族に伝えられるのは当然いやでしょう。

もっと言うと、「扶養できませんか」と言われた家族が、「できません」にチェックした瞬間、その家族とは縁が切れてしまうような気もするわけです。

高橋　家族と引き裂かれてしまう。つらいことですね。

奥田　だから、最低生活の維持のためでなく、働いて自立したい人のための生活保護を作ればいいじゃないですか。それが一番いい政策なのに、なぜやらないのか。生活保護法の第一条に書かれている自立の助長を実現するためにも、生活保護の受給者数が増えても関連予算が増えない政策にチャレンジすべきだと思います。

高橋　生活保護の今のシステムは、自立助長じゃなくて自立喪失ですね。ある種の放置ともいえます。二〇〇〇年の社会福祉法改正のときに、生活保護改革をやるべきでした。

法の現実とケアの現場のズレ

高橋　近年、ホームレスの自立の支援等に関する特別措置法に加え、「生活困窮者自立支援法」が成立し、その法律や政策の立案に、奥田さんはいろいろな形で関わられました。実践家が政策に関わるのは、大変特筆すべきことです。

奥田さんがずっと続けて来られた「伴走型支援」が政策の言葉にも入ってきたように、民間のさまざまな活動、支援団体が政策に影響力を発揮しつつあります。奥田さんが自民党の会議に行くこと自体、ある種の何かが変わり始めている表れと思います。やっぱりこのままではうまくいかない、という感覚を社会が共有し始めているのではないでしょうか。

奥田　この十年ちょっとですが、いろんな審議会とか検討会などに呼ばれ、制度や法律をつくる場面を見てきました。ただ、制度や法律さえ整えばいい、とは思いません。現場は制度があるから動いているわけじゃないですから。法の概念というか、法の現実とケアの現実って時にズレるんですよね。

このズレがとても大事で。僕が最初に国の会議に出た十年ほど前、四十代前半ぐらいでしたが、九州から来てるあいつ誰？　みたいな空気でした。僕がそんな空気を読まず思っていることを話すと、会議の委員である先生方から〝いかにもあなたはわかってない。法律事項というのがありまして、そんな自由にはできません〟みたいに言われたものです。

委員の先生方にそう言われても、現場のニーズがあるんだからしょうがないですよね。もっと言うと、先生方は、全員ではないけど、やっぱり法や権利の概念というところで議論される。それは、僕らが拠って立つ現場のケアの議論からちょっとズレるんです。権利だけを押していくと、僕から見れば、「それはまずい」ということになる。その一番の典型が生活保護でした。

高橋　これは重要なご指摘です。

奥田　生活保護は権利だから、食えなくなったらもらうのは当たり前の権利だと、僕もあちこちで言います。なんで生活保護だけナーバスになるんですかね、と。病気になればいちいち申し訳ないなんて思わず、健康保険を使って普通に医者にかかる。生活保護も同じように使っていい、それは権利だと。

しかし、そうやって生活保護を法や制度、権利の側面だけで議論すると、ケアが抜けるんです。受給している人や受給しようとしている人へのケアが。現場ではそこがジレンマです。人は権利の行使や法の実行だけで生きていけるのか。実は、それだけでは生きていけない。

生活困窮者自立支援制度

その人の物語を生きるための支援

奥田　二〇一五年四月に始まった「生活困窮者自立支援制度」は、そういうジレンマのなかで生まれました。

高橋　その根拠法である「生活困窮者自立支援法」は、奥田さんが委員として参加された社会保障審議会「生活困窮者の生活支援の在り方に関する特別部会」（二〇一二年四月～一三年一月）での議論を経て二〇一三年に成立しました。

奥田　特別部会には豊中《とよなか》の勝部麗子さん（豊中市社会福祉協議会　コミュニティソーシャルワーカー）など現場の連中が大勢いて、〝そんなん違う、絵に描いた餅や〟などとワーワー言いました。首長さんや教授や弁護士さんの中に、だらしないけれども自由な（笑）我々が入っていって、法や権利の概念とケアの概念を戦わせた。それが、「生活困窮者自立支援制度」という形で実を結んだのです。

そうやって僕たちが参画することに、民間まる投げ体制とか、国が責任を取らなくなったと批判もされました。そうじゃない、国が主体で法と制度をつくって全部支配していくことを、もうやめるということなんです。

高橋　それはある種の全体主義に通じることですから。

奥田　民間の発想をあれだけ大事にして、「生活困窮者自立支援制度」のフレキシブルな空気をつくったのは、当時の社会・援護局長の山崎史郎さん（現内閣官房参与）です。実は僕は、特別部会が始まる一年ぐらい前から山崎さんのところに呼ばれて、五人ぐらいの有識者の中に入り、ほんとに自由に議論しました。

あるとき、困窮者支援を制度にする場合、アセスメント期間をどれぐらい想定するかと山崎さんに訊かれました。僕は〝そうですね、アセスメントは……三カ月かな、半年かな、ま、終わらんな〟と答えました。支援を構築するためにアセスメントするのではなく、アセスメントという行為自体が支援なんです。

髙橋　まさに、奥田さんの現場感覚ですね。

奥田　制度になると、支援開始から支援終了まで期間というものがどうしても決められていくわけです。しかし現場は、〝何言ってんだ、今日で支援終了なら明日からは面倒見ないのかよ〟となる。

僕らが構想した「生活困窮者自立支援制度」というのは、どちらかというとケア中心の支援です。それまでの日本の社会保障は、現金給付か現物給付でした。法学者の菊池《きくち》馨実《よしみ》さん（早稲田大学法学部教授）が「手続的保障」という新しい言葉を作って、相談支援の重要性に着目しています。オートノミー（自主性）としての自立、つまりその人がその人としてその人の物語を生きていくということが、社会保障の最終的な目標だということをはっきり書かれた。

髙橋　それはつまり、伴走型支援ですね。

奥田　そうなんです。「伴走型支援とは結局は自己実現の支援だ。その人の物語を作ることが伴走型支援の目標だ」と僕はずっと言ってきました。菊池さんとは、今継続中の社会保障審議会生活困窮者自立支援及び生活保護部会でご一緒していますが、全く打ち合わせなしで、ぴったり結論が一致するのは想定外でした。

髙橋　社会保障法学者の中でも菊池さんは、既存の法との整合性を重視する解釈学ではなく、現実で起きていることを法社会学的にとらえて立法論をお考えになる大事な仕事をされており、かねがね注目しております。

コロナ禍で揺らぐ相談支援　誰が一緒に悩むのか、一緒に動くのか

高橋　コロナ禍での生活困窮者への支援について、どんな問題が浮かんでいますか。

奥田　さまざまな形の不定形な困窮が始まるなかで、ある程度自由に機能したのが、「生活困窮者自立支援制度」の相談窓口でした。想定外だったのは、その窓口が給付手続きに追われたことです。

高橋　「生活困窮者自立支援制度」は本来、給付中心ではなくケア中心の建て付けでしたね。

奥田　そうなんです。相談支援を重視して、アセスメントしつづけ、そのつながりの中で伴走型支援を行う。つまり一人にしない、孤立させないということが、生活困窮者自立支援制度の根幹に関わる理念です。その部分が二つの事情で危うくなっています。一つは感染対策のために対面的な支援が難しくなったこと。もう一つは、「とにかくお金だ」ということで、窓口は貸付金や給付の事務処理にほとんど忙殺されてしまいました。

高橋　コロナはしばらく収束しそうにありません。今後、困窮者支援はどうなるのでしょう。

奥田　給付が切れると、生活保護を受給することになります。生活困窮者自立支援制度でさえ相談支援が足らなかったのに、もともと相談支援が脆弱な、ほとんど給付中心になっていた生活保護で引き受け

路上で。「抱樸」フェイスブックより

るとなったときに、誰が相談に乗るのか。誰が一緒に悩むのか。誰が一緒に動いてくれるのか。このことが全く考慮されず、放置されています。

　緊急避難的に、例えば特措法を作って、生活保護と生活困窮者自立支援制度を一体化し、一つの枠で動かすようにしてもらいたい。というのは、生活保護法は他法優先だから、他の制度と併用できないんです。

高橋　まず他の制度を頼れと言われ、それが全部使えないときに、ようやく生活保護を受けられる。

奥田　こんな未曾有の事態に、そんな馬鹿な話はないだろうと。

高橋　これまで生活保護制度を改革できなかったことのツケが、ここにきて回ってきているように思います。改革のチャンスは何度もあったのに。

社会福祉のパラダイムが変わる

創造的な寄付

高橋　抱樸は現在、六十九人の正職員と三十九人のパートと、百人を超える有給スタッフが働き、炊き出しのときは平均約八十人のボランティアが参加します。日本有数の支援団体ですが、活動の原資は主に寄付ですか。

奥田　寄付とクラウドファンディングが中心です。

高橋　寄付に支えられる抱樸が困窮者を支援し、その困窮者の生活が成り立つようになれば、消費者として経済活動に加われます。原資が何であれ、お金が回ることによって経済が活性化するわけです。

　そういう発想で、ホームレス支援から始まる困窮者支援を、ネガティヴにとらえて社会経済から排除する新自由主義論ではなく、社会経済の内生的な要素として困窮者の問題をとらえる。改めて、福祉国家あるいは福祉社会のパラダイムを、そのように問いなおす時期が来ている気がします。

奥田　NPOとして、寄付は自由の担保だと言ってきました。また、寄付は事業化しろとも。〝お金が集まりました、ありがとう〟じゃなくて、〝自分たちはこういうことをやりたくて、そのためにはこれだけ必要です〟と訴えて、その資金を寄付していただくのです。こうして寄付を事業化したのは、十年ぐらい前からです。それ以前は、寄付収入を活動の前提にしていませんでした。しかし十年前、それじゃダメだと気が付きました。社会をどこまで巻き込んで変えるつもりがあるのか、寄付はその尺度になると。そのためには共感を生む情報を発信し、僕たちのことを知ってもらわなければなりません。

髙橋　日本では寄付はなかなか根付かない、と言われて久しいですが……。

奥田　最近は一定の規模で集まるようになりました。ですが、金額ではなく、寄付のあり方が、僕は気になります。日本では寄付というのは支援と同じ概念で、創造的じゃないんです。

髙橋　寄付が創造的ではない、とは？

奥田　例えば日常的な場所、これをゼロ地点とすれば、マイナスが生じたときにゼロまで戻すのも支援です。しかし本当の意味での支援はオートノミー（自主性）としての自立支援だから、ゼロからプラスにもっていくことです。ただ生存できるだけの地点を超えて、その人がその人として生きていける、というところまで一緒に行く。マイナスからゼロまでをカバーするのが憲法二十五条の趣旨であって、ゼロからプラスに上がるのは憲法十三条、幸福追求権です。すべて国民は個人として尊重され、僕は僕として生きたいわけですね。国の最低限の義務は生存権の保障ですが、それすら実現できていない。ゼロ地点に届いていないわけです。一方で僕らは、プラスに達するためのオートノミーとしての自立支援を形にしているんです。

今の寄付は、マイナスをゼロに戻すための行為です。災害が起こって家がなくなると、こぞって寄付をする。だけど、それは本来、国がやるべきことです。憲法二十五条に基づく最低限の保障、生存権は国の義務です。民間の活力とか民間の思いが本当に発揮されるのは、ゼロからプラスの領域なんですよね。その人がその人として生きていける領域。民間の寄付のステージはここに想定しないと、支援を見誤ると思います。

家をなくした人に、国が最低限住めるだけの家を用意してくれるなら、それをリフォームして、その人らしい素敵な家に変えるのが民間の仕事です。災害が起きたときに助けるのが国で、そこから先の話をするのは、我々です。しかし、二十五条と十三条の関係が、寄付する人たちにもピンと来てない。

寄付は憲法第十三条でいきましょう。二十五条も必要だけど、十三条が寄付のステージだということ。そうすると、次に災害が起こったときでも耐えられるんです。最低限の生活では耐えられません。そういう社会をつくっておこうという、先行投資型の寄付が必要と訴えています。

もう一つ、寄付を受け取る側のＮＰＯなり民間団体の信用度をどう担保するか。つまり、誰が民間団体の評価をするのか。さらに、民間活力を推進する際の最大の問題は、民間も縦割りだということです。

高橋　役所の縦割りに対応して民間も縦割りだし、学者も官庁ごとに縦割りの御用学者体制でしたね。

奥田　これを乗り越える構造をどうやってつくるのか。しかも、多様性の時代ですから、ＮＰＯをはじめ民間団体それぞれに流儀があって、さまざまなんです。そこにどう横串を通すか。

高橋　奥田さんは抱樸の活動だけでなく、「生活困窮者自立支援全国ネットワーク」「ホームレス支援全国ネットワーク」「全国居住支援法人協議会」「日本伴走型支援協会」と、全国組織をつくって奔走しておられますね。

奥田　なんでこんなことをやってるかというと、民間も縦割りでロスが多いから。さらに、困っている人を伴走型で支援しようとすると、一団体では支援できないんです。背景に家族がいたり、問題が重層化している。困りごとが束になっているから、こちらも束になってかからないと。

組合員しか支援しない協同組合と労働組合

奥田　住宅を例にすると、先生もご存じのとおり、日本の空き家は八四六万戸あります（二〇一八年）。駅から一キロ以内で耐震耐火もクリアした、すぐにでも住める賃貸借物件が何十万件もある。にもかかわらず、繰り返しになりますが、私有財産と公（官）有財産の中間がありません。

　その中間をどうつくり、いかに担保して、官営でない公的なもの、コモンズとして活用するか。それは誰が管理運営するのか。そこをＮＰＯなどの非営利民間部門が担っていければ、うまくいくのではと思います。

高橋　私は協同組合の再定義も必要と思います。二〇二〇年十二月に成立し二〇二二年に施行される「労働者協同組合法」は、法律の名称に「労働者」という用語が使われています。この法律が対象としているのは、ワーカー（働く人）であってレイバー（労役に従事する人）ではないはずです。個々人が共同出資して、さまざまな社会的活動を担うことが期待されているわけですから。

　協同労働モデルはおそらく、協同組合原理で動くのでしょう。しかし、協同組合も縦割りです。

奥田　それに生活協同組合も労働組合も、支援の対象は組合員ですよね。生協は組合員に対してしかサービスを提供できない。

高橋　員外利用は認めないのが原則です。

奥田　それ、おかしいんじゃないでしょうか。出資した人への見返りは確かに必要ですけど、出資者以外には一切サービスしないっていうのは、違うんじゃないのか。民間企業だったら、買ってくれない人にも営業しますが、生協は出資した人にしかサービスしない。

高橋　そこで思い出すのは、「結《ゆい》」や「入会《いりあい》」のような地域の共同体です。これらを現代の経済社会に復活させるということは、「開かれた」共同体を普遍的な原理としてどのように再創造するかという課題であり、時代の要請にほかなりません。

奥田　労働組合も、組合員の雇用を守るために非組合員である派遣やパートの雇い止めに反対しません。もうこの構造を解体して、もっと人類普遍の原理みたいなものに立ち返って、そこから組合活動を見直さなければ。自己批判的に言うと、僕は、組合が組合員と家族だけを守ってきた気持ちはわかるんです。キリスト教もそうだから。クリスチャンだけが救われる、なんて自己中心的なことを教えてきたから、キリスト教徒は嫌われたんですよ。僕は牧師ですが、すべての人は天国に行ける、と教えています。

髙橋　マザーテレサは、運営するホスピスの入居者の信仰を尊重された。ヒンズー教やイスラム教であっても。

奥田　そうそう。今こそ、普遍的な原理を見直していく作業をしないと……。コロナは、命が優先だという普遍的な原理に戻した側面もあると思うんです。日本社会は命より仕事のほうが大事だと言ってきた。そのあげくの果てに、「karoshi（過労死）」が世界で通じる日本語の一つになったわけです。それがコロナになって、感染を避けるために、テレワークにした。命を守るという普遍的な価値を取り戻したと言えます。

ウェルフェアからウェルビーイングへ

髙橋　奥田さんは、意図的にケアとおっしゃったと思います。介護でも介助でもなく。『オックスフォード英語大辞典』では一九三〇年代、care & protection（ケアとプロテクション）として掲載されていました。プロテクションとは保護です。児童保護の法制化のなかで、ケアがプロテクション（保護）とともに使われ始め、法律用語にケアという言葉が入っていったのです。

一九六〇〜七〇年代、ケアはプロテクションと切り離され、コミュニティケアが制度化されていきます。

しかし、施設に「保護」という概念が残されているのは、ご承知のとおりです。ケアはもともと、悲嘆とか苦しみ、人を思いやるという、人間らしい感情に関わる言葉です。「介護」や「介助」と日本語に翻訳される過程で、そのニュアンスがそぎ落とされました。だから、奥田さんは「ケア」という言葉を使われる。

　福祉とは何かを改めて問いたいのです。従来、福祉とはwelfare（ウェルフェア）、弱者を保護救済するという意味で、これが社会福祉事業の思想の底に存在しています。ところが近年はwell-being（ウェルビーイング）、本人が主体的に生きて幸せを求めることに変わってきました。

　これまで、福祉は神棚にまつり上げられていました。弱者を救う立派なありがたいものだけど、どこか遠いところにあるような感覚。ウェルビーイングはそうではない。私たち自身の生活に引き寄せ、尊厳を取り戻すことであり、奥田さんはそういう活動を続けてこられたのです。

奥田　国の会議に出て福祉関係者と言われるようになって、福祉という言葉が周囲で日常化し、僕も考えるようになりました。それまでは、ホームレス支援も困窮者支援も子ども支援も、福祉っていう感覚は、なかったんです。それが国の会議に行くと、所管は厚生労働省の、社会・援護局の、困窮者支援の福祉活動の……と枠が決められます。制度とはそういうふうになってるのか、と知りました。

　現場は、その枠には全然納まりません。だから脱福祉とか、反福祉といわれることもありますが、つまり再定義ですよね。何をめざしてきたのか、これからめざすのか。

高橋　そして、制度も再定義が必要です。今回、「私／民間」「官」「公」の役割や意義について、角度を変えながら議論しました。奥田さんがおっしゃる「公」はパブリックという意味合いであり、公共の「共」、つまり「とも」と言ってもいいでしょう。これを再定義し、制度にどう取り込むか。「官」の能力低下がささやかれる昨今、ひときわ重要な論点といえます。

今後、コロナがどこまで傷を深めていくのでしょうか。対談の最初に「我々はあまり発展しないほうがいい」とおっしゃいましたが、奥田さんのご活躍が続きそうな予感がします。ありがとうございました。

1）菅義偉首相（当時）は所信表明演説で、〈私が目指す社会像は、「自助・共助・公助」そして「絆」です。自分でできることは、自分でやってみる（自助）。そして、家族、地域で互いに助け合う（共助）。その上で、政府がセーフティネットでお守りする（公助）〉と述べた。この対談では、一般にこのような三区分でとらえることをふまえて議論している。地域包括ケアシステムを語る場合は、家族や地域（コミュニティ）での相互の助け合いを「互助」とし、システム化された互助（社会保険制度）を「共助」、税財源によるフォーマルサービス（生活保護など）を「公助」とし、「自助」と併せて四区分される。

2）ＮＰＯ法人ホームレス支援全国ネットワークによる「不安定な居住状態にある生活困窮者の把握手法及び支援の在り方に関する調査研究事業」。2021-03_homeless-net_mhlwreport2.pdf

奥田　知志　滋賀県大津市生まれ。関西学院大学院修士課程修了。九〇年、西南学院大学神学部専攻科卒業後、東八幡キリスト教会牧師に就任。関西学院大学大学院神学研究科博士前期課程修了。九州大学大学院国際比較文化研究所博士後期課程単位取得退学。一九九〇年、ホームレス支援組織「北九州越冬実行委員会」に参加、九五年より代表となる。二〇〇〇年、ＮＰＯ法人北九州ホームレス支援機構（一四年に「抱樸」に改称）を設立し、理事長に就任。〇七年、ＮＰＯ法人ホームレス支援全国ネット発足、代表に就任。第三四回毎日社会福祉顕彰（二〇〇四年）、第一九回糸賀一雄記念賞（二〇一六年）、第一回賀川豊彦賞（二〇一七年）受賞。著書：『もう、ひとりにさせない』（いのちのことば社）、『「逃げおくれた」伴走者』（本の種社）、『ユダよ、帰れ』（新教出版社）、共著『伴走型支援：新しい支援と社会のカタチ』（有斐閣）ほか多数。

□抱樸ホームページ　https://www.houboku.net

II

地域包括ケアシステムの共通基盤《プラットフォーム》

1章　「こぶし園」施設を地域に展開する

小山　剛の仕事

2章　三方よし研究会と地域まるごとケア

近江の国柄

3章　ケアの意味と新たなかたち

宅老所よりあい、ホームホスピス、あおいけあの実践地域包括ケアはケアをめぐる地域社会《コミュニティ》における包括的統合のシステムとなっていく。これには、ケアの構成要素の展開とお互いの関係の成熟によって連携から統合に向かうための共通基盤《プラットフォーム》が必要だ。

地域から隔絶したものとして運営されていた福祉施設を、地域支援の場と位置づけ直し、施設機能を分解し、地域に内部化し地域包括ケアのシステムを確立してゆくイノベーションを1章で述べる。

さらに地域社会で「包括ケア」のシステムが構築されるなら、専門職・諸機関の間の連携だけでなく、地域住民参画の基盤となる地域性というものが問題となる。東近江市で展開されている「三方よし研究会」による地域まるごとケアの事例を紹介し、これを生み出した「近江」の国柄について論じた。

「ケア」の概念は多義的・多層的な内容で、その語義についての理解が必要だ。第3章でケアの概念を転換した実践に言及しつつこのことを論じた。ケアは専門用語だけでなく、日常用語であり、また人や社会のあり方についての概念でもある。意味の重層性をふまえてケアを多角的に論じる必要がある。

1章　「こぶし園」施設を地域に展開する　小山剛の仕事

在宅か施設かという選択肢が今日でも頻繁に語られる。この両者は二律背反の関係なのだろうか。老人福祉施設（介護保険では介護老人福祉施設）は措置施設の名残りで、狭小な相部屋のまま介護保険が導入され、推奨された個室ユニットへの転換は未だしである。

このような高齢者の施設のあり方への選択肢を提示したのが、故小山剛氏の新潟県長岡市の高齢者総合センター「こぶし園」で実践した取り組みである。小山氏の実践は地域包括ケアシステムの中での施設・施設機能が地域でどのような役割を果たすべきかを明確に指し示した。その実践の意義を論じることにする。（以下、敬称略）

小山剛が実践したこと

地域包括ケアを具体化する

小山剛の仕事を通覧して言えるのは、彼にはいくつかの顔があったということだ。第一に彼は大学で社会福祉学を学び、卒業後、障害者施設に就職し生活相談員として働いていたし、こぶし園に転職してからも生活相談員として仕事をしていたから、ソーシャルワーカーとしての仕事

故小山　剛氏

が振り出しであった。

その後、こぶし園で施設運営に携わるようになってからは、施設の経営者としての顔が加わっていく。いうまでもなく、多くの社会福祉法人における施設経営者はオーナーであることが多かったが、長岡福祉協会で田宮理事長のもとで頭角をあらわし、小山はプロの介護経営者として成長していった。その仕事が注目されてくるのに比例して、オピニオンリーダーとして、教育者あるいは啓蒙家としての顔が加わることになる。

本稿の結論を先取りして言えば、彼は、ソーシャルワーカーの理念と価値に基盤をおいたイノベーターとしてのプロの介護経営者であった。本書のテーマに即して言えば、地域包括ケアを理念やモデルを唱えるだけではなく、社会福祉法人という事業体の可能性をフルに活かし、その上に経営革新と事業革新を実践した介護経営者であった。その結果、政策理念として提起された地域包括ケアが、彼の仕事によって具体的な姿として現実の実践として世に現れたと言ってよい。その意味でイノベーションという概念のもととなる理論を提起した、二十世紀経済学の巨頭の一人であるヨゼフ・A・シュンペーターがその著で述べた「新結合」によるイノベーションを介護の世界で実践し、実現したのである。彼は、シュンペーターが述べたように「資本家（オーナー）」とは峻別される、「あらゆる束縛を打破する真の原動力」である「企業家」であった。[1]

小山剛が実践したことは次の六点に整理できるだろう。

第一に措置制度からの解放による高齢者施設の再編、第二に措置型一体型「施設」の克服による居住機能（ハード）とケア（ソフト）の分離、第三に介護保険の理念の可視化、第四に本人中心主義の実現、第五にその結果としての地域社会に融解したケアシステムの構築、第六に地域社会の共有地（コモンズ）としての社会福祉法人のあり方の発明などである。

地域展開のためのサービス群の開発

そもそも特別養護老人ホームとはどんな存在であるのか。

こぶし園が開園したのは一九八二（昭和五十七）年であった。当時の状況を回顧して、生活指導員としてこの施設で働くことになった小山は、「施設を利用することで家庭介護者の重負担と要介護状態に対する支援は可能になったが、利用された要介護高齢者にとっては暮らし慣れた地域社会から隔絶されることになり、見知らぬ他人との集団生活を余儀なくされたのである」[2]と述べている。彼が経験したのは、本当は自宅の生活を継続したいのだがもう家族に迷惑をかけられないという気持ちで涙涙の入所、そして家族と言えば、家族でもう面倒が見きれない、本当は家族とともに生活するのが老親にとっても家族にとっても良いのだがと、また、家族も涙を流しながら送り出すという光景であった。

このような特養とはいったい何であるのか、という疑問が有名な「介護災害による特養避難所論」につながっていく。これが後に「こぶし園方式」と呼ばれる施設の地域分散の初発の想いであった（図1）。

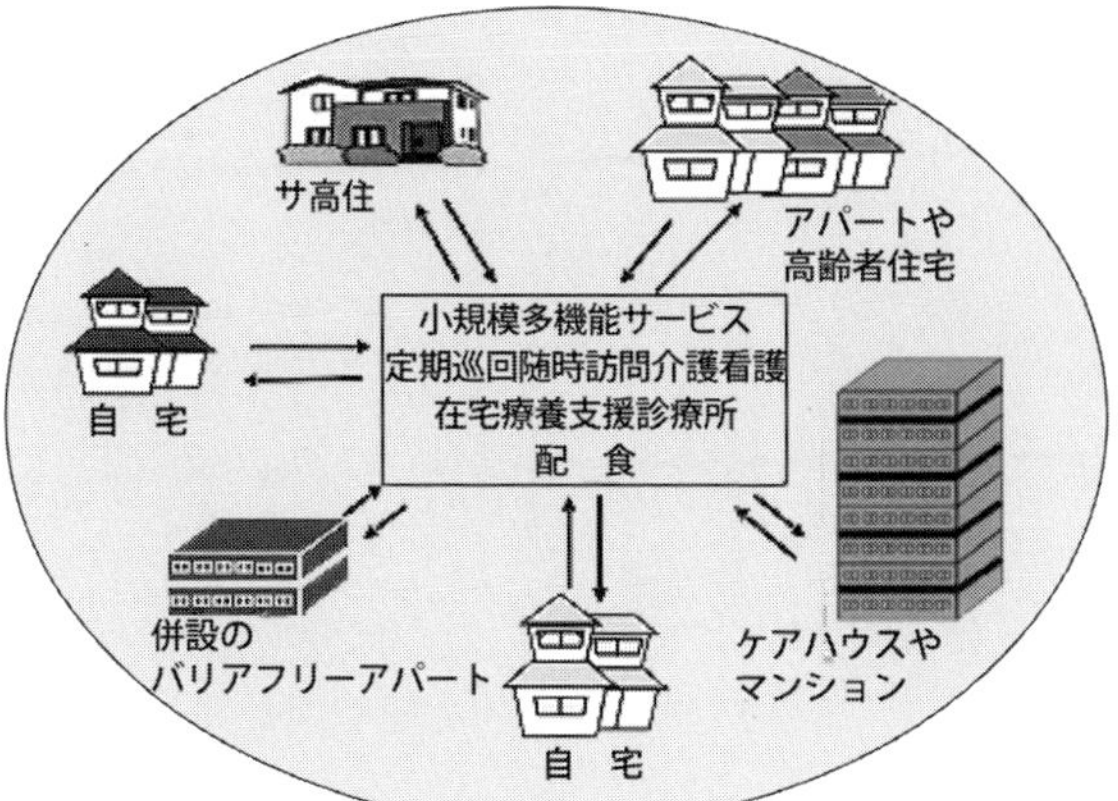

図１　地域社会が一つの施設・病院
介護付き住宅ではなく、介護付き地域社会が可能
（道路が廊下、自宅が居室）

このような特別養護老人ホームの限界を克服し、高齢者の

地域生活を支えるためには、家族介護の補完ではないフルタイム・フルサービスの、必要な時間帯に必要な支援が行えるサービスの開発が必要であった。

その第一着手は一九八六年から手がけられた生活全般を支えうる短期入所生活介護（ショートステイ）の拡大であった[3]。今でも、特養に附帯的にしか設けられないショートステイを八十床整備し、在宅での介護者に「利用したいときに利用できる安心感」と、高齢者には「地域に戻れる安心感」を提供できた。

介護保険導入以前には、まだ訪問介護サービスは家庭奉仕員派遣事業という週一回か二回程度の低所得高齢者向けのものでしかなかった。しかし現実は、中間階層でも家庭介護力の低下が顕在化したが、これに十分対応できなかったが故に、当時制度化したショートステイを活用する以外にはなかった。

在宅サービスが不足な状況では、ショートステイは入所の待機場所になってしまう。そこで在宅サービスの充実が次の着手であった。

在宅サービスの充実

その後、一九八九年のゴールドプラン（高齢者保健福祉サービス十か年戦略）において、在宅三本柱の一つとしてホームヘルプサービスが位置づけられ、こぶし園はこの時期に訪問介護サービスを導入し、実践した。まもなく時間帯を拡大し、一九九五（平成四）年には、二十四時間三六五日のフルタイムとした。当時としては珍しく、今日のケアマネジメントの手法を開発しながら、フルタイムサービスの利用者の適切性を判断するために導入した。まさに福祉の措置からサービスの必要性の判定のうえのサービス利用ということになる。

九二年には通所介護を開設、ただちに市内に展開した。ここでも開所日は三六五日、早朝夜間型とし、共働き世帯の介護負担軽減を想定しての運用の仕組みであった。これらの在宅サービス導入を介護保険以前から導入したのは、長岡市という地方都市の当時の介護需要をみすえたものであり、制度整備を待たずニーズ優先主義が堅持されていたからに他ならない。これは今日の事業展開まで一貫している。さらに特筆すべきは、福岡県春日市社協が取り組んでいた、在宅生活継続の根幹となる三六五日休みなしの食事サービスを九七年から導入したことである。

一九九六年、グループホームをモデル事業としていち早く導入したのも、従来の「寝たきり老人」から「認知症」へのへのケアモデルの転換が意識されたからである。

サポートセンター構想[4)]とそのモデル

こぶし園サポートセンター永田

このような在宅サービスの整備により、こぶし園は新たなサービス統合に向けて歩みだすことになった。すなわち、サポートセンター構想とそのモデルの開発である。二〇〇二年に取り組まれたのはサポートセンター三和の創設である。

これは倒産した建設会社の独身寮を安価で借り受け、そこに高齢者の住まいを基盤に個々のサービスを統合化する実験的な試みであった。これは後に「コンビニ型サポートセンター」というユニークな命名で、軽装備のセンターを地域に分散配置していくという試みとなって発展していく。さらに、これを展開させたのがサポートセンターと住まいが連携した、「サポートセンター永田」である。住居部分は地主に建ててもらい、サービス部分をこぶし園が運営するという、ケアサービスと住まい

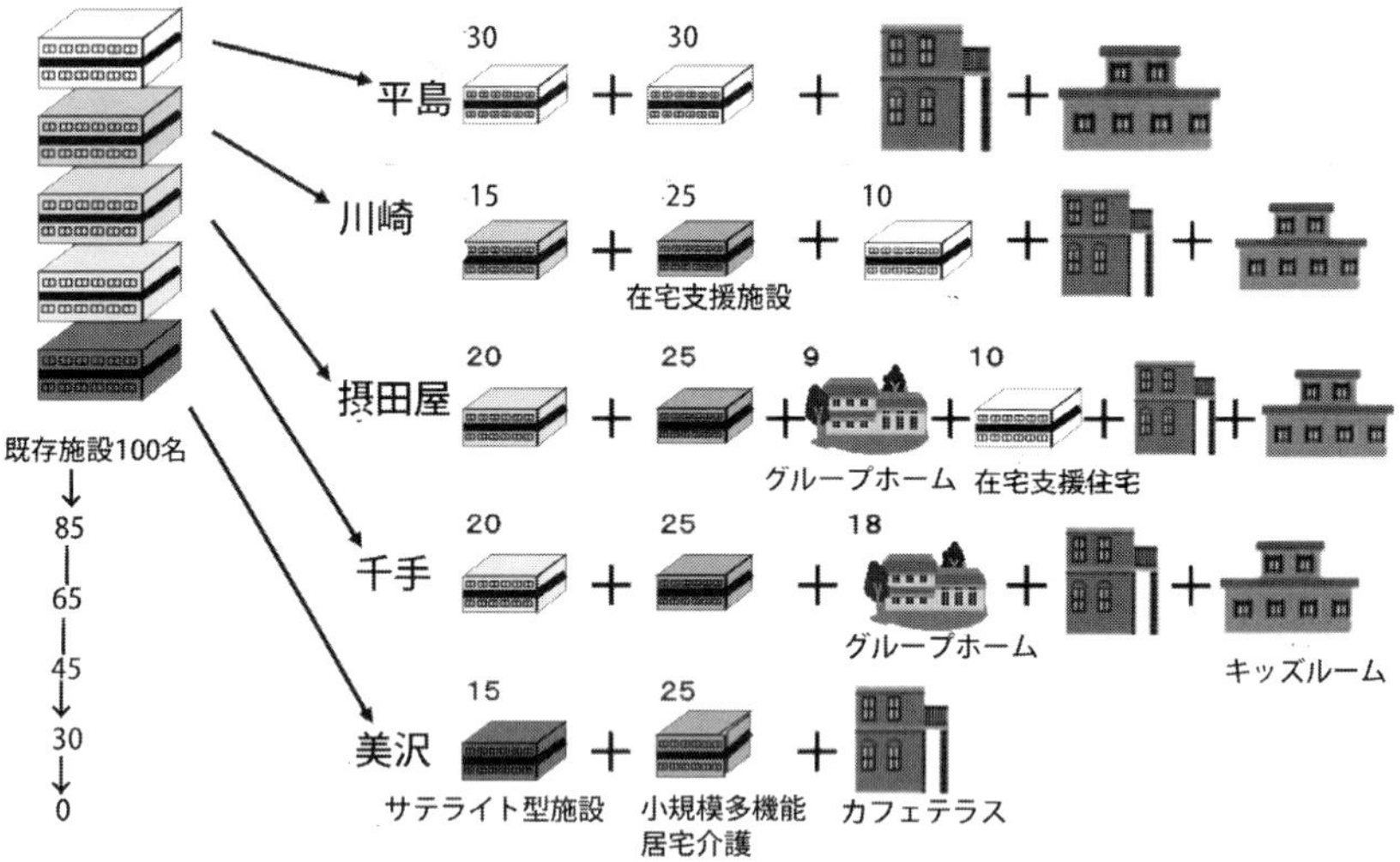

図２　施設分散と地域支援計画（地域全体を支えるシステム）

の分離の先駆的モデルとなった。

特養の地域分散と地域のケアシステムの再発明

　このようなサービス群の開発と住まいの整備を受け、いよいよ特養の地域分散が始まる。このポイントは、遠隔地の特養入所を余儀なくされた入所者をその出身の地域社会に戻すことであった。それと同時に、地域の要介護高齢者の在宅生活を支えうるサービス拠点を同時並行で整備することでもあった。これは小規模多機能型居宅介護と小規模特養の合築方式の発明であり、すでに開発されていた多様な在宅サービスを網の目のように張り巡らすことも含め、地域のケアシステムの再発明ともいうべき仕事であった。

　そのために、サテライト型特養を、二〇〇四年に特区申請が採択されることによって具体化した。これによって、二十人程度の入所者を既存特養から出身の地域社会に戻していくもので、具体的には五カ所の小規模特養によって地域分散が実現することとなった（図２）。

　特筆すべきは、この小規模特養に小規模多機能型居宅介護が付設されたことであった。これは、小規模特養で生活する入所者と同時に、地域で生活する要介護高齢者の支援の仕組みをセットにしたことである。さらにここにキッズルームという子ども達の居場所と、集会所機能を備えた空間、むしろ居酒屋機能といってもよい空間が用意されている。

二〇一四年をもって特養入所者の地域移行が終了した。最新の小規模特養の各室ごとに玄関が設けられ、来訪者は窓口によることなく居室を訪れることができる。まさに大規模特養は解体され、住まいとなったのである。そしてそこでは介護サービス大規模施設がもつ、入居者管理が姿を消す。小山に言わせれば、個室ユニット型でさえ、大規模施設ならば過渡期の存在に過ぎない。

必要な支援を必要なときに利用するが、そこでは本人の選択が尊重される。多くの高齢者は地域に戻ることによって、家族との関係、地域社会との関係が復活する。居住環境の改善が要介護度の改善に大きく寄与した事例を筆者は何例も教えられた。

こぶし園モデルの意義

考えてみると、小山氏が創り出したのは、まさにケアインプレイス（地域居住）を可能にするケアシステムであった。また、非課税法人としての社会福祉法人のあり方を一貫して追求してきたことも特筆すべきである。地域に根を下ろした社会福祉法人の存在意義を具体的に追求したのである。利用者満足と地域満足の最大化のための地域貢献のあり方の追求が、避難所としての特養のあり方の克服であり、キッズルームと居酒屋に象徴される地域拠点の設置、そして地域の高齢者等も支える事業の開発であり、啓発活動などの地域への働きかけであった。

またハード部分の建設を法人から切り離し不動産事業者に委ね、サービス提供に特化し、本来の介護事業の質の向上と専門職化も進め、職員のモラールの維持改善を図ったことで離職率も極めて低い。

こぶし園　摂田屋

リビングルーム

個室玄関とベランダ

子ども達が出入りする

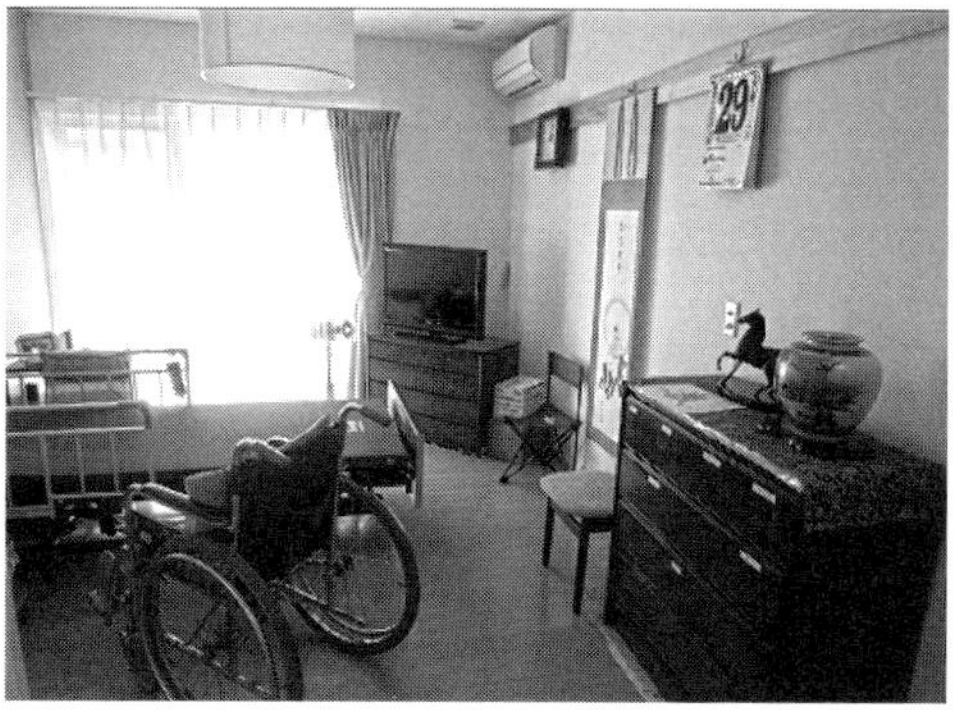

居　室

小山剛の手法

小山剛は、理念の実現にあたって極めて現実的なアプローチをとりつつ、特区制度やモデル事業を活用しながら、あるべき事業モデルへブレークスルー（現状打破）する方法をとった。その上に、情報技術等の先端技術の活用についても積極的であった。さらに、本来の非課税法人としての社会福祉法人制度の本分にも極めて忠実であった。長岡福祉協会が展開したさまざまな地域貢献活動は、今日、社会福祉法の改正で想定された地域公益事業の先駆であった。さまざまなシンポジウムの開催、地域住民への啓発活動など社会福祉法人の枠を最大限に活用しながら、「地域満足度」を最大化する事業に積極的に取り組んできた。

彼の、ケア論にあえて踏み込まず、しかし専門職の配置を積極的に行うという方向付けは、専門性に依拠した現場の裁量を尊重してきたといえる。その上で、ケアが行われる環境を変革するというアプローチによって、ケアの質を担保しようとしてきたことは特筆されてよい。

このような視点からいくつかの小山の事業の特徴について指摘しておきたい。

地域の中の居場所づくり

地域社会というのは、地域住民とその団体、自治体などの構成要素からなる。介護保険の保険者という視点から介護保険運営における給付と負担の関係を見れば、被保険者への給付費の増大は保険料負担となって、被保険者としての地域住民と利害が対立する。一方、負担の削減はサービス量の多寡《たか》を左右する。さらに租税負担は担税者としての市民全体の負担となる。

また、介護サービスのあり方を考えると、介護サービス需要を現実化する前提としての市民のニーズ表出のあり方が関係してくる。地域包括ケアシステムの議論のなかで、自助、互助、共助、公助という補完性の原理による支援類型が提起されているが、共助としての介護保険の守備範囲は、自助、互助のあり方と深く関わっている。とりわけ、この問題は軽度者のニーズ充足のあり方と深く関わると思われる。自助および互助が活性化している場合は軽度者の要介護認定率の低下に寄与している可能性がある。

大都市では地域住民のまとまりが乏しくて、コミュニティの基盤が喪失していると言われている。このことが介護保険の制度としての生活支援ニーズに結びつくことが容易に想像できる。ところが、自助や互助の働きを重視してケアの拠点を形成していくと、助け合いによる互助が復活するかもしれない。地域の居場所づくりが互助につながって、制度の利用形態に大きな影響を与えると思われる。すなわち、互助を支えるインフォーマルサポートの仕組みを意識的に作る必要があるということになる。事業者の視点からの小山剛は自身の仕事の中でも、これに注目していることに注意されたい。

こぶし園の事業理念

図3は小山剛が生前よく使った図である。この図は介護保険法第一条にいう「要介護者の尊厳の保持」の精神にしたがって、具体的に事業を展開しようとするこぶし園の事業理念を図式化したものだと言える。要介護者の尊厳の保持ということを考えた場合に、どういうケアモデルをつくるべきか。その視点から見ると大規模集約型は排除モデルとなる。

この図のポイントは社会関係資本《ソーシャルキャピタル》と互助の培養ということにある。これを重視するということの意味は大変重要で、ケアの場面において本人の自立への動機付けが非常に大事な役割を果たすことになる。自立や要介護の

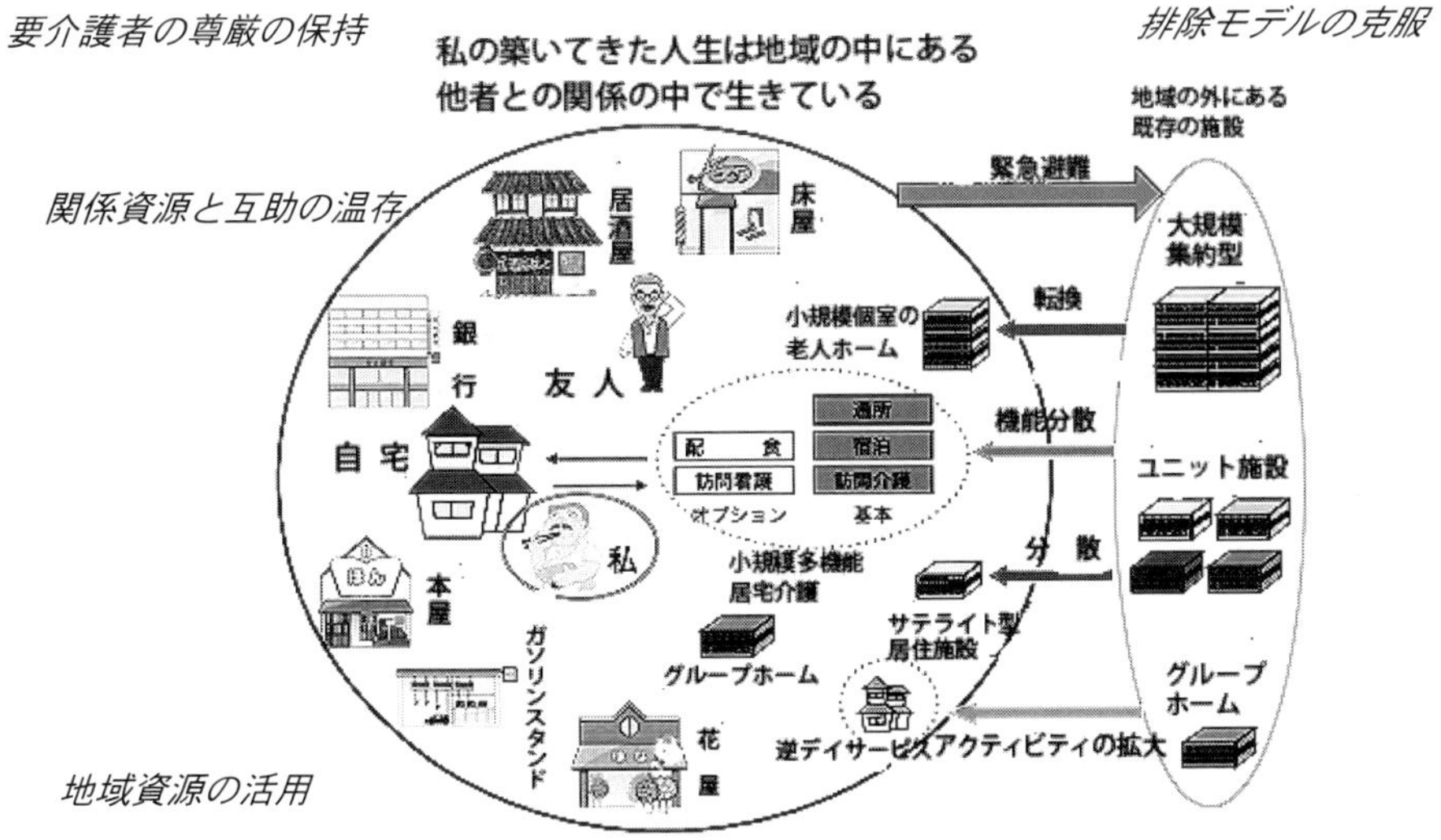

図３　私の築いてきた人生は地域の中にある

軽減に向けた努力は外在的な介護サービスの提供だけでは実現せず、要介護者のモチベーションの喚起が重要となる。これは専門家がケアを通じていくら努力しても達成できるものではなく、それまで培ってきたさまざまな生活の継続性を尊重し、その生活への復帰が課題になり、その手助けをするのが介護の役割だと考える必要がある。

その意味で重要なのは「関係資本」と言われるものである。大事なのは、家族であることは言うまでないし、例えば、長年連れ添った配偶者との関係が切れないこと、さらに子ども、あるいは孫やひ孫が動機付けに大きな役割を果たす。さらに、地域にいる友人やそれまで関わってきた地域のさまざまな関係資源が大きな役割を果たすことになる。

これとの結びつきを断ち切られないようなケアの場をどう設定するかが、これは小山の構想であった。そのためのケア拠点として彼は、閉鎖的でない、開放的な地域資源活用モデルに基いたケア拠点を整備するという手法を開発した。

施設の地域展開とその意義

施設の地域展開の意義をいくつか述べる。

第一に、地域展開を進めていくと、事業者モデルとして、多事業所展開によって、その分それぞれの事業所の管理者が増えるということを意味する。一法人一施設では管理者は少ないし、しかも、家業的経営の場合は親族が管理者を独占することが多く、職員のキャリア形成が限定されざるを得ない。こぶし園のように多様なサービス事業所ごとに管理者が設置できるということは、職員のキャリア形成として非常に重要なポイントである。

小さな事業所をたくさんつくって経営規模を多様化するというモデルは職員のキャリア形成が容易に可能になるので、介護職員にとっても昇進のチャンスが増えるということによりモラールが向上するということを意味する。こぶし園の離職率は五％ぐらいで、私の知る限りレベルの高い仕事をしている法人ないし事業所の離職率は、ほぼこの自然離職率といえる水準のようだ。事業経営モデルの革新によって離職率を減らすことができる。このことは介護経営を考える上で重要な論点である。

第二に、こぶし園モデルの重要なノウハウがある。これは、「サポートセンター永田」以来の事業展開の原則となったものであるが、居住部分については法人が所有せず、地元の業者に建設を委ねて、こぶし園はケアサービスを受け持つという方式を導入した。

これは、不動産所有者にとっては、賃貸市場の環境の変化によって借り主が見つからないような状況下で、継続的かつ安定した貸し先が見つかったということを意味する。その一つの完成型が「摂田屋」ということになる。設計については、こぶし園のノウハウが活かされ、サービスと居住部分の分離が理想的に実現しているように思われる。これも地域資源の活用ということであり、地域とウィンウィンの関係が生まれているということを意味する。不動産所有者にとっては、これから増大することはあっても減ることのない高齢者のサービス需要に応えることにより、資産が遊休化せず、資産価値が復活してくるということを意味する。

一方で法人側から見ると、固定経費として資本投資が極小化できるというメリットがある。それにより介護報酬を人件費部分に投入する余力ができるから、市役所を上回る給与を支払うことを可能にする。これも事業モデルとして非常に重要である。しかも、施設に加えて必ず居宅サービスをセットにして地域拠点をつくっていくことにより、施設入所者をはるかに上回る地域の要介護高齢者に、ＩＣＴ（情報通信技術）も駆使してフルタイム・フルサービスという水準のサービスを提供できる体制をつくった。(5)

固定経費を抑えて事業経営が可能になるので、これからの経営モデルとしてのイノベーションと考えられる。内部留保の理由について施設建て替えに必要という弁明がよく行われるが、こぶし園の事業モデルは、そのような内部留保は最小限に抑えられるということを明らかにした。さらに付言すれば、こぶし園の職員は有資格率が極めて高く、在職中にも資格取得を強く勧奨している。これもケアの質を維持する最低条件となる。

第三に、地域展開にともなった地域拠点に必ず設置したキッズルームと居酒屋の意味を考えてみたい。

キッズルーム

居酒屋

地域の多様な住民が集まる拠点機能を形成するという意味ばかりでなく、介護事業に地域の目が入り質の維持にも貢献できるし、地域住民にとって、将来の介護サービスの利用者としての自分が利用できる介護サービス像というものを体感できる貴重な場になっている。キッズルームについて言えば、これは自分の孫、ひ孫である必要はないわけで、賑やかに騒ぐ子どもの声というのは高齢の方にとっては何ものにも代えがたい元気のもとであることは疑いを得ない。

そしてここが地域拠点になることによって、「我々のサービス拠点だ」、「私たちのコモンズとしてのサービス拠点である」という意識を創り出していく。地域の生活空間を考える上で大変アクチュアルな舞台装置を提供していることになる。宇沢弘文が晩年の仕事として、「社会的共通資本[6]」の研究をしたが、こぶし園の地域拠点施設は、そういうものを具体的に創り出したとも言える。

このように地域に溶け込み、住まいと施設は連続化しているにもかかわらず、法的にみると建築法規や消防法規も含めて「私」としての住まいと「公」としての施設という昔ながらの二分法が支配している。しかし、このような二分法を克服するためのヒントも、まさにこぶし園モデルの中に隠されている。

おそらく小山は、最終的な姿を特養のような管理型の施設を脱し、介護が必要になっても、住まいの中で生活を継続することが可能になるような姿を描いていたに違いない。地域の中で住まいとケアサービスが共存する、というビジョンを描いていたのではないだろうか。

地域包括ケアシステムのモデルと小山剛の仕事

小山剛の実践はまさに、地域包括ケアシステムが目指した包括的支援のシステムを具体的な姿として示してくれた。また、非営利法人としての社会福祉法人のあり方を追求した、介護経営のプロとしての事業モデルを示してくれた。

地域包括ケアシステムでは、事業者はそれまで提供していた個別の単一の事業を、地域包括ケアの目的に即して分化発展させていかなければならない。小山のこぶし園は特別養護老人ホームの事業経営から出発して、在宅要介護者へのフルタイム・フルサービスの必要性からショートステイ専用施設を分岐させた。これをさらに地域に展開し、フルタイム・フルサービスを目指して居宅サービスを展開し、これとともに、居住施設を地域に埋め込むために、サポートセンターと小規模特養、小規模多機能型居宅介護および、地域住民の参加の場をこれに組み込んだ。さらに特養の居住環境はできるだけ住居に近い形態を目指した。

小山剛の仕事は、奇しくも同じ膵臓がんで早逝したアメリカ・アップル社のスティーブ・ジョブズと対比できると思う。共通するのは、プロの経営者として既存の事業の再定義をしたことにある。これは電子機器であろうが、ケアシステムであろうが両者に通底するのは、既存事業に新しい意味を与え、社会の需要に応えたことである。その意味で真の社会的イノベーションをもたらす仕事であった。

小山剛は介護の世界において、シュンペーターのいう「新結合」を創出したイノベーターであった。

1）シュンペーター著、塩野谷祐一、中山伊知郎、東畑精一訳『経済発展の理論』上巻（原著一九二六年刊、訳書一九七七年刊）第二章経済発展の根本現象参照のこと。岩波文庫版。

2）本稿で特記したもの以外の「」で括った部分は、小山剛「施設機能の地域展開からのアプローチ」（髙橋紘士編『地域包括ケアシステム』）からの抜粋である。また、図の注記以外のものは、小山剛が生前作成し、講演等で利用した図を使っている。また、この図に筆者が注記を加えたものもある。

3）介護保険法施行前夜の一九九九年に小山剛が中心となって出版した『介護保険サービスと在宅サービス――ショートステイを中心として』（全国介護保険実務研究会編著、大成出版社）では、こぶし園を「包括的支援の拠点として」という標題で取りあげ、ショートステイ専用施設の意義について論じている。

4）このサポートセンターは後に、中越大震災の復興の中で「介護災害を防ぐ生活支援システム」として、地域で暮らす要介護高齢者等の支援システムとして重要な役割を与えられる（のちに、同名で書籍化された）。東日本大震災では国の復興プログラムのなかにサポートセンターが組み入れられることになる。

5）生田正幸「サービス提供記録からみた小山剛の取り組み」（『小山剛の拓いた社会福祉』収録　中央法規出版）。

6）宇沢弘文『社会的共通資本』（岩波新書、二〇〇〇年）八四ページにおいて、コモンズを「ある特定の人々の集団あるいはコミュニティにとってその生活上あるいは生存のために重要な役割を果たす希少資源そのものか、あるいはそのような希少資源を生み出すような特定の場所を限定して、その利用に関しての特定の規約を決めるような制度を指す」と定義されている。

小山　剛　（一九五四～二〇一五年）高齢者総合ケアセンター「こぶし園」の総合施設長。一九七七年、東北福祉大学卒業後、知的障害児施設「あけぼの学園」・重症心身障害児施設「長岡療育園」の児童指導員を経て「社会福祉法人長岡福祉協会　高齢者総合ケアセンターこぶし園」に主任生活指導員として勤務。同センターの総合施設長、同法人の理事・評議員・執行役員・首都圏事業部相談役を務める。

〈参考文献〉

『小山剛の拓いた社会福祉』萩野浩基編、長岡福祉協会編集協力、中央法規出版　二〇一六年

『地域包括ケアの原点――小山剛の仕事』辻哲夫・宮島俊彦ほか編、第一法規出版　二〇一九年

□高齢者総合ケアセンターこぶし園ホームページ　http://www.kobushien.com

2章　三方よし研究会と地域まるごとケア　近江の国柄

地域包括ケアでいう「地域」とはなんだろうか。各種の専門職の活動が地域住民を巻き込み、文字通りフォーマルとインフォーマルなセクターが協働するシステムが各地で構築されつつある。その典型事例が東近江《ひがしおうみ》市で展開してきた三方よし研究会である。そのいきさつを述べ、さらに歴史的背景に遡ってその意味と拡がりについて考えてみる。

三方よし研究会の由来と活動

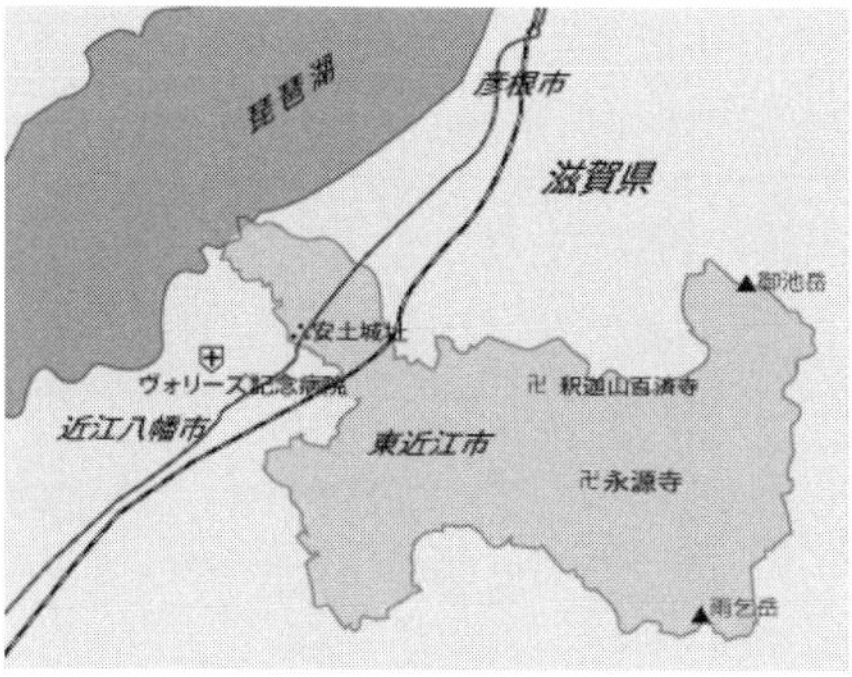

東近江市

東近江市は滋賀県の東部にあって、二〇〇五年に一市四町（八日市市、永源寺町、五個荘町、愛東町、湖東町）が合併し、その後、能登川町、蒲生町を編入。人口約十二万人で、鈴鹿山脈から琵琶湖岸まで東西に長い市域（三八八平方キロ）を持つ。

二〇〇七年九月、この東近江市及び隣接する近江八幡市、日野町、竜王町を所管する東近江保健所の当時の所長角野文彦氏の呼びかけで、当時施行された医療法改正に対応し、医療機関の機能分化と連携を推進するために、地域の関係機関に呼びかけて発足した東近江地域医療連携ネットワーク研究会がその前身である。以下、代表者の小串《おぐし》輝男医師の記述（高橋紘士他編『地域連携論』一五章　オーム社）によって、この研究会の展開について述べる。

当初、参加者は四十人足らずで、リハビリ関係者、地域連携室、看護師、病院、医師会などのメンバーが手弁当で参加した。研究会のモットーは「患者にもよい、病院にもよい、地域にもよい」というもので、まもなく、近江商人の家訓にちなんで「三方よし研究会」と名付けられ、今日にいたっている。なお、東近江市の五個荘地区は、近江商人を数多く輩出したことで有名な地域である。

脳卒中クリティカルパスの運用からの展開

発足当時、三方よし研究会は「脳卒中クリティカルパス」の運用を目的として、月一回の会合を続けた。医療機関相互の利害関係を克服しながら模索を続け、「手引き書」を作成。会合は車座方式で自己紹介も欠かさず、参加者同士の「顔の見える関係」づくりが意識された。そのことがふだんの案件への対応にも活かされることになる。さらに、「できることから始め」「走りながら考える」というプラグマティックなアプローチがとられてきた。手引き書も使いやすいものにするため、何回も改定された。

当初は東近江保健所が会場であったが、やがて地域の各機関の持ち回り開催方式になり、医療機関、介護施設、公民館、飲み会つきホテル（？）など、地域の諸資源を経《へ》めぐる方式になっていった。これはそれぞれの機関の役割を共通認識にするために役立ったようだ。さらに、参加者もリハビリ関係者、看護師、地域連携室など多様になり、医師についてはあえて医師会に動員をかけず、徐々に自発的な参加を促す方針がとられた。

また、それぞれの専門職の活動が紹介されることによって、その専門性への理解が多職種によって共有されていった。同じ専門職同士でしか理解できないジャーゴンワード（専門用語）も、他職種への説明の経験や車座討論での意見交換によって、相互に理解可能なものにしていく努力がなされることになった。

脳卒中クリティカルパスの運用によって発症の危険因子が明らかにされ、それが地域のそれぞれの専門職で共有されていくことによって、生活習慣病予防が共通認識になっていく。そうすると、研究会のメンバーがそのことに着目し、新しいプロジェクトを提案するということも可能になっていった。また、パスの利用者の転帰（病気の経過・進行により次のステージに移ること）の検討から、在宅復帰の可能性が大きいことが明らかにされるとともに、診療計画の阻害要因の検討から、地域リハビリテーションが有効に機能する条件の模索が始まる。こうして、在宅での支援体制の必要性への共通理解が深まり、医療と介護の連携を現場で実践することにつながっていく。

小串輝男医師と「三方よし手帳」

クリティカルパスについては、慢性腎臓病、糖尿病、がんのパスについて会員有志が取り組み、運用が始まっている。この地域の患者さんが持つ「三方よし手帳」はその成果であり、地域医療の要として機能している。このようなクリティカルパスの構築から出発した三方よし研究会は、その視野をまさに地域の多職種、市民、行政職をも巻き込んだプラットフォームに展開していった。

地域プラットフォームの成長と展開

小串医師によると、その大きな原動力が、当初からこの会に参加していた「ＮＰＯしみんふくしの家　八日市」の小梶《こかじ》猛氏であったそうだ。

専門用語の飛び交う会に市民の立場から参加し、市民に研究会の成果を提供していくプロモーターの役割を果たした。「市民が考える医療フォーラム」などの開催によって、市民への啓発と同時に、市民のパートナーとしての専門機関、専門職の立ち位置について、この研究会で考える機会となっていったことは特筆されてよい。専門職に閉じてしまっては実りの薄い活動に堕《だ》してしまうということだろう。こうして地域に開かれた連携活動となっていき、まさに地域のプラットフォームに成長していったのだ。

三方よし研究会（2020 年）

三方よし研究会の特筆すべきことは、来る者は拒まずという精神で運営されていることかもしれない。東近江だけではなく、隣接地域はもちろん遠く離れたところからも、バックグラウンドを問わず、快く参加を受け入れるオープンな体質がこの会のすぐれた特徴である。

会が運営している三方よしネットは二〇二二年時点で七百人を超える参加者を数えるが、いまや全国各地から、専門職に限らず、行政官、ジャーナリスト、議員、研究職など多様な人が参加するに至っている。私の知る限り、参加者は北海道から南は沖縄県にまでに及ぶ。そして、少なからぬ人が地元の地域で「子三方よし」活動に取り組んでいる。

チーム永源寺

東近江市の三重県境にある永源寺地域は名刹永源寺で知られる観光地としても有名なところであるが、農業地域でもあり、過疎化に直面し、高齢人口も大きな割合となっている。

この地域に開設されている国保診療所の所長が花戸貴司医師で、三方よし研究会の中心メンバーの一人である。研究会メーリングリスト（ＭＬ）の管理者でもあり、永源寺地区での花戸医師の活動が折に触れて日記のように配信される。これは含蓄にあふれた診療録だけでなく、地域の人々の生病老死の機微に触れた便りとして毎回、いろいろな気づきをもたらすので愛読者も多い。また、ＭＬを通じてメンバーのさまざまな情報交換が行われ、多様な意見の開陳もみられる。

氏の活動は『ご飯が食べられなくなったらどうしますか？——永源寺の地域まるごとケア』（農山漁村文化協会　二〇一五年）として上梓された本にまとめられた。同書には『いのちつぐ「みとりびと」』シリーズ（農山漁村文化協会　二〇一二年〜）で知られる写真家の國森康弘氏が撮影した永源寺の人々も掲載されており、それにより永源寺の人々の暮らしとケアの姿が鮮やかに見えてくる。

同書の標題は、「人生の最終章を迎えようとしたときに、どのような治療を受けたいか、そしてどこで生活をしたいか」ということについて、花戸医師が日々の診療のなかで患者に問いかける言葉からとられている。自分の住まいで最終章を迎えるという意思を表明すると、まさに、医療が支配するのではなく、さまざまなケアチームが活躍することになる。同書のはしがきで花戸医師は、「この地域の人たちは年老いても病院や施設に入るより自宅にいることを当然のこととされ、長年住んだ家で家族や友人に囲まれながら静かに枯れるように息を引き取っていく。永源寺地区では、在宅看取りの割合は五割を超える」と述べている。

このような地域はどのようにして成立可能なのだろうか。その答えはこの本に譲るとして、在宅看取りを可能にするための支援の輪があり、それは花戸医師が「チーム永源寺」と名付ける多職種のネットワークである。そ

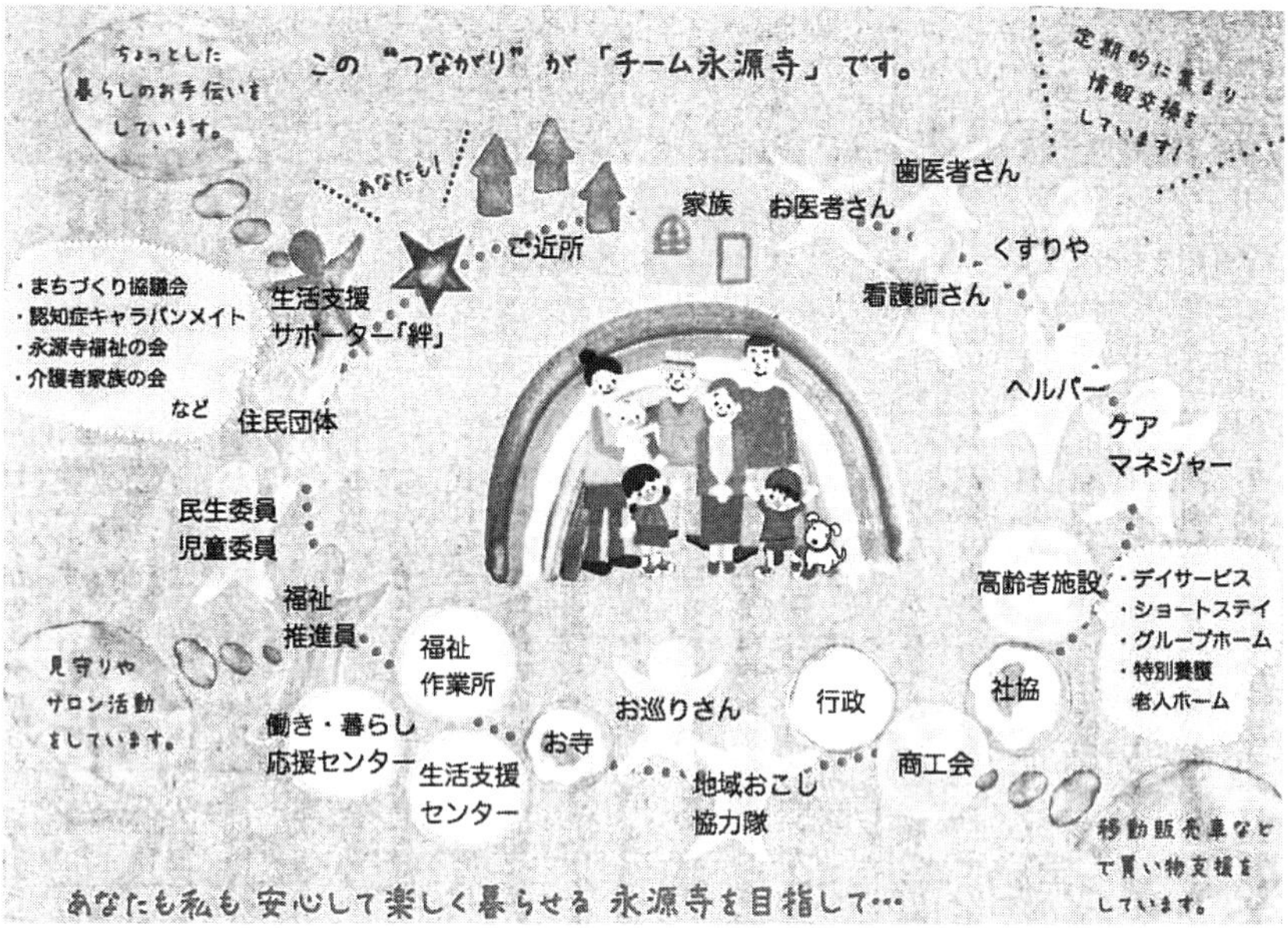

図１　チーム永源寺

のネットワークには医師、看護師、薬剤師、ホームヘルパー、ケアマネジャーなどの医療・介護の専門職だけではなく、住職、警察官、商店主や従業員なども含まれる。家族はいうまでもなく、「近助」を担う地域の人、またさらには一人暮らしの認知症の高齢者に飼われる犬までが含まれる。

花戸医師に言わせれば、医師はそこでは「刺身のつま」のようなものとのこと。訪問診療は通常は月一回、もちろん何かあれば臨機応変に往診するが、ケアの主役はその人その人の事情によって編成される「チーム永源寺」である。

上の図を見れば、まさに地域「まるごと」ケアのイメージを共有することができるだろう。重要なのは、この地域のつながりが、伝統的な共同体が残っているからだけではなく、地域を支えるためのケアシステムを自覚的に構築してきたことから実現されているということである。だから、このような試みは都市でも別の手法で可能かもしれないのだ。これを小串医師は「都市に田舎をつくること」と主張する。

「三方よし」とは何か

（以下は二〇一六年三月「三方よし研究会」百回記念講演による）

これらの活動の歴史的、精神的基盤とも言える「三方よし」が生まれた地域、さらに近江商人について今少し考察を続けたい。近江の国柄を考える上で歴史を通覧すると、いくつかのキーワードがある。

第一に、「三方よし」の語源は近江商人の家訓にあるといわれているが、「売り手よし、買い手よし、世間よし」というフレーズで表現されている「三方よし」がどのような来歴と由来であるか。「近江商人」というものの存在形態との関わりで理解する必要がある。

第二に、戦前、近江八幡に定住し、布教活動を展開して多様な社会事業で今日まで大きな影響を与えた「ヴォーリズの仕事」がある。彼の仕事は周知のようにキリスト教の布教活動に止まらない広範な活動であった。その意義を考えてみたい。

第三に、湖北の菅浦《すがうら》集落で発見された「菅浦文書」に見られる、荘園制度解体後に中世から戦国大名の浅井氏の支配に組み込まれるまで確立していた集落自治の流れから見える「惣村《そうそん》」である。この歴史的存在は今日の近江に伏流水のように影響を与えているのではないか。この現代における復活が、「三方よし研究会」もそのひとつの構成要素である、「東近江魅知普請曼荼羅《みちぶしんまんだら》」（一八三ページ）で表現される重層化した地域の諸活動の曼荼羅絵に表現されているのではないか。「三方よし研究会」が提起する地域まるごとケアとは、まさに「魅知普請曼荼羅」の世界観の中でとらえ直しが必要なのではないか。その上で「三方よし研究会」が目指す地域包括ケア「地域まるごとケア」の姿を考えるヒントを提起できればと思う。

地域まるごとケアにおける地域の考え方

「地域」という言葉は実に厄介な多義的な概念である。エリアとして地理的範域としてみることもある。あるいは、行政の区画としての行政単位としてもとらえられる。しかし、コミュニティという意味で地域社会をとらえると、機能的範疇とは異なる視点での理解が必要となる。

ご当地としての地域ということになると、歴史の重層的な視点から地域の来歴を考えながら、地域とは何かという問題に答えを出す必要がある。それぞれの地域を彩る国柄をどうとらえるか、その視点は普遍的な制度の言葉遣いでは忘れられがちになる。Global、Local、Community という三元構造のなかで Community としての地域社会がどのように持続可能となるのであろうか。その条件を考察する必要がある。

Global、Local という二元論は、冨山和彦の『なぜローカル経済から日本は甦るのか――GとLの経済成長戦略』（PHP新書、二〇一四年）からヒントを得た。冨山は、日本の経済がグローバル圏で活動する企業とローカルな経済圏で活動する企業の違いを認識する一方で、それぞれの経済圏の実態、特性を認識せず、それぞれの問題を共通の尺度で考えることの誤りを指摘し、説得力に富んだ興味深い論考を展開している。その内容は冨山の著作に譲るとして、これに、Community という第三の次元を導入してみたい（図2）。

人々の生活の営みは日常生活圏としての地域社会のなかでの地域生活として具体的に展開する。そこでは顔の

図2　地域のとらえ方

見える関係として「親近性」が重要な役割を果たし、その地域の歴史的、地理的な来歴に規定されつつ、固有の文化と個別の生活様式を持っている。

ところが、近代化に伴う経済的発展は、このような固有性を希薄化させる方向で作用する。都市文化の流入、中央集権による統制、市場経済の普遍化による、全国チェーン資本の流入による地場資本の衰退などなど枚挙にいとまのない変動によって、地域がフラットにならされてきたと言ってよい。地域の発展は外来者による開発(Development)によって、内発的発展（鶴見和子・川田侃編『内発的発展論』東京大学出版会　一九八九年）の機会を奪われていく、経済成長が一段落したときに「地域主義」「地域主権」「地域分権」が唱えられたものの、今日ではグローバリズムを奉じる新自由主義によって、地域は衰退に向かっているように見える。

翻って歴史を遡ると、江戸時代は幕藩体制のなかで地域ははるかに自立性を持っていたようだ。この江戸時代に、市場経済の進展が商人の活動を活発化させ、地域をつないでいく役割を果たしてきた。近江商人はまさにこのような役割を担って活動をしていた。彼らの活動から「三方よし」と言われる社会倫理が生み出された。

近江商人の系譜

三方よしの原典

「三方よし」という言葉の思想的原典は、一七五四年、現在の東近江市の麻布商人・中村治兵衛が養嗣子の宗次郎にあてた「宗次郎幼主書置」である。その一節に「たとへ他国へ商内に参り候ても、この商内物、この国の人一切の人々皆々心よく着申され候様にと、自分の事に思はず、皆人良き様にとおもひ、高利望み申さず、とかく天道のめぐみ次第と、只そのゆくさきの人を大切におもふべく候、それにては心安堵にて、身も息災、仏神の事常々信心に致され候て、その国々へ入る時に、右の通に心さしをおこし申さるべき候事、第一に候」（末永國紀『近江商人と三方よし──現代ビジネスに生きる知恵』掲載を引用）とある。

三方よしの元となった中村家の家訓による「その国一切の事」「仏神の事常々信心いたされ」という表現が「売り手よし、買い手よし、世間よし」というフレーズに変化したのは明治以降のことで、原文が発見され井上政共が紹介したものを、のちに近江商人を研究した経済学者小倉榮一郎によって神仏が「世間」に置き換えられたもので、昭和になって人口に膾炙したフレーズと解釈できる。

三方よしと生命保険

近江商人とは、どのような性格を有していたのだろうか。アメリカの日系二世で、江戸思想史の著明な研究者であるテツオ・ナジタの『相互扶助の経済──無尽講・報徳の民衆思想史』（みすず書房　二〇一五年）によれば、全国のそれぞれの地域の商品を媒介して、市場経済に投入するいわば、商社的機能を江戸時代に実現していたのが近江商人であった。伊藤忠商事はまさに近江商人の末裔である。そのなかからさらに独創的な仕事をした商人の一人として、弘世助三郎（一八四三～一九一三）をあげることができるだろう。

弘世助三郎は現在の彦根市に出生し、長じて多賀大社（犬上郡多賀町）の「講」をヒントに生命保険会社（現在の日本生命）を創業することになる。江戸時代から各所で発生した講組は相互扶助の例示としてあげられたが、金銭を融通する頼母子《たのもし》講《こう》あるいは無尽《むじん》として昭和時代まで延命し、信用金庫の母胎となった。システム化した相互扶助である共助としての保険がこのような講から始まったことは興味深く、単なる金融商品として以上の意味を保険というシステムがもっている。国民健康保険制度が地域での相互扶助による「定礼《じょうれい》（常礼）」から始まったといわれるように、相互扶助の組織化としての保険制度は人々の暮らしのセイフティネットとして大きな役割を果たす。弘世助三郎が多賀大社の講をヒントに保険会社を創業するのは、単に利を求めるだけではない商人の道徳と社会倫理を体現しているものとナジタは解釈している。まさに三方よしの展開としての社会倫理という理解が「世間」という言葉では覆い尽くせない意味をもっているということを物語る。

ヴォーリズの仕事とその意義

メレル・ヴォーリズ（一八八〇〜一九六四）はコロラド大学在学中に海外宣教の招命を受け弱冠二十五歳で英語教師として来日後、近江八幡を拠点に布教活動だけではなく多彩な社会活動を行った。近江ミッションという伝道の拠点だけではなく、来日三年目に建築事務所を設立。彼の建築は近江にとどまらず、明治学院、関西学院、神戸学院などのミッションスクールの建築だけでなく、主婦の友社をはじめとする民間建築によって、われわれにも身近に接することのできる建築を残した。とりわけ、近江八幡市に残る洋風建築は近江の風土ととけあって独自の景観をほこる。

　三方よし研究会のメンバーでもあるヴォーリズ記念病院も彼が創始した。現在のキャンパスにある緩和ケア病棟およびチャペルは、心に残る名建築でもある。その他、近江兄弟社学園などの学校、ヘルスケア製品を世に送っている近江兄弟社など、一人の事績としては巨大な社会事業を展開した。

　彼もまた、キリスト教の伝道にとどまらない、近江商人の衣鉢をつぐ三方よしの実践者であった。三方よしの持つ意味をキリスト教に即して普遍化したと言ってもよいだろう。

ヴォーリズ記念病院

惣村から「東近江魅知普請曼荼羅」まで

惣村は、「すべて」という意味の「惣」という言葉が冠されているように、高度な自治を実現した集落のことである。荘園制度の解体のなかで、ムラの構成員が「乙名」と呼ばれるリーダー層の指導によって自治を実現していった歴史は、いくつかの啓発書に詳しい。

網野善彦がその著作で力説するように、ムラを農耕民として一元的に理解するのは誤りのようだ。百姓という概念も農耕民としてだけではなく手工業者、商業者、交易者など多面的に理解しないと誤る。おそらく、近江商人もそうした惣村の伝統から出自し、商業に従事するようになっていったのであろう[1]。

地域自治の伝統はその後の時代にも脈々と近江で受け継がれてきたのだろう。

江戸から明治に入って文明開化と富国強兵のもと中央集権化により自然村は行政村に再編され、農業と商工業が分岐し、農本主義イデオロギーのなかで農業の固定化が進んだ。また、工業化、都市化のなかで地域は変容していく。高度経済成長はまさに農村と都市の対立、補完、依存関係を再生産して、公共事業による開発の受け皿としての地域へと変容していく。

高度経済成長の終焉とともに、都市の豊かさを地方に分配することによって支配構造を維持するという手法が限界を迎える。地方から始まった高齢化は都市に波及し、あらためて都市、地方関係のあり方を問い直す時代に、新たな相貌をもって、惣村の伝統に連なる地域自治の再構築の時代が到来しているといえるのかもしれない。

その意味で東近江《ひがしおうみ》魅《み》知《ち》普請《ぶしん》曼荼羅《まんだら》に描かれている、東近江における多様な地域活動の曼荼羅絵のインパクトは大きい。普請とは「普《あまね》く人々に請《こ》うことであり、禅宗の信者が力を合わせて作業に従事するという意味であったが、後には寺社普請としてまたは、集落において受益者が合意して作業に従事することも指すようになった」

図3　東近江魅知普請曼荼羅

（ウィキペディアによる）。

三方よし研究会もその一つの構成要素の位置づけに過ぎない。このような曼荼羅絵を構成する個々の、しかし多彩に市民活動及び専門職や生業に従事する人々による自主的かつ創意工夫に満ちた活動である。生業からボランタリーまで、環境、エネルギー、食、ケアなどを横断的に越境する地域活動は、制度の縦割りを超えて、すべての市民によって担われている。まさに地域から「生えてきた」（唐澤剛氏のホームホスピスについての評言）諸活動が曼荼羅絵のなかに集約され、可視化されているのだ。地域自立、自主決定、多領域、分野横断的越境と協働がこの魅知普請曼荼羅に描かれたキーワードといえるのではないか。

地域まるごとケアと三方よし

三方よし研究会は「患者よし、機関よし、地域よし」という医療介護に即して三方よしを再定義している。もともとが地域連携パスから始まって、今や医療介護資源を分野横断的に繋がる地域プラットフォームに成長した。もう一つ地域まるごとケアが可視化しているのは永源寺の「チーム永源寺」のビジュアルな概念図（図1　一七六ページ）である。そこでは地域まるごとケアは専門職だけではなく、地域の関連の機関、そして地域の人々が惣《す》べて参画するチームなのである。

地域包括ケアシステムは、これを構成する多様な主体の「規範的統合」が行われる必要がある（筒井孝子による）。事業者はそれまで提供していた個別の単一の事業を、地域包括ケアの目的に即して、多様なサービスや支援に分化・発展させていかなければならない。医療法人や社会福祉法人あるいは営利企業の介護事業者は、それまで経営していた医療介護サービスから出発して、利用者を抱え込む形で複合化していく可能性がある。これは総合事業化を目指す垂直統合へのベクトルである。ここでは利用者や地域は排除され、事業者の収益最適モデルともいうべきものになり、極めて高コストの統合モデルである。

それに対して、チーム永源寺は事業主体を多元的にネットワーク化して、地域住民参画も含めて統合化する方向がある。これは「水平的統合モデル」と名付けられる。比喩的に言えば、前者がスイカ型で、後者はブドウの房型といえるかもしれない。ブドウの房型水平的統合モデルが成立するためには「三方よし研究会」のような地域プラットフォームが不可欠である。

顔の見える関係性のなかで、どのような支援が利用者に相応しいか、専門的支援とインフォーマルサポートを組み合わせる条件はなにか、などに関する規範的統合を成立させるための培養器としての、規範の共有化を可能にするメディアとしての役割、市民への情報発信の役割が担われている。多様な住民参画を前提にしつつ、専門職の協働が成立することになる。これが三方よしモデルの意義である。

おわりに

芭蕉が近江との関わりの強さをものがたる発句を紹介して終わりにしたい。

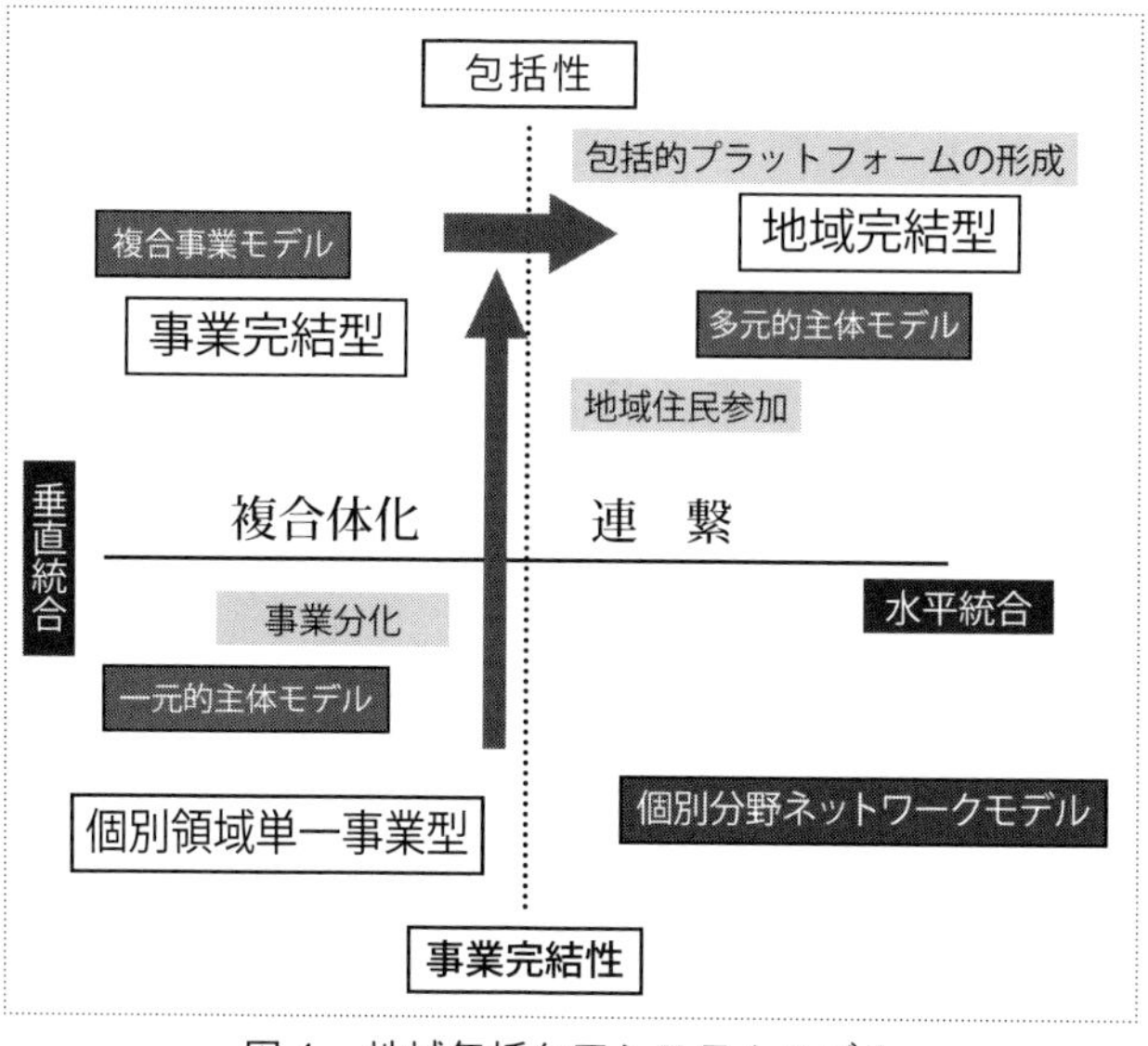

図４　地域包括ケアシステムモデル

行く春を近江の人と惜しみけり

この発句をめぐって芭蕉の弟子の去来《きょらい》が次のような文章を残している。

先師いはく、「尚白が難に、『近江は丹波にも、行く春は行く年にもふるべし。』と言へり。なんぢ、いかが聞き侍るや。」去来いはく、尚白が難、あたらず。湖水朦朧として春を惜しむにたよりあるべし。ことに今日の上に侍る。」と申す。

先師いはく、「しかり。古人もこの国に春を愛すること、をさをさ都に劣らざるものを。」

去来いはく、「この一言心に徹す。行く年近江にゐ給はば、いかでかこの感ましまさん。行く春丹波にいまさば、もとよりこの情浮かぶまじ。風光の人を感動せしぶること、まことなるかな。」と申す。

先師いはく、「なんぢは、去来、ともに風雅を語るべき者なり。」と、ことさらに喜び給ひけり。

芭蕉は永源寺から南に下った伊賀上野の生まれであった。近江の人と語ることは、単に近江の風土を愛でるだけではなく、近江の人々の気風と接することをこのうえなく喜んでいたに違いない。

1）蔵持重裕著『中世村の歴史語り――湖国「共和国」の形成史』（吉川弘文館、二〇〇二年）、網野善彦「湖の民と惣の自治」「菅浦の成立と変遷」（『網野善彦著作集第十巻　海民の社会』岩波書店　二〇〇七年）

□三方よし研究会ホームページ　http://sanpo-yoshi.blogspot.com

3章　ケアの意味と新たなかたち

宅老所よりあい、ホームホスピス、あおいけあの実践

ケアとは依存状態にある人への配慮および援助のことをいうが、多義的多層的な内容を含む。今日では、専門的ケアの制度化によって、ケアは専門分野にまたがる内容を含む。我が国での用語法に従うと、ケアという言葉は、医療、看護、介護、介助、監護などそれぞれの分野に分断されて使われる。そのためにその意味と内容は硬直化し固定化されてしまう傾向があるといえるだろう。

介護という概念の変遷

今日、ケアの概念はあらためて揺らぎの時代を迎えているように思う。とりわけ、医療、看護、介護及び福祉などの専門分野の役割・機能が相互に浸透しあってきている。したがって、これらを包括するケア概念を再考し、その上で、医療、看護、介護、福祉の相互の位置関係を考え直す必要が生じている。とりわけ、地域包括ケアシステムにおける包括的支援という分野横断的なケアシステム形成と、自助、互助、共助、公助という概念との関わりで展開してくると、専門用語としてのそれぞれの概念が必ずしも自明ではなくなり始めているように思われる。

これらの問題を念頭におきながら、なかんずく介護という概念の再構築が必要とされているように思われる。

今日の意味でいう「介護」という言葉が使われるようになったのは、欧米のナーシングホームを参考として創設された特別養護老人ホームの制度化以来である。欧米のように看護師を想定することができなかったため、当時「寮母」と呼ばれた無資格の職員を介護職と呼ぶようになった。その後、一九八六（昭和六十一）年の老人保健施設の創設時に、老人保健法のなかで看護職とともに配置される職員を「介護職員」と呼ぶこととした。これがいわば、介護の第一段階といえるだろう。

さらに、八七年に「介護福祉士」が法制化されるにあたって、法のなかに「入浴、排せつ、食事その他の介護」を業として営む者とされた。これが第二段階で、その後二〇〇七（平成十九）年にこの条項は改正され、「心身の状況に応じた介護」とされた。

前者の介護概念が脳血管疾患の後遺症等を中心とする、いわゆる「寝たきり老人」の介護を想定した定義であることはいうまでもない。ある意味では、当時の事情によって介護概念が狭く定義されてしまい、法文上、これを後日修正したともいえる。すなわち、介護保険の導入以降、〇六年改正において、寝たきり老人モデルに加えて認知症モデルを想定した。これに対処するために、ユニットケアや小規模多機能型居宅介護など日常生活圏における地域密着型サービスが導入された。これらを背景に介護概念をさらに展開させようとした政策と連動した改正であった。

介護施設では個室ユニットケアが奨励されたものの多床室が残存し、既存の特養が個室転換することは希で、また老健施設や療養病床は多床室が主流であり続けている。現実には、脳血管疾患後遺症モデルは相対的に減少しつつある。これらの疾患による生活機能低下は今後予防の普及によって減少が予想され、むしろ廃用性症候群領域の認知症をはじめとするフレイルとがん、心臓疾患などが主流化していく。とすれば、次の段階の介護のあり方の議論が改めて必要とされるということを意味する。その議論の前提として、介護とケアの関係をもう一度考えておく必要があるのではないか。ケア技術論もさることながら、その前提の検討が必要である。

ケアの語源と分化

ケアの概念やあり方は、日常用語としてのケアの意味と専門用語が相互作用を伴いながら、ケアのあり方が変遷してきている。しかし、日本語の用語法では、ケアの多層性がそぎ落とされ、専門用語と日常用語が分断されざるを得ない。ゆえに、その内実がある意味では貧しくなってしまっていることも事実である。

長い歴史の流れの中から、依存性に対応するための行為としての「ケア」が成立してきた。「ケア」についてあるイギリスの学者は、「家族の文脈のなかで愛情とか義務とか、よき生活とか、責務とか、相互性といったような多義的な文脈で使われてきた。そして触ること、行為、情愛、身体表現などによって表現されてきた。一方で、ケアは社会関係や相互作用のなかでわれわれのアイデンティティの基礎でもあった。しかも、また、家族の外部におけるヘルスケアやソーシャルケアにおける関係性の基盤をなすものでもある」と述べている。

語源学からケアの意味を検討しておこう。Oxford English Dictionary（On-line版）によれば英語の Care の語源は、古英語の Caru あるいは Cearu 、古ドイツ語の Chara などに由来する。日本語にすると、「心配、心配事、悲嘆」などという原義が、「関心、配慮、心遣い」などに転じ、これに「世話」などという意味が導入され、一九三〇年代に Protection と併用されて法律等で使われるようになった。

また、医療との関わりで Care という言葉は十七世紀半ばから用例が見られる。Care assistant あるいは Caregiver という用語は一九六〇年代以降から見られる。Care worker は八〇年代以降の用語である。

Care と関係の深い Cure は、Care と同義の精神的負荷といった意味から転じて、十四世紀から十五世紀以降、

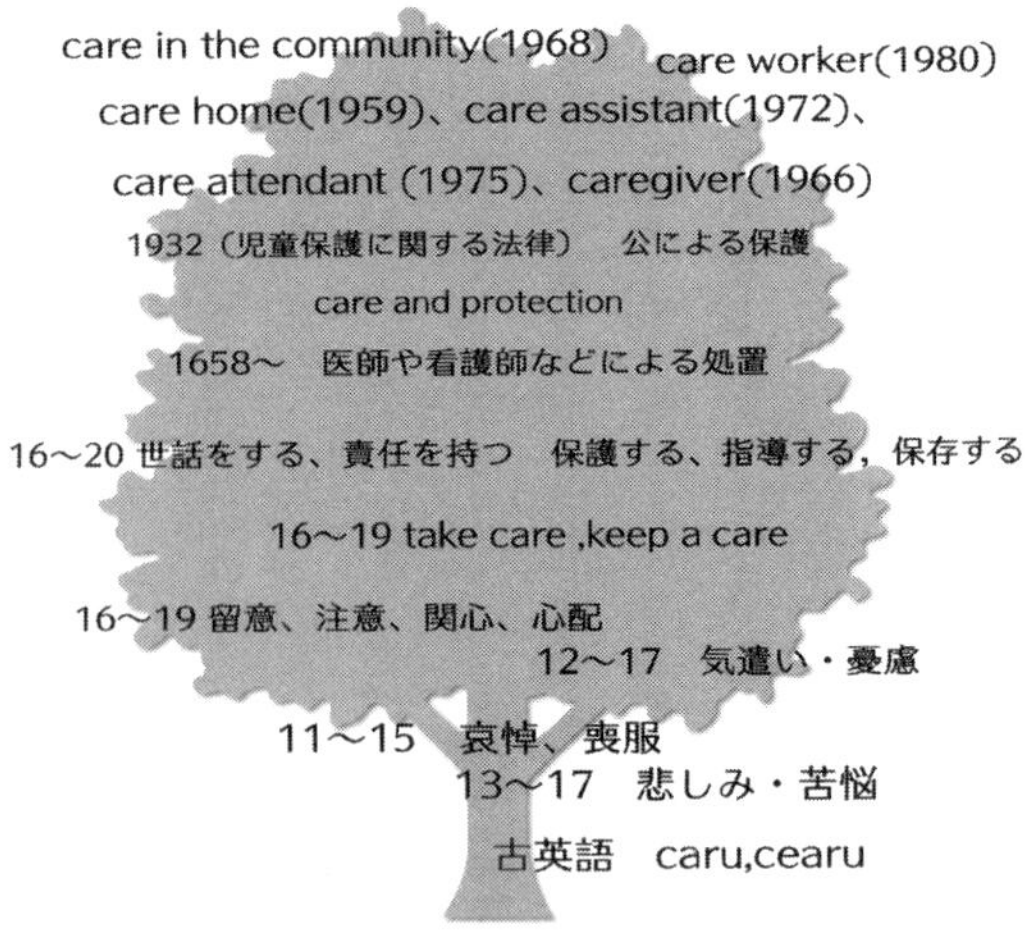

図１　ケアの意味の変遷
Oxford English Dictionary On-line 版による
２桁の数字はこの意味で使われた時代を世紀で表示、西暦年号はその語の初出の年次（髙橋紘士作成）

「疾病の治療」という意味が加わって、Care の語義から分岐していったようだ。

このように、日常語としての意義に専門用語が被さって、今日使われるような専門用語としての意味で使われるようになっていく。すなわち「心配、悲嘆」などという気分・情緒を表す層と、「世話、配慮」などのケアの対象との関係を表す層と、そしてさまざまに分化した専門用語化した層の重層性を留意しながら、Care についての考察を進める必要がある。

しかし我が国では、先にふれたように Care が互いに脈絡のない、「気遣い」、「心配ごと」、「手入れ」、そして専門用語としての「メディカルケア（医療）」、「ナーシングケア（看護）」、「介護」などに使い分けられた。相互の脈絡が断ち切られてしまうことが、ケアの理解にある歪みを生じさせているのかもしれない。

新たなケアのかたちの模索、実践

小規模多機能型居宅介護、宅老所よりあい

おおまかに言うと、家族の固有機能と見なされるケアの範囲と、家族の機能と見なされないケアの範囲とは何

か。家族の変貌のなかで、その機能論とともに、家族から外部化されて、社会によって提供されるケアがどのように制度化されてきたのかがケア論の前提となる。〇六年の介護保険制度改革で、地域密着型サービスが導入された。新しく導入されたのが小規模多機能型居宅介護で、「通い、泊まり、訪問」の三種のサービスを提供するというものだ。これが、介護保険サービスとして制度化された。

これが制度化される以前に、熊本で同様の試みを始めていた小規模多機能型居宅介護の創始者の一人である川原秀夫は「寄り添う支援」という概念を創唱した。また、一九九一年、下村恵美子が福岡市中央区の寺の庫裏を借りて開設した宅老所「よりあい」の活動などもその原点である。

当時の主流は、特養などを中心とする三大介護と呼ばれた介護行為であり、「寝たきり老人」の生存維持を目的に多床室での集団ケアによる管理的処遇であった。当時増加してきた在宅で生活する認知症の高齢者への対応は困難であったが、これらの人が施設入所すると寝たきり状態をつくってしまう。このことに飽き足らないケアの現場の経験者たちが始めた新しい実践であった。

当時、ぼけ（認知症）を抱えたお年寄りたちに「行き場」と呼べる場所はありませんでした。既存のデイサービスでは対応できないことを理由に、利用を断られることが多かったのです。

そのため、当事者が孤立することはもちろん、その家族も、二十四時間三六五日、認知症の親を抱え込み、孤立しながら介護せざるを得ない状況にありました。

「宅老所よりあい」は、そういった社会のありようを背景に、いつのころからか、ぼけを抱えたお年寄りたちの居場所となり、家族や地域の人々の拠点ともなっていきました。

〈中略〉

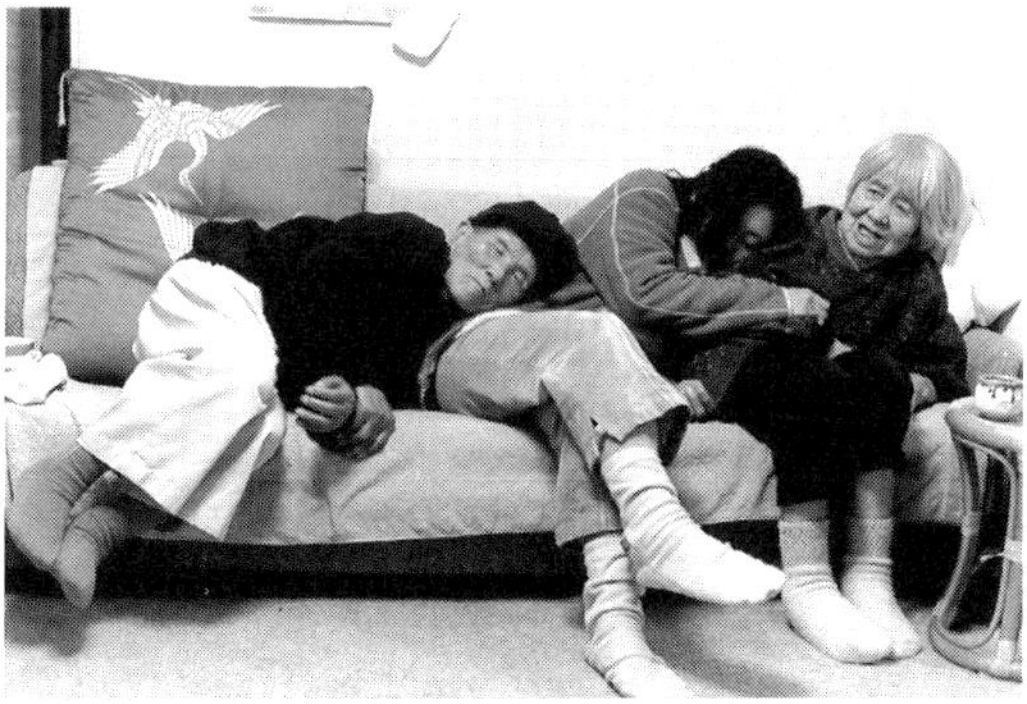

宅老所よりあいの昼下がりの風景

> 食べ物はおいしく食べたい。病院食のような管理された食べ物ではなく、普通の家庭料理を普通に食べたい。それもひとりぼっちで食べるのではなく、みんなで一緒にわいわい食べたい。
>
> おむつに垂れ流しは嫌だ。おしっこ、うんこはトイレですっきり自分でしたい。
>
> たのみもしないリハビリなんかしたくない。誰かが作った勝手な時間割で、自分の生活リズムを乱されたくない。それより昼寝を楽しみたい。お茶菓子に手を伸ばし、ほおばっていたい。昔話にも花を咲かせたいし、天気のいい日はふらりと外に出て、流れる季節を感じたい。
>
> そして、できることなら、住み慣れた街で最後まで自分らしく暮らしたい。見知らぬ場所で寂しく死ぬより、顔見知りの人々がたくさんいる落ち着ける場所で、穏やかに寿命を迎えたい。

（宅老所よりあい　ホームページより）

もし「宅老所よりあい」に理念と呼べるものがあるとすれば、そんな当たり前の願いや生活を「できるだけ支援する」ということだけです。

ホームホスピスのケア

さらに、宮崎市で創設された「ホームホスピス」運動がある。これは高齢者が共同生活を営み、看取りまでサポートする場であり、従来型の病院や施設でのターミナルケアへのカウンターモデルとして位置づけられる。この運動について筆者は、いくつかの特徴を下記に整理して述べたことがある。

第一に、ホームホスピスのケアは個別ケアの徹底である。ホームホスピスの居住者は多様な経路を辿って、ホームホスピスで暮らすようになった。共通点をあげるとすれば、従来型の医療施設や介護施設では十分対応できなかった方々である。身体状況も極めて多様である。また、共同生活の人数がおおむね五人程度と少ないなどの理由から、ホームホスピスのケアが究極の個別ケアとも言えるようなものになる。

第二に、病院や施設では生活の中断を余儀なくされてきたから、それまでの生活を継続するなかで生活を取り戻す。このことがホームホスピスの特徴である。生活の継続性のなかで意欲を取り戻すという効果がホームホスピスのケアにはある。

第三に、「とも暮らし」である。ずっと独身を続ける「ひとり暮らし」が増大している。そういう単身の人々が共同居住する新しい暮らし方が、いろいろなところで始まっている。コレクティブハウス、シェアハウスなど、いずれも個人が「孤人」ではなくなるための新しい暮らし方といえる。

第四に、ホームホスピスでは制度的サービスとインフォーマルサポートが豊かな形で相乗効果を発揮している。医療保険及び介護保険の制度サービスが、必要に応じて外付けで提供される一方で、家族代替的あるいは疑似家族的なサポートが日常生活の営みを支援するものとしてホームホスピスのスタッフから提供される。

第五に、さらに、近隣の住民が折に触れて声をかけたり、さまざまなバックアップをしている。地域に支持され支えられる関係は、文字通り、関係的資源を開発してきた賜物であることが見てとれる。よく使われ始めた概念を使えば、社会関係資本が豊かに開発されてきたということを意味する。

第六に、在宅でのターミナルケアは家族にさまざまな過度の負担を強制する。病院入院や施設入所の場合は家族関係が切り離され、人工的な関係になっていく。どちらも家族関係の日常性が喪われざるをえないといえる。ホームホスピスでは、家族の親密性が回復し、日常性のなかでご本人との関わりが回復していく。

第七に、地域とのかかわりのなかにホームホスピスが存在していることこそが、ホームホスピスがある意味で地域包括ケアシステムの一つの具体的な実現形態であるともいえる。

あおいけあの実践

新宿駅から約一時間、小田急江ノ島線の湘南台駅周辺はマンションや公営住宅、ＵＲ団地が建ち並ぶ典型的な新興開発地域である。そこから藤沢駅行きのバスで四つ目の辺りになると、古くからの農家と一軒家が建ち並ぶ新興住宅地が混ざり合うようになる。その界隈の「あおいけあ入り口」と付記された看板のある停留所を降り立つと、直ぐ右手に真っ赤なお稲荷さんの小さな社がある敷地に何軒かの家並みがある。その周囲の植栽のなかに、よく見ると、「グループホーム結」「小規模デイサービスいどばた」「小規模多機能型居宅介護おたがいさん」という看板が見える。ここが「あおいけあ」の事業所であった。

もっとも、デイサービスは現在は廃止され、サテライトの小規模多機能型居宅介護が増設されているとのこと。敷地といっても塀があるわけでもなく、昔の農家の作業場のような印象をあたえるだれでも出入り自由なスペースと、それぞれの事業所がいかにも地域密着型サービスにふさわしい佇まいで並んでいる。

隣地のお宅も塀なしで地続きで並んでいる。この敷地は近所の子どもたちの遊び場でもあるし、朝夕の通勤路ともなっている。文字通り、地域に開かれた空間とケア拠点が住宅地のなかに存在しているのだ。

この地域は、この土地で老境を迎えた高齢者と並んで、地方から家族に呼び寄せられた高齢者が多いとのことだった。配偶者を亡くし単身で生活していて認知症が進行し、一人では居住継続が難しくなり、呼び寄せられた高齢者で、日中独居のケースが珍しくないとのこと。そのような高齢者の利用者が少なくないそうだ。

敷地の一角の建物の一階には、サテライトの事業所と地域のレストランも兼ねた食堂がある。さらに二階には貸し室があり、近くの大学に通う学生にはボランティアに定期的に参加すると家賃が割引きされたり、生活保護受給でも住宅扶助を活用すれば住める低廉な家賃設定とのこと。この建物のテラスのあるスペースの二階にある、亀井野珈琲店というこの所在地の町名にちなんだ、四人用テーブルとカウンターだけのこぢんまりした喫茶店に、この「あおいけあ」の主宰者である加藤忠相《ただすけ》さんが待っていてくださった。

加藤さんいわく、それぞれの事業所は手狭でとても説明をする余裕がないので、この珈琲店でお話しすることが多い。また、職員の方々が休憩時に骨休めをするのも、この場所を使うようだ。元ケアスタッフの店主が一杯ごとにサイホンで淹れる珈琲の風味は格別であった。テラスは冬の日差しを一杯に浴びて、居心地の良い空間を醸し出していた。

二〇一八年十月に、東京都文京区で「介護・福祉から地域づくりの実践へ」と題された研修会が開催された。そこに加藤さんが招かれ、冒頭、「いつまで六十年前の介護を続けるのですか」という刺激的な問いかけにつづき、あおいけあの実践から導かれたケア論が展開された。以下、その講義録からのランダムな引用である。

> 質の高い介護とは何ですか？　介護の成功事例とは何ですか？
>
> 僕らが本当に考えなければいけないのは、「リスクをどうなくすか」ということではなく、目の前のじいちゃん・ばあちゃんが、自分らしく生きていくために何ができるかということだと思います。
>
> よく「何かあったらどうするんだ」ということも言われます。でも、僕らの仕事は「何かある」んです。じいちゃん・ばあちゃんたちは明日死ぬかもしれない。「何かあるかもしれない」場所で僕らは仕事して

町内を散歩するお年寄りと加藤忠相氏

いるんです。「何かあったらいけないから寝ていてください。座っていてください」と伝えるのは介護なんでしょうか。僕はそうは思いません。

よく「リスクマネジメントをしなければいけない」とも言われます。僕らがリスクを負いたくないから、じいちゃん・ばあちゃんの自由を奪っていることになってはいないでしょうか。僕らが本当に考えなければいけないのは、目の前のじいちゃん・ばあちゃんが、自分らしく生きていくために何ができるかということだと思います。

本来の医療介護連携とは、最後まで一緒に伴走することだと考えています。

介護職員の仕事はお茶を一方的に入れ続けることでなく、地域に出ていって、じいちゃん・ばあちゃんを社会資源にすること。じいちゃん・ばあちゃんの力を使って地域をデザインすることなんです。

お世話や管理ではなく、一人ひとりが自立した自分らしい生活を最期まで全うするために、何ができるかを考え、地域での暮らしに寄り添い続ける介護という仕事。そのような介護を地域の中で実践できているだろうか。

加藤氏の介護論は、既存の介護論の固定観念を超え、新たな介護のかたちを明らかにしたものである。

介護概念は段階をおって、「閉じた」施設介護から、地域を基盤とした介護へ、さらに、介護行為のみを念頭においた三大介護論を克服し、医療、看護、ソーシャルワークなどの領域と結びあいながら、新たなケアのかたちとして「包括的支援」の鍵となる営みとしてとらえることが重要である。その意味では、猪飼周平氏が指摘するように、医療モデルから生活モデルへの転換が前提となる。

　この点を明らかにする図式を掲げる（図2）。これはアメリカの老年医療臨床論の版を重ねたテキストに収録されている図を、備酒《びしゅ》伸彦氏（神戸学院大学リハビリテーション学部教授）がわかりやすく修正したものである。これは、生活機能の規定要因を分母分子の関係に整理したものである。分母は、「社会的・身体的環境阻害因子」である（もとの表現は「社会的、心理的、身体的」という表現であったが、簡略化のため「心理的」が省かれている）。分母の値が大きくなればなるほど、生活機能低下がおこる関係から、阻害因子という表現になっている。

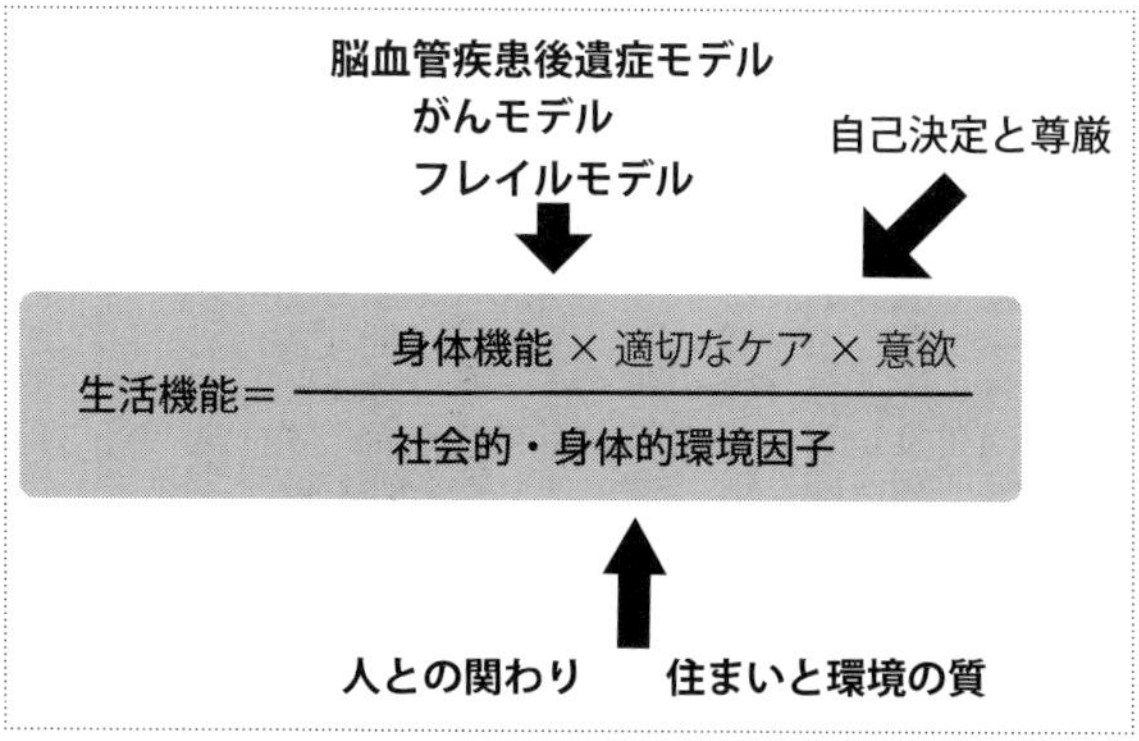

図2　生活機能を規定する諸要因との関係
出典：Essentials of Clinical Geriatrics（6th edition 2009）

　まさに、孤立化によって社会関係が希薄になればなるほど、生活機能低下に結びつくことはよく知られたことであるし、障壁のある生活環境は閉じこもりを誘発する。心理的な寂寥感は、空間的孤立、社会的孤独と深く関わっている。

　分子にある三つの要因、「身体機能」、「適切なケア」、そして「意欲」は掛け算で関係し合っている。すなわち、どれか一つの項目の値によっては、生活機能低下が決定的になる。とりわけ、「意欲」という項目の位置づけが重要だ。

　身体機能の面からおおまかに言うと、従来介護が対応してきたのは脳血管疾患の後遺症による、いわゆる「寝たきり老人モデル」である。そもそもの介護は「寝たきり老人」モデルから出発してきた。だから、三大介護といわれる、排泄、食事、入浴などの介助が介護の仕事として考えられ、「社会福祉士及び介護福祉士法」にも書き込まれたのだった。

寝たきり老人についてはすでに様々な指摘があるように、病院への入院が大きな要因である。最近、日本慢性期医療協会会長の武久洋三氏が、その著書で「寝たきり老人は病院でつくられる」と指摘し、一般病床がつくりだす寝たきりの問題をリハビリテーション医学の立場から問題にした。おそらくこの指摘は正鵠《せいこく》を射たものであるが、将来的には、リハビリの普及と病院への入院期間の短縮、そして生活習慣病予防の徹底によって、脳血管疾患後遺症の発生率は小さくなることが予想できる。疾病構造の予測によると、がん及び心臓疾患の増大に加えて認知症の一般化がこれからの動向である。これらに対して寝たきり老人モデルによるケアでは不適切である。

「適切なケア」をどのように考えるか。状態像の特性を無視して誤ったケアモデルを適用することが、生活機能の増悪に影響を及ぼしていることは明らかであろう。

さらに問題なのは「意欲」である。「意欲」にかかる支援こそ要である。

介護保険法は、二〇〇五年の改正で「高齢者の尊厳の保持」という言葉が追加された。その改正に先だって高齢者介護研究会がその報告書で、「『高齢者が尊厳をもって暮らすこと』を確保することが最も重要」であり、介護が必要となっても「その人らしい生活を自分の意思で送る」ことを可能とすること、すなわち『高齢者の尊厳を支えるケア』の実現を目指すこと」を基本に据える。そして、「介護保険制度は、『自立支援』を目指すものであるが、その根底にあるのは『尊厳の保持』である」と述べた。

今日、「自立支援介護」あるいは「科学的介護」の誤用が見られる。しかし、尊厳の保持とはその人の人生を尊重することであり、このためには、「意欲」が欠如することは、あらゆるケアを烏有《うゆう》に帰させることになる。

III

地域包括ケアの来歴をたどる

1章　御調国保病院の挑戦
地域包括ケアの創始
対談　山口　昇

2章　在宅福祉事業の創始と展開
春日市社協の事業

3章　包括的支援としてのライフケアシステム

4章　社会事業の可能性
同潤会による不良住宅改良事業の構想と展開
鼎談　大月 敏雄・祐成 保志

ここでは、後年準備される政策的展開のさきがけとなった医療と福祉の先駆的実践を取り上げる。

1章は地域包括ケアシステムの創始者との対談である。保健、医療、福祉の統合によって、地域社会をどう変えていったかが語られる。同じ頃、「在宅福祉」や「在宅ケア」の先駆的事業も始まっていた。

2章では福岡市近郊の春日市の社会福祉協議会での、それまでの制度にない在宅福祉事業の創始の経緯を明らかにする。さらに3章では東京都の東村山市での地域の高齢者への訪問看護の先進的な試みから始まり、多様な在宅ケアの実践が生まれた経緯を紹介する。予防と当事者参加を含めた包括医療（ケア）としてのライフケアシステムとなった。この実践は訪問看護や在宅医療の制度化の契機にもなった。

地域包括ケアは、近年「住まいと住まい方」が地域包括ケアを成り立たせる基盤であるという認識が拡がってきた。そのような視点から見ると、関東大震災後に内務省が設立した「同潤会」による「不良住宅改良事業」は、地域包括ケアシステムの先駆であった。4章の議論で、今日意識されるようになった福祉政策と住宅政策の総合化について、歴史的展望をもって認識を深めることが可能となろう。

地域包括ケアシステムは先駆的事業の来歴を踏まえて理解されるべきものである。

1章　御調国保病院の挑戦　地域包括ケアシステムの創始

公立みつぎ総合病院名誉院長　山口　昇

地域包括ケアシステムはこうして誕生した

髙橋　公立みつぎ総合病院（当時、御調《みつぎ》国保病院）は、地域包括ケアシステムの発祥の地として知られていますが、その生みの親である山口昇先生に誕生の経緯をおうかがいしたいと思います。

山口　私は外科医ですから、手術して患者さんの病気を治します。四十年ほど前、手術がうまくいって命が助かった患者さんが退院して家に帰り、一年も経つと寝たきりになってしまう。そんなケースが多いことに気づき、どうしてだろう、どうすればいいんだろう、と悩みました。それがきっかけで看護やリハビリテーションを患者の自宅に出向いて行う「医療の出前」を始め、十年後、「地域包括ケアシステム」というネーミングを考えました。

病院医療の限界

髙橋　ご著書（『実録　寝たきり老人ゼロ作戦』ぎょうせい、一九九二年）に書かれていますが、治療を終えて元気になってお帰りになった患者さんがしばらくして再入院してくるという経験をされたときに、疾患治療中心の医療の限界を悟ったということでした。

山口　専門職としての、特に医者としての限界を痛感したんですね。自分が徹夜で手術して「このおじいちゃんはこれで大丈夫」と、リハビリもきちんとやってもらって退院していかれた。その患者さんが大きな褥瘡《じょくそう》をつくり見るも無残な姿で寝たきりになって、再入院してこられるのです。当時は介護保険がないから入院するしかなく、そうすると、この付近にはそうした患者を受け入れる病院はここしかないから、全部ここに来る。つくづく「あなたの執刀した手術の結果がこれですよ」と目の前に突き付けられた思いがしたんですね。

私が外科医でなかったら、そこまで感じなかったのかもしれない。しかし、外科医の専門職としての限界はここまでだと思い知った。患者さんが家に帰ってからのことには全く思い至らず、放置していたわけです。これではいけないということで、私は郷里の長崎に帰ることをやめ、ここでもう少しきちっとした体制を作ろうと思いました。

山口　昇氏

高橋　それが名高い「寝たきり老人ゼロ作戦」の始まりですね。

山口　はい。寝たきりになって、脳機能まで低下した状態で舞い戻ってこられるんです。「先生ありがとう」と帰った患者が、一年後ぐらいに来たときには私の顔がわからなくなっている。そういう患者があまりにも多過ぎたことが、起爆剤というか、きっかけになりました。近くの病院からも褥瘡の患者が送られてきて、ここで毎日入浴してもらったら、三カ月で治ったこともありました。

髙橋　当時の病院というか医療は、ケアがわかっていなかった。

山口　そういうことです。「医療の出前」もゼロ作戦の一環で、専門職による訪問も、当時は往診しかなかったんですよね。病院も、「退院後は開業医が面倒をみるだろう」という程度の考えでした。今思えばとんでもないことです。開業医が最初から担当していた患者ならそれでもいいけれど、そうでないケースは、最初に診た病院が退院後もしっかりケアしなければいけない。患者の近所の開業医を紹介してうまくいけばいいですが、その場合でも応援体制を組んでおく必要があります。

髙橋　そうして患者宅を訪問する際は、保健師さんを必ず連れて行かれました。

山口　一九七四（昭和四十九）年に「出前」を始めましたが、初めのころはうまくいきませんでした。往診とは異なる医療の訪問は国や自治体の制度にないし、依るべき法律もない。だから保険請求できず、全て無料です。意外なことにそれが逆効果だったんですよ。つまり患者やその家族は、「うちはそんな貧乏じゃない。無料で恵んでもらわなくてもいい」と拒絶するわけです。でもこっちにしてみたら、そんなこと言われても、制度がないんだからお金をもらうわけにはいかない。加えて、「他人に家に上がってほしくない」とか、「家の中を見られたくない」とか、「他人の世話になりたくない」とか、そういう傾向も根強いんですね。いろいろなことが渦巻いていましたよ。

髙橋　大変な苦労を……。

山口　それを打破するために、何回も訪ねて家族とも話しました。近所の人とも。地域で話をすることが必要になるんです。そういうとき、保健師は地域住民に顔見知りが多く、信頼関係を築きやすいので、一緒に来てもらったのです。

　そのうち、医療サービスだけでなく、生活を支えるサービスが必要だと気づきました。しかし、当時はもちろん介護保険はなく、高齢者福祉は行政による措置しかない時代で、病院には何の権限もなかった。それでは何もできないので医療と福祉のサービスをドッキングさせようと、院内に「健康管理センター」（現保健福祉センター）を設置し、行政機能の一部をここに持ってきました。のちには、リハビリを集中的にやってもらうために介護施設も作りました。

認知症の増加と住民参加「健幸わくわく21」

高橋　医療と福祉を、まずつなげたわけですね。そして、専門職の活動にとどまらず、地域住民の参画ということを早い時期から意識しておられました。

山口　活動を始めて十年ほど経つと、認知症が少しずつ増えてきました。そういう方々には、見守りの体制が必要です。誰が見守るのか。家族が見守れる方はいいけれど、そうじゃない方は地域全体で見ていかなければいけません。行政や専門職には限界があることを痛感して、地域全体のパワーを高めて、地域づくり、まちづくりをやらないとできないと思いました。

　地域力を高めるには、住民参加が不可欠です。そして、参加していただくには最初の企画の段階から意見をもらおうということで「参画」という言葉に変えたんですね。そこから誕生したのが「福祉バンク」、地域住民によるボランティア組織です。一時は二千人ほどが登録する規模となりました。これは今は形を変えて続いています。最近はこのあたりも独居や老老介護が増えてきて、地域でみることはますます重要になっ

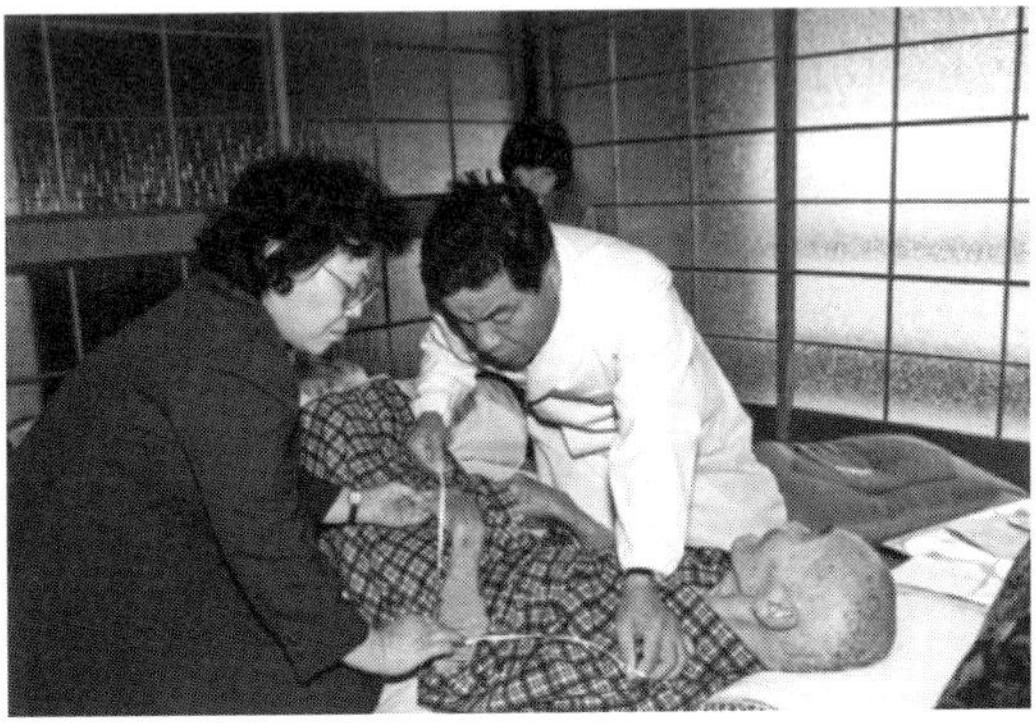

医療の「出前」往診をする山口医師。昭和 40 年当時

表1　御調町の中高齢者向け事業

健幸わくわく21	公立みつぎ総合病院の医師をはじめさまざまな専門職が地域に出向き、あらゆるライフステージの方を対象に、従来の健康づくりに加え、地域づくりも視野に入れ、病院（専門職）、行政と住民がワークショップ方式で意見交換を行う。地域包括ケア浸透のため、幅広い観点から交流を深める講座
開業医による健康教育	「医師を囲んで健康を考える集い」として町内３開業医を招き、公民館での健康講座を1984年から毎年実施
食生活・運動指導など	健康まなびあい講座、元気はつらつ!!　健康づくりセミナー、その他の健康教育、食生活研究グループ中央研修会、公立みつぎ総合病院における特定保健指導
介護予防事業	御調保健福祉センター保健師の参加する介護予防事業、集会所等における健康相談及び介護予防相談、二次予防事業対象者の通所型介護予防事業、シルバーリハビリ体操事業

＊その他、国民健康保険事業として、健康福祉展、保健福祉推進大会、講演会など実施。
出典：「2017（平成29）年　尾張市御調町における保健福祉活動」御調保健福祉センター、公立みつぎ総合病院

てきています。

髙橋　地域住民の参加を促すには、住民の健康意識が高くなければいけません。地域住民に対する健康教育というと長野の佐久市などが有名です。御調《みつぎ》町の場合も、住民に医療や健康に関する知識をしっかり伝える活動に取り組まれましたね（表1）。

山口　最初は公民館を使って、講演会方式で住民を啓発しようともくろみました。当時は呼べる講師がいなかったので、私が話をしました。これは見事に失敗ですよ。効果が上がらなかった。住民の側も、在宅ケアを医者がやる必要があるのか、それは福祉サイドがやることだろう、という程度の感覚でした。それではいけないと、住民同士が話し合うスタイルを考えました。そのためには少人数でないといけないので、公民館でなく集会所単位の集まりとしました。今でいうワークショップ方式です。

そして、寝たきりの説明から始めました。「寝たきりになりたくなければ医者任せはやめなさい」、「医者は命は助けるけれど、退院した後は目が届かない。目が届くのは地域の皆さんじゃないか」、「皆でやろう、医者がで

きること、行政ができること、家族ができること、住民ができること、それぞれができることをやろう」と訴えました。この活動は現在も、医師、歯科医師、看護師、保健師、リハビリスタッフなどの専門職と住民が膝を突き合わせて話し合う健康づくり座談会「健幸わくわく21」として続いています。

地域住民に良き理解者になってもらうことが一番大事です。ただ、住民教育というのは簡単だけど、住民が行動や生活習慣を変えるような、成果が見えるようになるまでにはすごく時間がかかりました。皆さん、最初は言われた通りにするけれど、長続きしないんです。長続きさせるにはどうしたらいいか。根本的なところからわかってもらわなければいけないということで、根気強く続けました。何回も何回も話し会いました。私は短気だけれど、あせらないようにしました。ここが一番苦労しましたね。

髙橋　そうやって住民を啓発されて、住民も変化してきた。

山口　さっき院内を歩いてたら、中年の男性から声をかけられました。地元の方で、この男性が小学生のとき、私が彼の母親を手術したそうです。生きるか死ぬかの大手術で、まずだめだろうと思っていたそうです。彼が言うには、このとき私が彼を含めた患者家族に「確かに大手術だけど、むしろ手術後が大事だ」ということを繰り返し説明したと。「病院にいる間は専門職がいろいろしてくれるが、退院した後こそ家族みんなでお母さんを支えなさい。君の役割はこれだ」と、くどいほど私が教えたんだそうです。そのことを懐かしがって声をかけてくださった。そんなふうに住民との関係が築けたことは、嬉しく思います。

地域包括ケアシステムは地域づくりで

髙橋　当地ではホスピスボランティアなども盛んで、御調らしいなと思います。高齢者のボランティアもアクティブですし。

山口　地域包括ケアシステムは、まさに地域づくりであり、まちづくりなんです。それは決して行政や専門職だけではなく、住民が本気になって一緒に背負ってくれないとできません。専門職と一緒に集団で取り組むものもあるし、個々のボランティア活動もあり、多彩です。

　例えば、みつぎ病院の緩和ケア病棟はたった一病棟、六ベッドしかないんですが、在宅を重視するから絶対になくせません。たった六ベッドですが、ボランティアが六十人います。その六割ぐらいは自分の家族をここで亡くされた方。看取りをされた方です。自分が恩返しをすると、ボランティアでがんばってくださってます。ボランティアの方々は皆さん、元気で長生きです。八十過ぎて、人前で堂々とスピーチもされる。

高橋　まさしく寝たきり老人ゼロの作戦の成果ですね。

山口　最初からボランティアとして募ったわけではなく、もともとは住民組織をつくったんですよ。その第一号が、保健福祉推進員制度です。

　もちろん、民生委員さんなど法制度に基く役割もあります。そのほかに、保健福祉を推進したため、町長の英断で「保健福祉推進員」を百人に一人の割合で置くことになりました。最初は百人ほどを任命し、町長が町長室で辞令を渡しました。介護保険ができてからは、「介護保険推進員」という職名に発展させ、数を増やしていきました。

高橋　ホスピスボランティアなどは、新しいタイプのボランティアといえます。

山口　募集したら、二十〜三十人はすぐに集まりました。「うちのおばあちゃんがお世話になったから、恩返しのために」などという理由でね。最近六十人になりました。

高橋　私が見学したオランダのホスピスでは、ホスピスへの評価が実施されていて、ボランティアをどう受け入れているかという項目が評価の重要な指標になっていると説明を受けました。日本の緩和ケア病棟ではそのような思想はありません。オランダでは、ホスピスにボランティアコーディネーターという専門職を必ず置くそうです。ターミナルケアなどをボランティアとして経験するのは、とても優れた市民教育になっていると思います。私が行ったところは、五、六床で実に一八〇人もボランティアがいました。しかも綿密なプログラムが組まれていて、お客さんではなく戦力となっていました。

　そういう意味では、みつぎ病院の緩和ケア病棟で実力あるボランティアが成長したというのは、とても大きなことだと思います。食や体操のボランティアに携わる人は、それによって自分の寝たきりゼロ作戦にもなっている感じですね。

山口　そうなんですよ。だから、住民は地域力を反映すると思います。

寝たきり度で状態を判定

高橋　現在、御調町の在宅寝たきり老人の割合はどれくらいですか。

山口　だいたい一～一・三％で推移しています。

高橋　御調町では、昭和三十年代、在宅寝たきり老人の割合は三％台でした。先生が寝たきりゼロ作戦を始めた時期から急激に落ちて、その後、長命化が進んでいるにもかかわらず、一％程度で推移しています。その数字を先生はどう評価されていますか。

山口　一・〇％から一・三％あたりも動いていますが、これは〇・三増えるという単純なものではなく、絶対数が増えているんですよね。しかし、要介護度で言えば3の人が4や5になっていくのを防ぐことに確実につながっています。

みつぎ病院では、要介護度だけでなく、「寝たきり度」の判定基準も使って高齢者の状態を判定します。障害高齢者の日常生活自立度に、チェアバウンド（ランクB。ベッド上の生活が主だが座位を保てる）とベッドバウンド（ランクC。Bより障害が重く、一日中ベッド上で過ごす）という指標がありますね。特にベッドバウンドを中心に在宅高齢者を調べています。

そのためにも、病院に保健師が必要です。十六人のうち九人ほどが地域に出て、市町村の保健師と同じような仕事をしています。だから、地域住民と顔なじみになっているんですよ。

高橋　まちの活性化、過疎化の防止、まちづくりというところが実現できていることになりますね。

山口　本当にそうです。御調町という田舎の小さな町ですが少し名前を知られるようになったし、パワフルになってきた。そのパワーのもと、住民がこういう部分に関与し始めたからです。頼りになるんですよ。

プロとアマの壁を取り払え

高橋　地域包括ケアを発展させるうえで制度によるサービスと同時に、従来考慮の外に置かれがちだった、互助や自助の役割が強調されるようになっています。そこで気になるのは、地域住民の支え合いなどの互助は、専門職の支援とは截然《せつぜん》と区別するべきという考え方が結構根強いのです。しかし、そんなことはないでしょう。

山口　その通りです。地域包括ケアは、医療と介護の専門職だけではだめで、住民が参加しなければいけません。

高橋　もう一つ、最近「プロボノ（プロボラ）」という表現が登場しています。例えば、ある病院の看護師長が、仕事が休みの日曜日、勤務先の病院とは関係のない場で活動しています。つまり、プロがボランティアとして活躍するやり方です。残念なことに、医療職は仕事に追いまくられて余裕がなく、本来の業務だけで精一杯、という現状がありますが、生活の場でのケアとはどんなものか、ということを経験する機会をつくらないとけないのかなと思っています。プロボノはそういう機会になり得ます。

山口　単に、地元の暇な高齢者だけがボランティア要員となるわけではないんですよ。誰でもいいし、専門職であってもいい。昨今、認知症カフェに医師が手弁当で参加することも増えているでしょう。みつぎ病院も認知症カフェ「とまり木」を開催しています。やってみたらいいんです。私は昔からそう思っていますけどね。

高橋　準市場という仕組みで制度的サービスが提供されると、事業者は収益を念頭に置かざるを得ません。その場合、ボランティア活動の持つ独自の価値をこれらの職員や専門職が体得することはできません。しかし、収益と無関係な支援の意義と価値を知ることは、業務としての仕事の質にも大きく関わります。サービスの提供と利用者の消費という考えではケアの価値はわかりません。専門職といえども、ボランティアの経験を通じて、職務とは異なるケアの世界を体感してほしいのです。

エリアをコミュニティに

山口　そのためにも、人が住む地域を、エリアからコミュニティに変えていく必要があります。エリアは単なるその場所であって、荒涼とした砂漠もエリアだし、人が住んでいてもお互いの関係が希薄で、殺伐とした地域であれば、そこはエリアにすぎません。人がきちんと暮らしていて、まわりとつながって生活しているところが、コミュニティです。エリアとコミュニティには大きな違いがあります。都会にも田舎にも、コミュニティをどんどんつくらなければいけません。

高橋　山口先生が展開されてきた地域包括ケアの実践を次の世代にも継承してほしいと思います。先生は、サービスを開発しただけでなく、専門職の意識改革、地域住民の参画の推進を通じて、コミュニティを育ててこられたことが真骨頂だと思うのです。最後に、これからの医療はどうあるべきだとお考えですか。

山口　医師の養成と地域医療との関わりについて、厚労省で新しい検討が始まりました。医学部の六年間の卒前教育では、地域包括ケアなど誰も教えていないし、教官もいません。それがようやく、医師国家試験を少し改めようということになってきました。

　というのは、卒前教育は文科省の管轄ですが、医師国家試験からは厚労省です。本来は、卒前教育と卒後教育がシームレスにつながっていかなければいけない。そうなっていないから、今は地域医療についてほとんど教えません。そもそも地域包括ケアがわかる指導教官が医学部にあまりいませんし、大学の総合診療科も、ただ玄関口で専門科に振り分ける教育のようです。

髙橋　訪問診療に高い点数がつけられるようになって、それだけを目当てに在宅医になるケースが残念ながらあるようで、本来の在宅医療から外れています。そんなことになるのも、医学部で地域や在宅ということをきちんと教えていないからなんでしょう。

山口　これまで医師のキャリアモデルは、病院の勤務医として働き、やがて開業して医療法人をつくる、というルートでした。そのモデルが完全に終わり、これからは地域に目を向けて、特別ではない形で地域医療を行うことが求められます。地域医療といいますが、真の地域医療とは地域包括ケアなんです。治療だけを行うのは地域医療とは言えない。病院から独立して開業することが地域医療、田舎に行くことが地域医療、そんな馬鹿げた定義はないんですよ。都会にも地域医療は必要で、それを立派に実践している医師もいます。

　だから、地域包括ケアを正しく理解して実践し、そして地域のパワーをレベルアップできる医師を養成していかなければいけない。そのために六年間の教育を改革し、その後の到達目標も改めなければいけません[1]。

二〇一六年、ある国立大学の医学部入学試験の二次試験で、国立大学としては初めて、地域包括ケアが出題されました。いい取り組みですね。そういう動きを通じて、よくいわれる「キュアからケアへ」の医療を根付かせる必要があると思います。

1）二〇二〇年にふるさと納税を原資に、宮崎県都農町からの寄付講座として、宮崎大学医学部による「地域包括ケア・総合診療医学講座」が開設された。おそらく本邦初の講座名であろう。

〈参考文献〉

『市民参加と高齢者ケア』山口昇／高橋紘士編、第一法規出版、一九九三年

□公立みつぎ総合病院ホームページ　http://www.mitsugibyouin.com

2章　在宅福祉事業の創始と展開　春日市社協の事業

春日市社協の事業活動への視点

全国社会福祉協議会が厚生省（当時）の担当者の参画もえて、一九七六（昭和五十一）年から三年間に亘って研究がすすめられ一九七九年に刊行された『在宅福祉サービスの戦略』によって、施設「収容」が主流であった社会福祉事業を、地域を基盤とする在宅福祉サービスの整備をはかるための政策提言が行われた。とりわけ、高齢者の福祉ニーズの拡大に伴って、老人福祉施策の再編が大きな課題となってきた。

この研究において地域を指定して事例研究を行ったが、その対象のひとつに選ばれたのが、福岡県春日市社会福祉協議会の地域における在宅福祉事業であった。その後、この実践の展開について、同社協の会長であった本田義信氏と筆者が共編著で『しあわせへの挑戦』（全国社会福祉協議会）として一九八七年に刊行した。以下はその書籍の筆者担当分から抜粋したものである。

この春日市社協の事業は、法制度の後追いをするのではなく、独自に市民のニーズを把握し、独自財源の造成に基いて、ユニークな在宅福祉事業を展開していた。その代表として全国に知られることになったのは、休みなしに毎日提供する食事サービスであった。

これらの事業展開の考え方と手法について見ることにしたい。このような地域のニーズに誠実に応え、事業を展開する先見性は地域包括ケアのスピリットを提示したものである。

＊　＊

春日市社会福祉協議会（以下、社協）は生活困窮者対策の必要への認識の高まりと当時の自治体一般と同様の財政困難下での町行政の力量不足を克服することをめざし、また住民の助けあい活動の展開の場として結成され、大筋でいうと次のように展開してきた。

第一期（一九六〇〈昭和三十五〉年の結成から一九六五〈四十〉年頃まで）心配ごと相談事業と、生活困窮者対策としての貸付事業と内職センター事業による働く場の確保および相互扶助会による助けあい活動の展開の時期。

第二期（昭和四十年代）児童館と保育所、幼稚園の経営を中心に児童対策に取り組むとともに、「蛍光園」の設置による在宅心身障害児の通園事業に取り組んだ時期。

第三期（昭和四十年代後半より五十年代前半まで）ヘルパーの受託にはじまり老人福祉問題に取り組み、給食事業を創始するとともに、拠点整備を模索し、あわせて従来の事業のなかで役割を終えたものを廃止したり、行政に委ねるべきものは市へ移管し、事業の整理をはかる時期。

第四期（昭和五十年代後半より現在〈昭和六十年代前半〉まで）福祉センター建設後、給食センターの整備、老人下宿、老人別荘などの先駆的な事業に取り組むとともに、組織の整備も進む時期。

以上の区分は多分に便宜的なものにすぎないが、これはそのままこの時期のわが国の社会福祉の課題の展開と符節があっているのが見て取れるであろう。当初は生活困窮者対策として貨幣的ニーズへの対応、そし

> て公的対策の不足を補う対策から出発し、内職センター経営の経験から事業経営のノウハウを蓄積し、これを基礎に、施設の運営をふくむ児童福祉問題と在宅心身障害児問題への先駆的な取り組み。さらに老人家庭奉仕員派遣事業の受託以降、福祉給食の創始をはじめとする老人福祉事業への事業展開と社会福祉センターの建設による拠点整備を経て、文字どうり在宅福祉サービスのセンターとして社協事業を展開していく発展期に至る過程は、春日市社協が時代のニーズに対応し、ニーズが生み出す福祉問題を自らの手で解決していくためにさまざまな事業を創造してきた過程である。
>
> 　このような事業展開を支えた考え方は、（略）児童と老人の福祉問題はまったなしで解決を迫られている課題である。したがってもしその福祉課題を解決するために他に方法がないとすれば、社協がその課題解決のための事業活動に率先して取り組むべきである。（略）しかもその事業活動は自らの選択と責任によって経営されるべきだ。その意味で行政からの委託事業が優勢な社協事業とは全く性質を異にした自主事業型社協ともいうべき類型を春日市社協が造り出したといってよいのである。

ここでは、春日市社協が行った福祉給食はじめ老人下宿、老人別荘など数々のユニークな事業展開の中から、食と住、すなわち福祉給食と老人下宿に絞って紹介し、その人的資源と財源について述べたところを抜粋する。

食事サービスの展開

今日改めて、生活困窮者、困窮児童の課題のなかで食事提供の意義が強調されるようになった。野宿者への炊き出しは今日でも行われている支援であったが、子ども食堂、フードバンクなど食事の困窮が大きな課題となっている。今から半世紀近く前の昭和五十年から春日市社協が始めた毎日二食の配食サービスは、当時一躍有名になり、全国のモデルとなった。食事サービスは会食型と配食型に類別されるが、春日市社協はあえて配食型を選択した。これを「福祉給食」と呼び、事業が事業を呼び起こす原点となった事業でもあった。

　春日市社協の事業展開のなかで福祉給食は、社会福祉センターの建設から新しい事業展開にいたる過程での媒介の役割を果たしてきた。給食のための調理場の確保が社会福祉センターづくりのきっかけであり、この給食センターの整備が事業拡大のテコとなった。そしてこの事業拡大の結果、職員が増え、さらに新しい事業展開を可能とするようになったのである。老人下宿にしろ、老人別荘にしろ福祉給食がなかったら考えられなかった事業である。そしてこのような食事サービスへの着想は、事業開始に先立つホームヘルパーの活動の結果であった。ここでも一つのサービス事業が、新しいサービスを生みだしたのである。

　食事というのは人間の基礎的なニーズであり、このようなニーズに応えるサービスとしての福祉給食は、ニーズの変化に柔軟に対応しなければならない。食事については、好みにバラエティがあり、しかも贅沢はいくらでも言える。しかも、人間生活にとって最も基礎的であり、また多様性が必要とされる。したがってこのようなニーズに応えていくサービスシステムの構築には、さまざまなノウハウが要求されるのである。

　老人の好みにあった、おいしい、しかも老人の栄養必要量を確保する食事を毎日欠かさず届けるためには、献立の作成、調理、配達にいたる一連のサービスの過程で、さまざまな試行錯誤が行われている。たとえば配達については、無償ボランティアを使わない方式で、職員と有償のボランティアでやるということで割り切っている。これにも当初はボランティアの組織化を試みたがうまくいかなかったという経験がある。またサービス利用者の意向を反映できるように、しかも、経営の安定性を確保するために、利用者負担を当初から求めているのも先見性がある。しかも、負担の水準は当時の生活保護費や老齢福祉年金の給付額の範囲に抑え、だれでもが負担可能な範囲を設定して、しかも定額方式で利用料を設定している。

またサービス利用は継続的な利用と、一時的、短期の利用もある。また調理はできるけれども、材料を買うのが難儀であるという老人世帯のために材料を配達するサービスもある。

給食の責任者は、フランス料理店で働いていた調理士をスカウトしてきた。利用者負担額だけでは当然赤字が出るので、その赤字を補填するため事業を考え、福祉センターを改築して、給食サービスの調理機能を拡大し、例えばライオンズクラブの会合の弁当とか、結婚式の料理などを全部、福祉センターで引き受ける特別給食部を設けたためである。しかも、料飲店組合に加盟して、収益については税を納めるということを前提にしているのである。

重要なのは、事業を開始するにあたっては既存の事業を徹底的に研究すると同時に、競合しそうな領域、食事サービスなら料飲店組合、入浴サービスなら浴場組合、老人別荘なら旅館組合、バスの運行なら陸運局とバス会社というように、それらとの関係を徹底的に調査して、法律的に問題が起こらないようにクリアしてから事業を行っている点である。

福祉給食の場合でも、開始する時にまず料飲店組合に話をもち込み、社協の経費負担で料飲店組合で食事の提供が可能かどうかを打診した。この打診に対する断りがあったので、自らが食事サービスを事業化するという過程が踏まれている。そんなことはできないという返事を受けて社協が給食の実施に踏み切った。これは社協がこのようなサービスを実施することについての言質をとったことになる。しばしばみられる福祉サービスが既存のサービスと競合することの問題を、事前に避けるための重要なノウハウであるといえよう。

春日市社協では新規事業の構想を立てる場合に他の社協や関連団体、施設などの経験を徹底して調査するのは伝統になっているといってよいほどであるが、だからといってそれが先行事業を模倣すればいいという

> わけではないことは言うまでもない。春日市の現状を徹底的に検討し、その状況に最も適合的な事業の方式を案出するのが春日市社協のやりかたである。（略）
>
> こうした事業を円滑に進めるためには、スタッフの配置とその確保が重要である。春日市社協では、ローテーションシステムという独自の人員配置をしている。
>
> 　専任職員では人件費を賄い切れるものではない。故にローテーションということで一人の職員が、自分の本務の時間が空いた時は、他の必要な職務にシフトさせながら仕事をするというかたちで全員の仕事を組み立てて事業を推進している。この方式が結局、人件費を節約することにもつながる。いうまでもなく社協事業の財源は、社協が自ら集めた自主財源で事業を運営しているのであるから、このような合理的運用は職員の合意の上に成り立っているのである。
>
> 　このような考え方は、この福祉給食の経験がつくりあげたといってよい。配食も専任職員とボランティアによって行われているが、これも同じような考え方で車輛の運行に組み込まれている。

加えて、今日では当然のクルマの活用が事業を展開するための、文字通り機動力となっており、職員の日々の勤務も車が軸になって組み立てられている。業務は、車の運行業務にしたがって遂行されていく。そのためには、人員配置計画予定表をもち、職員管理を車とワンセットにして一元的に行うシステムになっていた。クルマが春日市社協が業務を遂行するための重要なファクターとなっていた。

「老人下宿」という支援付き住宅の先駆

「老人下宿」という絶妙なネーミングは、住宅対策からの虚弱老人へのアプローチが、これから重要になるなかで長く記憶されるべきものである。いわば春日型支援付き住宅といったどこにも類のないものである。

この構想が実現するまでは大変な難産であった。今日では福祉と住宅の連携ということは国や自治体の施策では常識になりつつあるが、この当時、行政の側は県も国も前例のないものは認めないといって非常に強い態度であった。日本自転車振興会の補助を得るためには行政の同意が必要であったので、まず県を説得し、国の了解をとりつけるまで大変な努力が必要であった。先駆的事業の宿命とはいえ、民間の独自事業への想像力と支持が行政に求められるが、その障壁の厚さを実感させるエピソードである。自転車振興会の側では、この折衝の過程で、「先駆的独自事業も補助の対象とする」という要項の変更を行ったが、これも社会福祉事業助成のあり方として特記すべきことである。

結局、「軽費・簡易・小規模老人ホーム」という不思議な名称が与えられて補助を得ることができたが、「老人下宿」という名称が適切であろう。

補助は、自転車振興会からの補助が七千万円、春日市の補助は一千万円で、自己財源を加えて十五室全部で総額九千六百万円で、たいへん安くできている。福祉センターの横に建て増しをしたかたちで建て、部屋数で割ると一室六百万円ぐらいになり、六畳板張りとベランダ、水洗トイレが単身者用、夫婦用は八畳であり、東京の一ＤＫのマンションと比べてもできのいいものである。そして三万九千五百円の管理費を一世帯あたり負担する。そして、食事サービスとヘルパーのサービスを受けることができる。昼間は福祉センターの隣だから問題はなく、夜は社協の職員が交替で宿直してお年寄りの安全確認に当たることになっている。

この利用者負担額は、「安すぎる」という意見が視察に来た行政筋の人からあったようであるが、建築費の負担さえ助成があれば、運営そのものは昭和六十年度の決算ベースで七百九十万円ほどでそのほとんどは利用者の負担金で賄うことができるのである。

入居者は身辺については自立できる高齢者であるが、しかし、都市のアパート住まいはもうちょっと無理だという感じで、確かに一人ひとりは元気であるが、一人で一家を構えるのはちょっと酷であろう。ヘルパーと福祉給食を活用するということと、昔、独り身の若いころにみんな下宿を経験しているわけで、そこに戻るんだという感じで気楽に下宿住まいをしている。病院との連携もついているので、管理上の困難というのはまったくないということである。

将来、構想としてこの老人下宿の拡張、そして「蛍光園」の利用者から将来出てくるであろう親なき障害者のための下宿も課題となっている。

この老人下宿は在宅福祉サービスの展開としての利用施設であり、今日では「支援付き住宅」構想として提案されているが、実際の施設運営経験は社協事業としては数少ないものであり、豪雪地帯や過疎地における対策としても、都市部における対策としても、今後普及する事業と思われるので、この春日市社協の経験は学ぶべきものが多くあるといえよう。

役員が担った活動

これらの業務を春日市社協が遂行するにあたり、会長の本田義信は、拠点としての福祉センター、人材としての役職員、機動力を高める車を挙げている。春日社協は目をみはるばかりの充実した活動基盤を築きあげたが、当初は専任職員一名、戦時中に青年学級があった廃屋に近い事務所に、倉庫から拾ってきたという机や椅子を置くのみで発足している。

当初は専任職員を置く人件費に恵まれていたわけではないから、活動の前面にたったのは役員であった。春日町社協の理事会構成は当初からユニークなものであった。会長は町議会の当時厚生委員会委員長をしていた本田氏、副会長は一人は町議会の総務委員会委員長、一人は助産婦会会長、常務理事は国鉄勤務の現役の機関士であった。監事に公民館館長と小学校校長。そして評議員が町内各層の代表からなっており、行政の代表は参事という役職で役員会に参加していた。理事選出の考え方は今日でも、単に団体代表というだけでなく、実質的な活動を担うことのできる人材に参加を求めている。

また社協の個別の事業についても、理事の担当制によって任務分担をしていた。施設の責任者、広報や貸付などをはじめとする部会についても理事自らが責任をもって主宰し、社協の各事業が遂行されていったのである。（略）

社協財政と共同募金

春日市社協の財政規模は一九八五（昭和六十）年一般会計がおよそ、八千百万円、特別会計が一億四千万円で総額二億二千万円あまりである。ちなみに同社協の現在（二〇二〇（令和二）年度）で総額約二億九千万円弱であるから、三五年前としては破格の財政規模であったといえよう。

そして、公的財源は当時約五三％、共同募金からの配分金は一八％、市民からの寄付金は九％で市民からの拠金が財政に占める割合は、二七％であった。現在の財源構成は、市補助金、受託金あわせ二億一千万あまりで、事業活動収入の七四％程度が公的財源で、共同募金からの配分金は六％、市民からの寄付金は三％程度であり、今日では介護保険および障害福祉サービスの事業収入などの福祉・介護制度関連事業の割合が大きくなっており、当時の独自事業による社協運営からは大きな様変わりであるといえる。

当時の福岡県では県社協と県共同募金会が一体的運営をしており、共同募金を地域福祉に使うことがより、容易であったこともあり、春日市社協はまさに、市民の拠金が春日市社協の在宅福祉事業中心の運営を可能にしていたといえるであろう。

追記：現在の視点から　春日市社協の在宅福祉事業

社会福祉から地域福祉へ

春日市社協による地域福祉事業の展開は、措置制度による公的な社会福祉事業の外に、一九七〇年代から八〇年代にかけてどのようにして地域を基盤とした福祉サービスが創出されたかという物語であった。

春日市の社協事業は、福祉の「措置」という従来の行政による社会福祉とは一線を画した民間性の強いものであった。その後、地域住民の参画による在宅福祉サービスなどが登場する以前に、社会福祉事業の枠にとらわれないで、地域の生活の必要に着目して、必要なサービスを案出した。また、その財源は社会福祉法人等への公費を補完するための補助に使われていた共同募金を、文字通り地域へのサービスの財源とすると共に、事業の持続性を念頭においた、サービス適用の仕組みの整備が図られていることに注目されたい。

当時、全国社会福祉協議会が設置し、厚生省（当時）の参画を得て作成し、報告された『在宅福祉サービスの戦略』は、欧米のコミュニティケアの導入を参考にしながら、当時イギリスでは所得制限のあるウェルフェア・サービスをパーソナル・ソーシャル・サービスと名付け、選別主義を排して、普遍主義に基く生活支援サービスに転換した（今日ではイギリスではソーシャルケアという名称でヘルスケアと並立して使われている）。

　このような制度と概念の展開を日本の文脈に置き換えて、社会福祉の基調を、施設福祉の時代から地域福祉の時代へと転換するための構想であったとすれば、その調査研究のフィールドスタディとして取り組まれた春日市社協における在宅福祉事業の開発と発展の経過は、この構想を現実のものとするのに何が必要かを示すものであった。

　春日市社協の在宅福祉は、会長の強力なリーダーシップのもとで独創的な事業展開がはかられたもので、追随を許さないものであったともいえる。その功績で本田義信会長は一九八七（昭和六十二）年に在宅福祉領域で初めて朝日社会福祉賞を受けた。

　食事サービスは各地で「春日方式」と呼ばれる毎日二食のサービス提供が始められたし、春日市社協に学んで事業の刷新を試みた社協も少なくなかった。

　一九七〇年代以降、国のサービス利用における制限的な仕組みを超える福祉サービスへのニーズが、生活様式の変貌、家族や地域社会の扶養機能の縮小ないし解体によって、拡大していった。

住民参加型福祉サービスへの展開

　措置制度による行政も、利用決定の方式による社会福祉制度の構成は、低所得者向けから応能負担制への切り替えによっても、経済階層の多寡ではない、家庭のニーズ充足機能の減退による福祉サービス利用のニーズが拡大していった。

　このころから、硬直的な行政サービスによる対応では困難とみなされた社会状況の変化に伴うニーズに対して、互酬制の考え方を取り入れたサービスの提供活動が、とりわけ東京近郊や阪神地区などで展開していった。

これらの新しいタイプのサービス提供活動の多くは「サービスの利用者と提供者を会員とし、利用者は低料金を均一に支払い、サービス提供者はその提供にあたって謝礼として金銭を受け取る」という有料有償サービスであった。

一九八三（昭和五十八）年に所得制限が取り払われたとはいえ、相変わらず低所得者対策として在宅福祉サービスを運用していた自治体が少なくなかったなかで、子育てが終わり、自分の老いを意識するときに、改めて家族に依存しないでも老いを支えることのできる支援のあり方を求め、さらに、自分たちが住んできた地域社会をコミュニティ（共同あるいは協働の場）として再構築するという意味のある活動が始まったといえる。

地域における生活の継続を願う市民により、いわば、今日よく使われるようになった、ケア・イン・プレイス、ないしエイジング・イン・プレス（日本語では地域居住という）の実現のために地域活動が始められた。

これらは新しい意味をもちつつ、相互扶助活動の再組織化が起きているといえる。これは従来の伝統的な相互扶助を新しい市民社会の実態に合わせて再構築していく動きといえ、後に「住民参加型在宅福祉サービス」という名称が与えられ、まさに、市民参加型の在宅サービスとして拡大した。

これらは、従来の行政による福祉の措置とも、営利事業者による商品としてのサービスとも異なり、参加および選択を前提としたサービス供給システムであり、後日、介護保険で導入されたケアマネジメントの先駆となり、利用者と提供者を媒介させ、最適な支援を提供できるサービス提供という仕組みと自発的な相互扶助の仕組みとを組み合わせながら地域ケアを構築するという実験を行なったといえる。[1]

福祉サービス提供組織の多元化

これらの活動は任意団体の活動であったが故に、公的助成の対象からは外されていたが、東京都をはじめ少なからぬ自治体で法人格をもたないこれらの活動への助成に仕組みをつくっていった。さらに、これらの活動と呼応するように、障害当事者がサービス提供を担う自立生活運動といわれる当事者運動型のサービス提供が始まっている。

今日では、社会福祉法が二〇〇〇（平成十二）年「社会福祉事業法」の名称変更として改正され、福祉の措置から、原則サービス利用契約制度に切り替えられ、同年に導入された介護保険制度によって、保健医療福祉の総合として介護保険が制度設計され、さらにその後改正された障害保健福祉制度および生活困窮者自立支援制度のもとで、居宅サービスが多様な事業者によって展開されるようになった。

これは福祉サービス提供組織の多元化、多様化という現象で、介護保険法にいう、保健医療サービスと福祉サービスが総合的に給付される保健医療福祉の統合化への道でもあった。この延長戦上に、実践概念であった地域包括ケアを政策概念として位置づけた。

すなわち、公的な機関による一元的提供体制から準市場のもとで、さまざまな支援が提供される制度を構築し、さらに、営利企業も参入し、多様な生活支援サービスが提供されるとともに、インフォーマルな支援も重要な役割を果たすようになった。

一九九八（平成十）年に、遅ればせながら法人格を持たない任意団体を特定非営利活動法人として、法人格が取得できる法制度が整備され、いわゆるＮＰＯ法人制度が導入されると、これまでサービス提供を任意活動として続けてきた団体の多くがＮＰＯ法人格を取得した。介護保険法が成立し、二〇〇〇年の施行の直前であったが、これらの法人格を取得した法人の多くは、介護保険の居宅サービス提供組織として、介護保険のサービス提供主体となっていった。

一方、住民の自発的な活動、今日でいうインフォーマルサポートの活動を重視する団体は敢えて介護保険制度には参入せず、独自の道を歩んだものも少なくなかったし、また、インフォーマルサポートと制度的に居宅サービスを組みあわせて活動を続けた団体も少なくなかった。実は、このような参加を念頭に組織化した、医療の仕組みの模索もこの時期に始められた。この先駆的な事例として、次の節で佐藤智医師が主唱し実践したライフケアシステムをとりあげることにする。

この在宅医療の創生の物語を理解することによって、地域包括ケアが、実は保健医療福祉等の制度的サービスのみならず、インフォーマルサポートを包含し、住まいと住まい方までを包括した概念であることが、前記の山口医師によるみつぎでの実践に加えて、奥行きを持って理解することが可能になるはずである。

1）「住民参加型在宅福祉サービスの実際」山口昇、高橋紘士共編「市民参加と高齢者ケア」長寿社会総合講座7、第一法規出版　一九九三年。

3章　包括的支援としてのライフケアシステム　佐藤智の仕事

はじめに

ライフケアシステムは一九八一（昭和五十六）年に設立総会が開かれ、正式に出発した会員制のケア提供の仕組みである。創設者の佐藤智《あきら》医師によれば、ある患者から「二十四時間いつでも医者に連絡できる方法を考えてください。費用は私たちで出し合います」と懇請され、佐藤医師の「コミュニティに支えられた医療をしたい」という願いが結びついて、このシステムが始まった[1]。

日本在宅ケアアライアンス制作の「在宅医療のあゆみ」（によれば、佐藤医師は、日本プライマリ・ケア学会の母体となった「実地医家のための会」の創設者永井友二郎医師、京都西陣の堀川病院の創設に尽力し西陣地域の地域医療の拠点を育てた早川一光《かずてる》医師と並んで、在宅医療の創始者として位置づけられている。

佐藤智医師は、東京大学医学部を卒業後、長野県の国民健康保険直営診療所での勤務のあと、武蔵村山市にある社会福祉法人白十字病院に赴任された。この病院は戦前、当時猖獗《しょうけつ》をきわめた結核の患者のための医療機関としてクリスチャンの医師らによって設立され、戦後は無料低額医療機関として地域の拠点機能をもった医療機関であった。この白十字病院で先駆的な訪問看護事業に取り組んだことが、後年の訪問看護事業の制度化に大きな役割を果たし、また、訪問看護に携わる看護師のリーダーとなる人材の養成に多大な貢献をした。

さらに、その後のインドでの一年間の診療経験がコミュニティを基盤とする医療のあり方に大きく貢献したようで、帰国後ライフケアシステムを創始する上での思想的基盤にもなったようである。

会員制の仕組み

その仕組みは「家族を単位とした会員制」で、皆で決めた額を各世帯が出捐《しゅつえん》して運営される。その収入の多くは、毎日、会員の家庭を訪問する「訪問看護婦」（当時の表現）とケースワーカー（当時の表現）と事務職員の給与であった。医師の給与は診療所に所属し、保険診療による収入によって支払われる。この所長が佐藤医師であった（後に所長は辞する）。このケアシステムと診療所の分担関係が後に課題となり、診療所の移転と再編の問題に至る原因でもあったようだ。

往診する佐藤智医師

会費制の規模は、一人の医師が責任を持ちうる大きさを二百世帯と考え、会員の限度は七百世帯と想定していた。当時の会員の分布は東京都の山の手地区、武蔵野市などを中心にした神奈川、千葉、埼玉県にも及んでいた。

四つの柱

訪問看護の実践

ライフケアシステムは四つの柱「二十四時間ケア」、「訪問看護」、「健康診断」「健康教育」から成り立つ。[2)]

訪問看護に類するものは、第二次世界大戦以前から「派出看護」と呼ばれ、富裕な家庭に相対契約で派遣されていた。また、慈善事業として、無償で困窮世帯に看護婦（以下、当時の呼称を使う）を派遣する事業もあった。

一九七一（昭和四十六）年から、東京白十字病院が東村山市の事業委託を受けて「寝たきり老人訪問看護事業」を始めた。当初、看護婦の勤務時間は午前八時半から午後五時まで、高齢者約三十人を対象に訪問活動が行われていた。これを二十四時間体制で対応できるようにする試みが、留守番電話に連絡先のメッセージを吹き込むことによって実現された。この二十四時間体制によって、なにより在宅の高齢者とその家族の安心感を高めることができた。また、懸念されていた夜間の出勤は、結局、年に一、二回程度におさまることがわかった。

「安心感」というのが二十四時間体制のキーワードであり、在宅での二十四時間体制は、安定した連絡手段と連絡網の整備が必要不可欠であるということだ。ライフケアシステムの設立が具体化した一九八一年ごろにはポケットベルが一般化したので、留守番電話と一体化した連絡手段が確保されることになり、二十四時間ケアを可能にするバックアップ機能を果たすことができるようになった。そのことによっ

24時間体制の要の留守番電話

て、在宅の会員の緊急事態への対応が迅速かつ的確に行えるようになった。

今日、携帯電話、さらにテレビ電話等画像通信も導入できるようになり、ＩＣＴ技術が新しい可能性を開いていることは言うまでもないが、テレメディシンやテレケアの導入を妨げているのは旧弊な制度と専門職の価値観かもしれない。一方で、新技術の導入は事故でシステムが作動しないこともあり得る。これは、とりわけ、安否にかかわるシステムの場合に克服しなければならないことであり、フェイルセーフ（安全装置）をどのように確保するかは、まさに、ケアシステムに限らず、あらゆる場面での今日的課題であることは間違いない。ライフケアシステムの話に戻る。

訪問看護、制度化への道

二十四時間ケアの主役は訪問看護である。佐藤医師は訪問看護に携わる看護人材の育成に注力されてきた。それは、白十字病院での訪問看護事業の経験から、訪問看護婦が単に医師の助手、あるいは、「医療者側に立った調整役」としてではなく、「医師と患者並びに患者を世話している家族との間にあるいろいろな問題を、患者側の立場に立ちながら調整し、皆で考え合う場、これを仮に〝共有の場〟というが、その場をくりひろげてゆくものなのである[3]」。

このような関係づくりを通じて医師と患者の距離は短縮し、その同じ場に両者が立っていることを実感した。患者は自分の今後の治療方針についてはっきりと意見を述べ、主体的に意思決定を行い、医師もそれに耳を傾けるとともに自分の意見をはっきり言っていることに気がついた。このような「共有の場」の形成に訪問看護婦が貢献しているということであった。このような共有の場の形成は、インドでの経験では部落の長老がそのような役割を果たしていた。このような場を通じて実は患者も治療に積極的に参画して、「セルフケア」の途も開かれていく[4]。

武蔵村山市での実践から、東大和市にも医師会のイニシアティブで拡大し、さらにこの実践が全国に知られるようになり、その成果をうけて訪問看護が制度化される途が拓けていった。武蔵村山市の事業が始まって十二年後の一九八三（昭和五十八）年、老人保健法の施行の中に訪問看護制度が位置づけられるに至った。

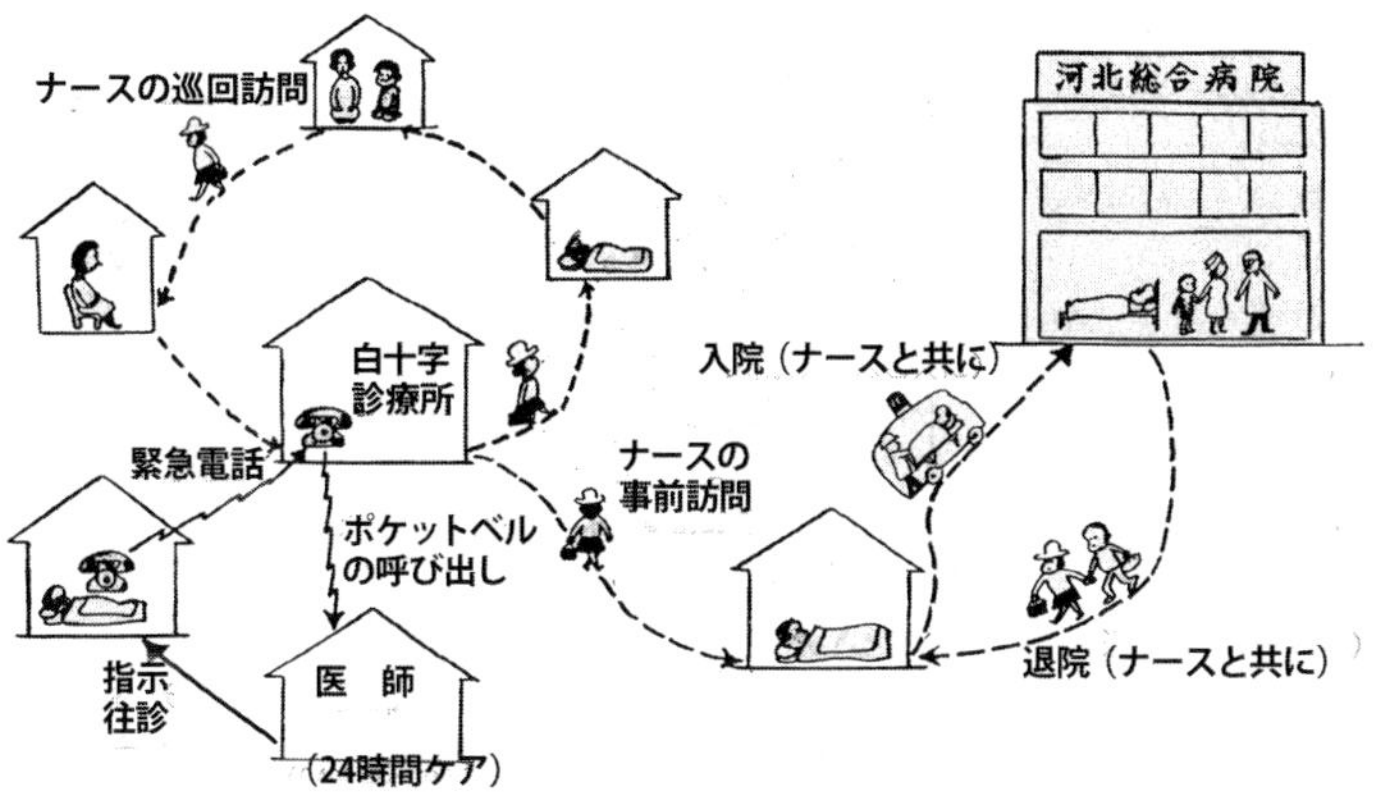

ライフケアシステム（佐藤智医師による）

東村山市での事業の成果は、事業実施後約三年間で、四六％の高齢者が寝たきりから歩行可能に、あわせて六割の高齢者に改善の傾向が見られた。これは、山口昇医師が展開した御調町の実践でも同様であったので、在宅の臥床高齢者への支援として訪問看護がいかに有効であるか、さらに「共有の場」による自己決定による在宅生活の継続の可能性が拓けたということは、今日のインフォームドコンセント、アドバンスケアプランニングにつながっていく特筆すべき試みであった。

このような経験を踏まえて、ライフケアシステムは訪問看護を在宅の会員を巡回する仕組みとして位置づけている。とりわけ重症の患者への訪問が重要で、一日六軒から十軒程度の家庭訪問を行う。

また、ケアシステムのバックアップとして、発足時は、河北総合病院（当時の院長は小笠原道夫医師で在宅医療に大変理解のあるドクターであった）と病床委託契約を結び、入院が必要となった会員のバックアップ病床の機能をもっていた。そのため、入院した会員への訪問も看護婦が行っていた。重要なのは、入院の必要がなくなると直ちに退院させることとなっているが、バックアップ病床があることも会員の安心感につながり、これが在宅ケアを成り立たせる基本の一つと認識されている。

なお、会員の病気への対応の前提として、健康な状態を把握するため、年一回の定期的な健康診断を義務づけ、疾病時と健康時の状態の違いを把握できるようにしている。これもライフケアシステムの柱の一つとして位置づけられている。

佐藤医師はライフケアシステムの評価として、当時のＷＨＯの専門官の次のような言葉を引いている。

「健康保険制度の行き渡っている日本の中で、さらに意識の高い人たちが自分たちでお金を出し合い、会を支え、自分たちの健康を守る運動をしていることは非常にユニークである。そして病院の医療だけにたよるのではなく、むしろ在宅で医療を行い、健康を保っていこうというところに、これからの世界の動きの一端がうかがえる」

さらに、当時、病院死が毎年上昇していたという事実を踏まえ、「在宅で生活を静かに閉じてゆくこと」の意義を会員とともに考えていった。単に健康であるということだけでなく、限られた生命をいかに生き抜き、いかに死を迎えるか、ということが健康教育というものそのものであり、「死の教育」でもあると述べられている。

その理念

「病気は家庭で治すもの」と「自分たちの健康は自分たちで守る」の二つがライフケアシステムの理念として掲げられているが、前者は、正確には「家庭的雰囲気」というように言葉の意味が拡張されている。英語でいうアットホームという意味を含んだものである。その意味を踏まえると、本書の他の章で紹介してきたさまざまな実践が共有しているのは、佐藤医師が述べているアットホームな環境を目指すアプローチが「地域包括ケアシステム」の構築であると言い直すこともできるだろう。

佐藤医師によれば、病院への入院患者の約三分の一が、病状が快復して退院できる状態であり、さらに三割はよい在宅ケアがあれば退院できるとされている。

ライフケアシステムの運用のなかで会員は不必要な入院が抑制されるが、バックアップ病床を用意して必要な入院については対応しており、いわゆる社会的入院が起こらないようなシステムが用意されている。在宅での療養が必要にして十分な形で行えるようにシステムを開発してきたといえる。さらに、家庭的雰囲気と強調しているのは、施設ケアと在宅ケアを二項対立でとらえないということを意味する。佐藤医師は「新しい在宅ケア」という表現で、医療とともに、会員の働きによって形成される「コミュニティ」の働きを重視している。

そのことは、第二の理念である「自分たちの健康は自分たちで守る」ということと深く関わっている。健康を守る主体は「自分たち」であるとし、健康についての意識とともに、老いと死に対する準備を求めている。これは会員の積極的な健康への関与、やがて訪れる老いと死への主体的な関わりを持つことなしには、ライフケアシステムは完結しないという思想の表現でもある。

そのあゆみ[5]

会員規模の拡大と法人格の取得

二〇〇二（平成十四）年にライフケアシステムの二十年を記念して『ライフケアシステム二十年史——在宅ケアの真髄を求めて』が刊行された。一九八一年に創設以来、ライフケアシステムは山あり谷ありする中で時を刻んでいた。

会員数は、八一年の創設時の七十三世帯二二〇人から十年後の九一年に二六六世帯七九九人、二〇〇〇年に三五四世帯一〇三二人と増加。訪問診療の月平均活動数はそれぞれ、十一回、四十二回、二百回と急増し、訪問看護は後に述べる事情から、十二回、五十一回であったものが、二十一回となっている。その他、二〇〇〇年には医療相談員の訪問、理学療法士の訪問、また同年、介護保険が導入され、ケアマネジャーの訪問も行われるようになった。

　ライフケアシステムは当初、任意団体として出発したが、会員の規模の拡大もあり、法人格取得が課題となっていた。設立当初に法人格を持てなかったのは、当時の認可制の公益法人制度に該当せず、考え方そのものは協同組合に近いが、必ずしもその組織論が適合するわけではなかったからである。結局、中間法人制度が制度化された二〇〇四年に中間法人格を取得。法人制度の改正による一般社団法人を〇九年に取得することとなった。診療所は医療法人格を取得できたが、ライフケアシステムは長い期間、任意の組織として活動せざるを得なかったことが、次節で述べる問題に関係していったと思える。

　佐藤医師がインド滞在から帰国してから、社会福祉法人白十字診療所勤務となるものの、社会福祉法人としての診療所はその後閉鎖され、単立の白十字診療所として再発足し市ヶ谷に診療所をおくことになり、ライフケアシステムを支える医療機関としての役割を担った。複数の医師を常勤医として擁し、一九九一年には医療法人春峰会白十字診療所として認可を受けた。診療所では、佐藤医師は一介の医師として勤務し、ライフケアシステムの担当医という位置づけであったようだ。

　この診療所の運営体制とライフケアシステムの関係が問題となっていく。

　一九九二年に老人保健法で老人訪問看護制度が施行され、その年の十二月には診療所に訪問看護ステーションが発足することとなった。診療所の規模も拡大し、佐藤医師が早くから取り組んできた訪問看護事業が制度化され、任意団体としてのライフケアシステムと、医療制度に則って運営される医療法人経営の診療所の医療事業が車の両輪ともいう関係となった。

しかし、医療法人によって運営される診療所と、任意団体として会員制で運営されるライフケアシステムとの組織原理、財政的基盤の矛盾が顕在化していくことになる。その底流には、医療制度における訪問看護や在宅医療の制度化の進展があった。その推進者として、佐藤医師は厚生省（当時）の政策に研究事業などを通じて大きな影響を与え続けていた。実践と政策のつなぎ役として大きな貢献をするとともに、ライフケアシステムを通じて、看護教育、医学生の教育、保健医療福祉や経済社会の理解まで含む啓発活動としてのセミナーなど、多面的な活動が展開されていった。

そのようなライフケアシステムの展開そのものが、矛盾を生み出し、その矛盾を解消するための対立が起きたと思われる。

一九九一年の年頭に佐藤医師は、ライフケアシステムの代表幹事の立場から、入会希望者の増加が診療所医師の負担となり、経済問題に直結すると述べた。白十字診療所の医療法人格取得はこの年に実現したが、佐藤医師は一医師および法人理事として参画することとなった。

会員は適正規模を守り、手作りの会にしていくという方針が改めて示され、また、在宅ターミナルケアの試みが始まった。制度化された訪問看護ステーションが所長以下七名の看護婦によってスタートしたが、訪問看護が事務所のある新宿区に限定されがちなため、広範囲に分散している会員は訪問看護を利用することが困難となり、地理的な限界が表面化することになった。

ライフケアシステムを成立させるための財政基盤や活動内容も問題となり、会費の値上げの問題、互酬性による助け合い活動の提起、在宅ホスピスケアのあり方などが論点となっていった。

対立と再出発

　そのなかで、医療法人が運営する医療や訪問看護とライフケアシステムの活動の整合性が問題となり、これがやがて、一九九四（平成六）年になって顕在化していった。健康保険制度の整備による在宅医療・訪問看護の充実が、ライフケアシステムのあり方を問うているという意見も内部から聞かれるようになった。

　翌年の六月に診療所の医療法人の代表者からライフケアシステムへの質問状が発せられ、診療所とライフケアシステムの関係について問題が提起された。すなわち、在宅医療、訪問看護などの医療行為を、医療機関でないライフケアシステムが行っていることへの疑念が主なものであった。

『二十年史』の記述を引用すると、「佐藤医師の努力が実ってもろもろの在宅ケアが『公的制度化』したとたんに制度が謀叛を起こして襲いかかってきた」[6]とある。しかし、だからといって、ライフケアシステムを医療看護から切り離して、介護に特化するというわけにはいかなかった。そして、現実はその五年後に介護保険が制度化すると、ライフケアシステムが掲げてきた会員システムの意義はどこにあるかということが問題になる。

　結局、ライフケアシステムは白十字診療所から分離独立し、それとともに佐藤医師が佐藤クリニックを同じ水道橋駅近くの結核予防会のビルに一九九六年に開設した。このことによって、むしろクリニックとライフケアシステムの「一体化」が実現できたともいえる。すなわち、在宅医療を中心としたクリニックの誕生であった。このクリニックは九八年に「医療法人互酬会水道橋東口クリニック」として、法人格を取得することになる。

佐藤クリニックを開院した頃。左から辻彼南雄医師、佐藤智医師、酒井忠昭医師

それに先立つ一九九二年に第二次医療法改正で「居宅」が医療提供の場として位置づけられ、先に述べた訪問看護ステーションが制度化した。さらに二〇〇六年に在宅療養支援診療所が導入されたが、それに先だって在宅医療を中心としたクリニックが先駆的に開設されたということになる。まさに訪問看護と在宅医療の両輪が、佐藤医師の先見の明で医療の制度として実現したのであった。

会員による「最寄り会」の意義

以下は、佐藤医師による「ライフケアシステムの『最寄り会』の歴史と在り方」と題された最寄り会についてのエッセイで[7]、二〇〇六年に書かれたものである。これを適宜引用する。

ライフケアシステムの創設時は、会員数が六十世帯くらいで「すぐに集まることが出来て、話が通ずる仲間」のような会であった。しかし四半世紀を経た現在は三六〇世帯、会員数一〇〇〇人くらいになり、東京全域に分散している。

全会員を対象にした会合は、年一回の「総会」と、親睦を兼ねた「秋の集い」くらいになり、日常的な会員相互の交わりが薄くなった。そこで、自然発生的にできて、成長したのが「最寄り会」である。

「最寄り会」という名前は、羽仁もと子夫妻が雑誌「婦人之友」を創刊しその読者が集まって「友の会」を作り、このなかで地域的な集まりを「最寄り会」と呼んでいた。「婦人之友」の読者が多く、自然にこのような会を「最寄り会」と呼ぶようになった。現在（二〇〇六年時点で）八箇所の「最寄り会」が活動している。

初めての「最寄り会」は一九八一年秋に、インフルエンザの「集団の出張予防注射」を調布の会員のお宅で開催したときに、会員から希望で『健康の話と健康相談』を、十名くらいで行い、これを機会に「最寄り会」が始まった。

東京という広範囲なところに分散している会員が「face to face」の関係を保つためには、現状の「最寄り会」は最適な規模と内容が伴う必要がある。これが、まさにライフケアシステムの根幹と考えられる。

ライフケアシステムと地域包括ケアシステム

ライフケアシステムの会員の在宅での看取りの割合は、当初、約七割であった。一時、四割のときもあったが、二〇〇七年には五割を超えていたから、日本人の在宅看取りの割合が平均の約一割強であることに比べれば、驚くべき割合であるといえよう。とりわけ、末期がんの方の在宅が実現したことに注目すべきであろう。

佐藤医師曰く、[8]「死の間際まで彫刻を刻みながら死んだ人がいた。医療の制度はこのような死に方を実現するものでなければならない。音楽が好きな人は好きな音楽を聴きながら、それぞれの価値観にしたがって燃え尽きていけたら良い。それをサポートするのがケアの仕事。スピリチュアル・ウェルビーイングを全うできるようなことを目指す。ある意味ではライフケアはそのようなシステムを目指した」。

佐藤医師は二〇一六年に九十二歳で天寿を全うされた。まさに、ここで述べられたような穏やかな死であったと、佐藤医師の後継者で現在、ライフケアシステムの代表を務めておられる辻《つじ》彼南雄《かなお》医師が、二〇一六年十二月の「ライフケアだより」で追悼の言葉を述べている。

ライフケアシステムの意義は、医療・保健サービスを本人に提供するだけでなく、インフォーマルサポートとしての会員との間の連帯を創り出すことによって共同性に支えられた、生を全うする場を目指すところにあった。まさに地域包括ケアシステムの地域を単にエリアとしてとらえるだけではなく、「共同体（コミュニティ）」を東京という大都市で創り出そうとしたかけがえのない実践であるといえる。

1）佐藤智編『ライフケアシステム20年史』（ライフケアシステム　二〇〇二年）のはしがきより引用。
2）佐藤智『在宅老人に学ぶ』（ミネルヴァ書房　一九八三年）。八五頁以下。
3）前掲書五六頁以下。
4）前掲書六一頁。
5）以下の記述は佐藤編前掲書およびライフケアシステムのサイト（https://home.lifecare-sys.jp）掲載の記事による。また、父上がライフケアシステムの会員であった元立教大学大学院の小口和子氏提供の資料も参照した。
6）前掲『ライフケアシステム20年史』一一〇頁。
7）小口和子氏提供資料による。
8）小口氏提供の佐藤医師とのインタビュー（二〇〇七年五月実施）の記録から発言の趣旨を整えた。

□ライフケアシステムホームページ　https://home.lifecare-sys.jp

＊なお、文中の写真は、一般社団法人ライフケアシステムのホームページ『ライフケアシステムの歩み No.36「追悼 佐藤智先生」特集号』より引用しました。

4章　社会事業の可能性

同潤会による不良住宅改良事業の構想と展開

東京大学大学院工学系研究科建築学教授　大月　敏雄
東京大学大学院人文社会系研究科准教授　祐成　保志

同潤会の「不良住宅改良事業」の今日的意義

高橋　この鼎談を企画したのは、大月先生が提供してくださった、同潤会が今から約八十年前の一九三〇（昭和五）年に完成した猿《さる》江《え》裏《うら》町の復興住宅の鳥瞰図がきっかけでした（図1）。敷地内に店舗併用住宅やござ工場という授産所があり、隣接してあそか病院がある。このあそか病院は、九条武子という西本願寺門主の令嬢で、大正三大美人の一人として有名な方ですが、彼女が尽力して本願寺系の医療施設として創設されたものです。関東大震災のときに、築地本願寺を拠点にして罹災者救護所を設置し、医療活動をされていたのがその発端とされています。また、中央に善隣館というものがあり、これは今風に言うと地域福祉センターということになります。この活動の中身は非常に幅広い内容で、医と職と住と、人々の生活の営みを支える施設を一体的に提供するものとして、当時の同潤会が実施しました。

　同潤会は内務省の官僚たちが知恵を絞って手がけたものです。その当時は救護法（一九二九〈昭和四〉

年）がやっとできたかできないかといった、まだ恤救《じゅつきゅう》規則《きそく》の時代でした。大正時代に内務省社会局社会課がつくられて、社会事業的なものが発展してきましたが、これは、そういうもののある種の実験場的な意味があったのではないか。その証拠に、「猿江裏町不良住宅地区改良事業報告」を見ると、詳細な社会調査と空間計画が一体的に行われた大変野心的な開発だったことがうかがわれます。これに携わった内務省の官僚たちが何を考えていたのかということを、もう一度追いかけたいという気持ちにさせられるような一枚の絵なのです。

今日は、住宅計画のご専門のお立場で、まさに同潤会研究の第一人者で、『消えゆく同潤会アパートメント』（橋本文隆・内田青蔵・大月敏雄編、兼平雄樹写真、河出書房新社、二〇一一年）や『集合住宅の時間』（大月敏雄著、齋部功写真、王国社、二〇〇六年）といった、大変読みやすい本も含めて、さまざまな業績をあげてこられた大月先生と、『〈住宅〉の歴史社会学――日常生活をめぐる啓蒙・動員・産業化』（祐成保志著、新曜社、二〇〇八年）で日本の近代化の中で住宅がどのように位置づけられてきたかを克明に追いかけて、いわゆるハウジング・スタディと社会学的な発想が結びついた大変画期的な本をお書きになり、その中でやはり同潤会の不良住宅改良のことも論じておられる社会学者の祐成先生と、アプローチが違う立場のお二人にお越しいただきました。

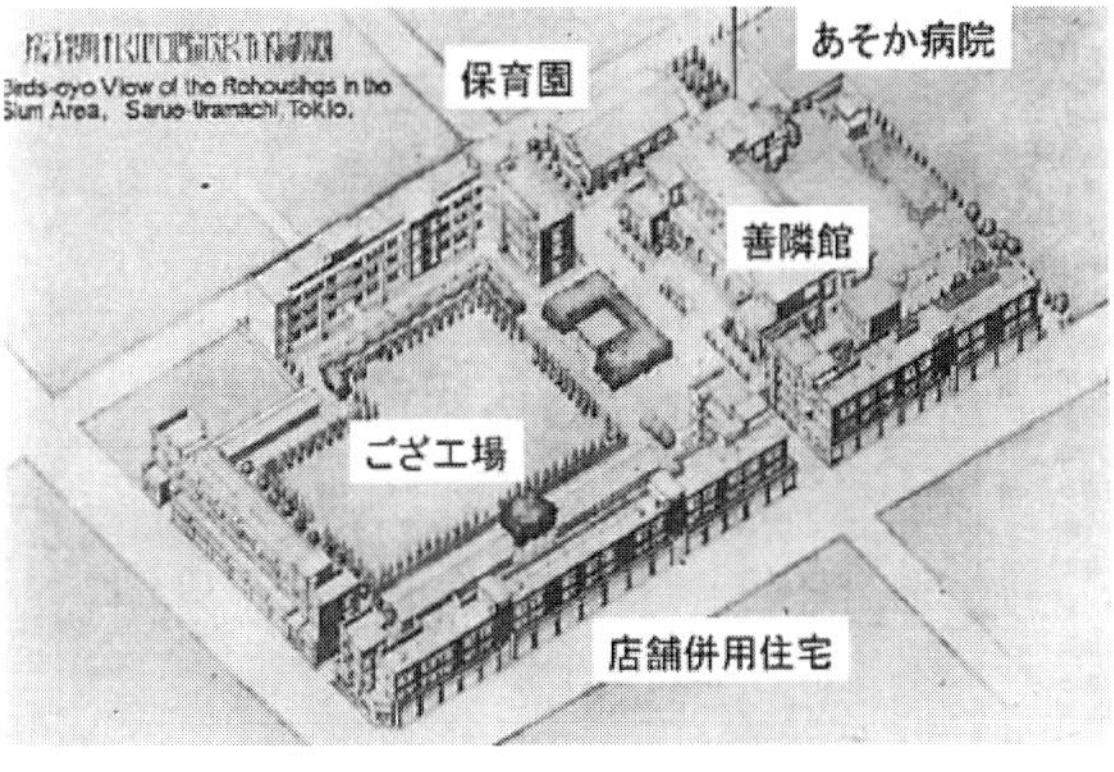

図1　同潤会による猿江町裏不良住宅地区改良事業　1947（昭和2）年。（出典：中村寛「住宅経営」『高等建築学第25巻』常盤書房　1934 年）

私自身の関心で言えば、同潤会の一九三〇（昭和五）年の事業から約八十年が経過し、低所得者や生活困窮者の支援システムを、住宅という視点からもう一度再構築しなければいけないと強く思っており、ようやくその政策も動き出しつつあって、このところ、その問題をずっと追いかけております。

歴史的にみて、我が国に住宅政策はあったのかどうかという大問題も含めて、八十年前の我々の先人の業績を振り返りたい。E・H・カーの言葉を言えば、「歴史は現在と過去の対話である」。もう一方で、「我々は後ずさりしながら未来に行く」というのは、ポール・ヴァレリーの有名な言葉ですが、過去のことを知らずして未来のことを語るなかれという意味です。このところ、日本の社会全体は歴史を忘却し、歪曲したような議論がまかり通っているような気もしていますので、我々の視点で住まいと人々の生活のあり方について今一度、議論できないかと考えています。

まず初めに大月さんに、図1は、東日本大震災のコミュニティケア型仮設住宅とのかかわりの中で引用されていたというところが大変印象的でしたので、そこら辺の話からお願いします。

三・一一復興仮設住宅と同潤会モデル

大月　高橋先生にお渡ししたこの資料ですが、三・一一の東北の大震災の後に、我々を含めた東大の高齢社会総合研究機構（IOG:Institute of Gerontology）が主体となって、岩手県立大とともに、仮設住宅の新たな提案をしようということになったのです。三月中に多くの仮設住宅が着工しているというニュースがあり、よく調べてみると、どうやら家だけが何十棟も兵舎のようにずらっと並んでいるらしい。確かに一刻も早く大量に供給することもすごく大事ですが、一点、何か忘れていないかという議論になりました。それは住宅だけで仮設住宅地を構成してしまうことの危うさを皆さん感じておられて、そのチームの中で、「大月さんは建築だから、何かオルタナティブをつくってよ」と言われて、二週間ぐらい学生と一緒になって徹夜してつくり上げたのが、コミュニティケア型仮設住宅というものです。

要は、仮設といえども医・職・住がセットになったまちづくりをやっておかないといけないのではないか。「医」は医療、福祉であり、ケアとかキュアという概念を包摂する領域です。「食」は食べることですが、食べるためにはお金が要る。お金のためには職業が要る。職業を通じて社会貢献したり、自己実現したりする。いい職を得るために教育が必要になったりするという、人間のアクティビティの意味自体を豊かにならしめる領域です。「医」はそれを根本からサポートする、アクティビティが豊かに行われる大前提であるととらえています。

「住」は、それが空間的にシステムとして実現するための舞台です。

被災した地域では、若い人の多くは都会に逃げることができたけれども、おじいちゃん、おばあちゃんは逃げられずにとどまっている。また、震災前から高齢化率は三〜五割ぐらいと高かった。そうした中で、改めておじいちゃん、おばあちゃん同士が見る・見られる・見守られるという関係が構築できるような家のレイアウトができないかと考えまして、住戸が向かい合うプランと併せて、サポートセンターと呼ばれる集会所兼デイサービスセンターも提案しました。なおかつ、地元で被災されたスーパーマーケットとか商店が入る商店街も住宅の真ん中に置くというプランを考えて、現地の市長さんとか建設部長さんといった人たちに

大月　敏雄氏

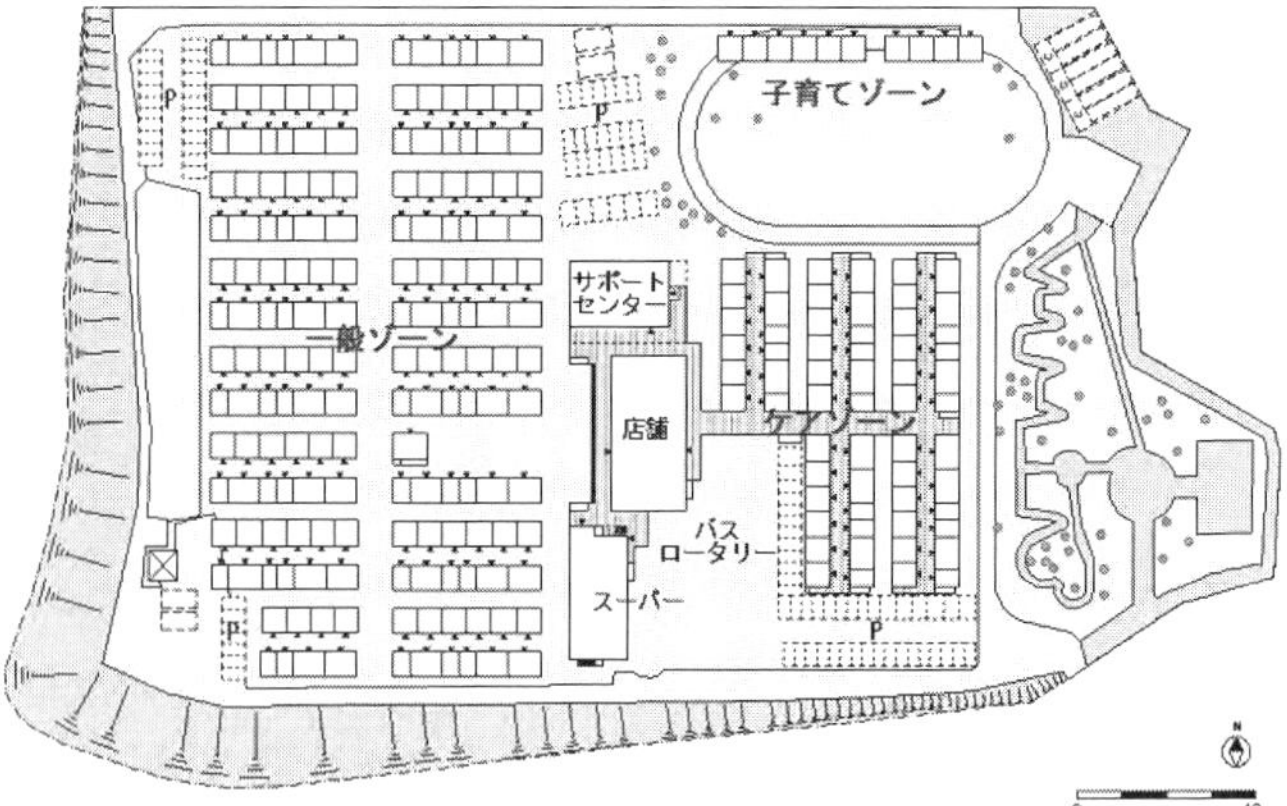

- 仮設店舗・スーパーの誘致
- サポートセンター内に診療所を設置
- 各部分を路地デッキでつなぐ
- 極力整地しない

	6坪	9坪	12坪	計(戸)
ケアゾーン	15	30	15	60
子育てゾーン		10		10
一般ゾーン	47	76	47	170
計(戸)	62	116	62	240

図２　東日本大震災でのコミュニティケア型仮設住宅配置図（釜石市）

3.11 復興仮設住宅

「営業」に行きました（図２）。

その営業資料の中で、日本でもかつて同潤会が同様なことをやっていたと示したかったのです。日本のお役人は基本的に前例重視ですから、「前例がないからできません」と言われるのが一般的です。けれども、逆に言うと、最前線にいる人は常に前例をつくる義務がある。だから、お役人が「前例がない」と断らないようにするためには歴史を覚えておく必要がある。ちょっと古くて、戦前の社会システムの中だけれども、我々の先輩方が同潤会でやってきた経緯がある。これを是非目指してやりましょうよ、という説得材料として図1を使ったわけです。私は、同潤会アパートの調査をずっとしてきたので、今の住宅団地になくて、同潤会の時代にあった住宅づくり、まちづくりの考え方は当然私の中にインプットされていたので、この際、と思ってまとめたのがこれでした。

髙橋　戦後の住宅復興の思想は、平たく言うと、まずは雨露しのぐ屋根をあてがうというものでしたから、日本の住宅に対する思想は、そういうものから免れられなかったのではないでしょうか。人間の住まい方の場というよりは、まず雨露しのぐ屋根を提供するという考え方は、実は戦後の成長経済における住宅政策にも通じます。政策と言えるのか、という疑問も実はあるのですが、祐成さん、そのあたりのことを、今の大月さんの話を踏まえながら、まずは研究のバックグラウンドを含めて紹介してください。

地方改良と大都市定住・・同潤会事業の社会的背景

「田園都市」構想

祐成　私が戦前の内務省に関心を持ったのは、学生のころに『田園都市』（内務省地方局有志編、一九〇七年）という本を知ったからです。そのとき手にしたのは『田園都市と日本人』というタイトルの講談社学術文庫版（一九八〇年）でしたが、まず、著者が「内務省地方局有志」とされていて謎めいている。明治時代の役人、しかも内務省ということで強権をふりかざして民衆を抑圧しているというような先入観をもって読み始めると、どうも印象が違う。田園都市の構想がイギリスで提唱されてからそれほど時間が経っていないにもかかわらず、当時のヨーロッパやアメリカで起こりつつあった社会問題や、それらに対処する政策をとにかく勉強して、懸命に吸収しようとしている。その熱意のようなものに感銘を受けました。

同書の冒頭の三つの章ではＥ・ハワードらの田園都市の理念や実例が紹介されているのですが、次に置かれているのが「住居家庭の改善」という章で、そのあとに保健とか、勤労、都市、農村、救貧、防貧といった各論が続きます。つまり、住居の改善を、広範囲にわたる社会政策の基礎に位置づけるような構成になっています。同書が刊行された一九〇七年という時期は、日本の近代史の中で特別な意味をもっています。日露戦争の後、世界の大国に仲間入りしたけれども、いわば目標を見失い閉塞感すら漂う状況で、社会をどうつくり直すかということを論じているのです。

それまでの大都市は、転入者のおかげで人口は維持できるけれども、出生数より死亡者数のほうが多い。近代の初期において「衛生」が大きなテーマになるのはこのためです。それが、東京では一九〇〇年前後に人口が自然増に転ずる。これを中川清先生は「『蟻地獄』から『生きられる空間』への変容」と呼んでおられます（『日本都市の生活変動』勁草書房、二〇〇〇年）。

都市を定住が可能な空間、つまり住民が自らの身体と世代を再生産できる場所に変えるには、インフラやセーフティネットが欠かせません。『田園都市』が訴えたのはそうした都市政策の確立ですが、同時に都市を郷土として生きる人間を育成するという課題を示しています。それを道徳偏重の精神主義と批判することは可能ですが、積極的な意義を読み取ることもできます。住居をいかに改善するかという問いかけに籠められていたのは、都市に定住するという、その頃の日本人の感覚からすると新しい考え方の提唱だったのではないでしょうか。

『田園都市』は、一九〇七年刊行当時、さかんに語られた「地方改良」というスローガンを具体化したものです。地方改良は、狭い意味での地方自治にとどまらず、地域という空間を単位としたさまざまな事業を含んでいました。社会主義を連想させる「社会」という言葉が警戒されていたので、「社会改良」とは言わずに「地方」の語を用いたという事情もあるのでしょう。その一方で、内務省地方局の総合性というべきか、「地方」という概念にさまざまな要素が未分化に混ざり合っている状況を表しているとも言えます。その中で居住という問題を重視していることは、改めて評価すべき点だと考えています。同潤会が一九二四年、関東大震災の翌年に設立されたのも、こうした明治末以来の、地方局から社会局へ、あるいは地方改良から社会事業へという流れの中で準備されていた発想の一つの表現ではないかと思います。

同潤会の実験的事業と戦時体制に向けた変遷

同潤会の事業を見ていくといろんな実験をしていますね。震災復興から、不良住宅地区の改良、モダンなアパートメント、あるいは、中堅のサラリーマンや熟練工向けの分譲住宅など、それぞれ規模は小さいけれども、さまざまな方向を探っている。ただ、最終的には戦時体制に向かう過程で、居住者は「労働力」として抽象化されていきます。内務省の社会局と衛生局を母体として一九三八年に発足した厚生省に設置された住宅課が、一九四三（昭和十八）年に勤労局施設課に改組されるという出来事は、そうした動きを象徴していると言えます。戦時体制のもと、住宅はもっぱら労働者を収容する施設として扱われ、労働力の消耗を防いで生産性の維持向上に貢献することが住宅の機能であり、そうした機能を発揮させるのが住宅政策の役割ということになるのです。

祐成　保志氏

都市計画法（一九一九年）が制定される前は、都市のハード面の整備は「市区改正」と呼ばれていました。明治期の市区改正論の中では、貧民は役に立たないから東京の外に追いやればいいという排除の言説が主流でしたが、森鷗外や後藤新平は、むしろ貧民こそが日本の活力の源泉であり、彼らを労働者として、あるいは市民として育成すべきだと主張しました。こうした見方が先ほど述べた地方改良につながっていくのですが、貧困層、不安定層の排除から包摂に向けて多様な手段を試みていた中に、授産事業や善隣館をも組み込んだ同潤会の不良住宅地区改良が位置づけられるのだと思います。

猿江裏町の改良事業については、善隣館長を務めていた三上孝基氏が、中央社会事業協会発行の『社会事業』のスラム問題特集号（一九三三年三月）に寄せた「スラム改善の居住者に及ぼす影響」という一文があります。改良事業の効果について、あくまでも印象論と断りながらも、職業・家計・生活習慣・近隣関係の変化、ボス支配の解体、周辺住民による差別の消滅などを指摘しています。とくに児童に与える影響に注目していて、「遊戯の種類が一変した」「子供の労働が無くなった」「顔貌が一体に明るくなった」といった効果が強調されている。彼の報告には、劣悪な住環境は人間から力を奪ってしまう。逆に、住宅の改良を通じて人の生き方を変えることができるのだ、というある時期までの住宅政策の理念が色濃く反映されています。

一方で日本社会の全般的な状況としては、産業が発展し、経済規模が大きくなってきた。その中で、かつての貧民も比較的安定した生活構造をもつようになる。彼らを「労働者」というふうに抽象化しておけば、政策の対象としてもおおよそカバーできるという認識が広がっていったときに、先ほど申したように勤労者の収容施設という形で住宅もまた抽象化されたのではないか。厚生省から住宅政策を担当する部門が分離されて戦災復興院、のちには建設省に編入されていく前提は、すでに戦時期に準備されていたのではないかと思うのです。

明治末に提起された地方改良の理念、さらには大正期の社会事業の取り組みと、戦後の住宅政策のギャップがなぜ生じたのか、というのは簡単には答えが出ない問いではありますが、おおざっぱに言えば、以上のような経過をたどったのではないかと考えています。

都市貧困層の再編

髙橋　本質的な指摘をいただいたと思います。Historical if というのは歴史家がやってはいけないことで、「もし第二次世界大戦なかりせば」と言うと怒られるような話ですが、今おっしゃった田園都市から社会事業の概念が生まれて、この事業が完成したのはまだ昭和五（一九三〇）年ですから、戦時体制になるのは十年に入ってからだろうと思います。

大月　満州事変はその前の昭和六年にあったけれども、本土がその気分になるのは昭和十年ぐらいですね。

髙橋　大正デモクラシーの余韻の中、第一次世界大戦の戦後に一等国という言葉があったわけですが、それをサスティナブルにしていくためにはどういう政策が必要かということを、彼らは同潤会のプランの中に仮託しているのではないか。「猿江裏町不良住宅地区改良事業報告」を読んでいて、そのことが気になりました。

というのは、後に大河内一男が、社会事業の定義をしていますが、まさに祐成さんがおっしゃったとおりで、貧困者とか生活困窮者をさまざまな手だてを尽くして労働者として再生し、強化して、労働力として有効に活用するというのが社会事業であると。

大月　マルクスっぽいですね。

髙橋　もちろん大河内先生はマルクスの影響を受けた時代の学者で、ドイツのゾチアルポリティーク（Sozialpolitik　社会政策）の影響を受け大河内社会政策論は、後に労働経済学になっていくわけですね。

救護法ができ、社会事業法ができると、とりわけ戦時体制では厚生事業、戦争の犠牲者に対する特別な政策という形で、一般階層政策と要援護者対策が切り離されていくのですが、まだこの時点で未分化で、明治維新以降、資本主義が導入されて起こってくるさまざまな社会変動の中でつくられていった下層貧困層を、経済市場や社会にもう一度再編できる手だてを、こういう形で実験したのではないか。つまり、その前提は安定的な住まいの確保であったということなのかなと考えているのですが、大月さんはいかがお考えでしょうか。

田園都市運動

大月　僕は住宅づくりとか都市づくりの側面からしか見ていないのですが、田園都市を見出したのが、井上友一《ともいち》（一八七一〜一九一九。東京府知事を務め、地方行政を専門とした内務官僚）などの一派です。

高橋　彼は『救済制度要義』という本を書いていますね。

大月　ああいう一派の流れと、後藤新平はやはり大きくて、後藤は最初、台湾に民政長官として行き、満鉄の総裁になり、満を持して日本に戻ってきて、大正五（一九一六）年に内務大臣になります。そのときに都市政策が大きく動き出す。大正七年に外務大臣に移るのですが、その年に米騒動が起きます。僕はそこがすごくターニングポイントだと思っています。

　後藤新平が内務大臣になったときに、いい人がやってきたと井上友一やその周辺の人たちが相当喜んだに違いない。そして池田宏（一八八一〜一九三九）、永田秀次郎（一八七六〜一九四三）、前田多門（一八八四〜一九六二）といった「畳屋さん」と呼ばれる後藤のブレーン、三羽烏が形成されていくのが大正五年から六年。そのときに「都市研究会」ができて、日本でも市区改正みたいなものでなく、きちんと都市計画をやっていこうということを、池田を中心に考え始めます。池田さんが亡くなった後に出された池田さんをしのぶ本に、おもしろいことが書かれています。内田祥三という東京帝大の建築の先生で、安田講堂を設計した、のちに東京帝大の総長になる人なんですけれども……。

彼がまだ若いころ、池田さんに呼ばれて、内務省社会局の中の、いわば池田スクールみたいなところで都市計画の勉強をしていたということが書かれています。当然、都市研究会でも内田さんは池田さんにいろいろ教えられた。内田さんも当然、ヨーロッパで起きている田園都市運動に極めて関心が高く、日本でも田園都市をつくってみたいと、いくつかのモデルプランを大正七年と十一年に発表しています（図3）。それだけではなくて、当時から「千軒長屋」などと呼ばれて有名だった猿江裏町の調査をしているのです。内務省の特命で内田祥三先生以下、ノミとかシラミにたかられながら、どういうふうに住んでいるかとか建物の平面を採集しているのです。

こうした雰囲気の中で、祐成先生のご著書にも書いてあるのですが、「住宅会社法案」という法案が用意されたのですが、政変に巻き込まれて、誰かの机の中にしまわれたままとなった。その法案が震災を経て形を変えて復活したのが同潤会でした。

だから、大正デモクラシーの頂点で後藤新平が内務大臣にいて、後藤の助太刀をしていた池田宏のような優秀な能吏たちがいて、

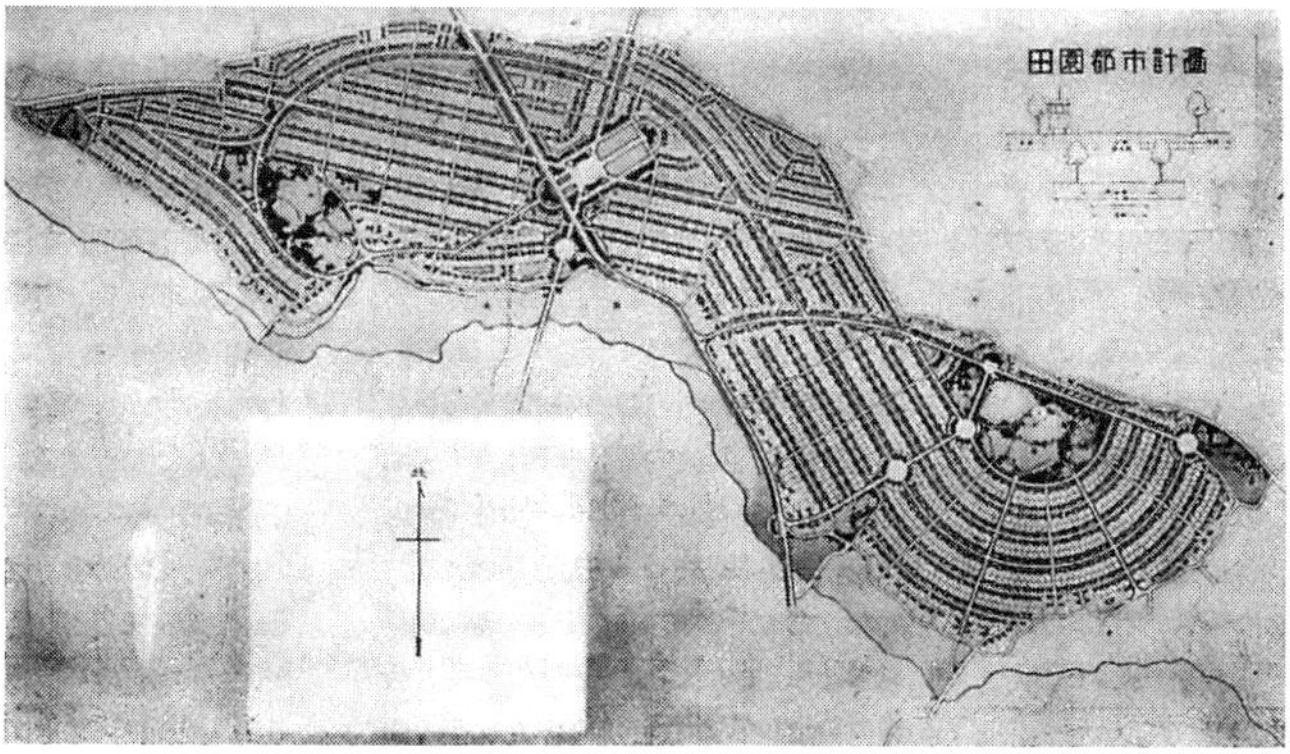

図３　内田祥三による田園都市計画（「大都会に於ける住宅の補給策」『建築雑誌』建築学会、大正 11 年５月）

その下に内田祥三のような優秀なテクノクラートが結集して、渡辺銕蔵《てつぞう》のような法学者もついて、万全の体制が形づくられたのが大正五、六年ぐらいですね。それで政変とか、米騒動のすったもんだがあって、その間に後藤は東京市長に担ぎ上げられるのです。そのときに、池田を含む三人の部下を全部助役に呼んで、当時のお金で八億円かかる「大風呂敷」と呼ばれた東京大改造計画を立てます。あれが、帝都復興大事業の青写真になっているのです。

だから、関東大震災の後、後藤が中央に呼び戻されると同時に、池田も呼び戻されて、復興院をつくる。そこで名実ともに大正時代のデモクラシーの頂点の時代に描いていたものを実現するべく、池田が同潤会をつくった。そういう理解を私はしています。

社会改良の流れ

高橋　そういう中で私が注目しているのは、私の専門からいうと善隣館です。考えてみると、ヨーロッパでも労働者教育という流れはずっとあって、例えば日本では英才教育として知られているモンテッソーリは、元はといえば労働者教育が始まりです。社会問題が深刻化していく中で放置していてはならないということで、ソーシャルリフォーム（社会改良）というものを、単なる経済的な問題だけでなく、人間の生活に着目し、視点を広げながら、その営みにどうやってビルトインしていくか。

平時はなかなかそういうことを表立ってできなかったのが、まさに震災を契機にここで一つの具体的な姿を伴ってあらわれている。これは、今日でいうと包括的支援なのです。このところ、僕らは地域包括ケアという議論をずっとやっていますが、働いたり、自立して生活することが困難な場合に、現金給付というか、お金を提供するだけではとても不十分で、さまざまな現物的な支援をセットにしなければならない。先ほど歴史上の「もし」ということを思わず言ってしまいましたが、戦争がなかったら、まさに漸進的な社会改良の方法論に確実につながっていったはずです。ところが、そうはならなかった。

一方で、イギリスの場合は、大戦中にベヴァリッジ・レポートという福祉国家建設のプランが出てきます。どうしてかというと、第二次世界大戦でヒトラー・ドイツと戦う中で、階級社会を統合し、しかも、総力戦ですから、労働者階級を大量動員せざるを得ない。その中で、戦争勝利の暁には福祉政策を根幹に置いた国をつくるという公約が出てきた。ベヴァリッジは「五つの巨人」という有名な言葉を言っています。「貧困、疾病、不潔、無知、怠惰」といった五つの巨人はまさに社会悪であるという総合的な視点を保ちながら、戦後復興の中で福祉国家の形成に取り組んでいきました。

日本の場合は、敗戦国でもあるし、非常に難しい環境の中で、戦後復興が経済復興として語られざるを得なかった。生活の復興というよりはまず経済を優先し、その中で、生活はある種の手段になっていく。非常に荒っぽいものの言い方ですが、そんな歴史なのかなととらえています。

そういう意味で、通説とは逆な見方ですが、内務省が、建設行政と労働行政と今の医療福祉行政を総合した一体化した官庁の中から解体分割されていった。戦後は住宅政策と福祉政策は泣き別れになっている。その象徴が一九五一（昭和二十六）年、厚生住宅法と公営住宅法が、田中角栄の一票で建設省所管に転んでいった。

大月　第二種公営だけは厚生省もかみましょうということになりましたが。

高橋　そういう中で、住宅というもののあり方が、政策あるいは国民の立場からいって、どういうふうに変わっていったのか。これが実は歴史的なエピソードに終わってしまったのか、そうでないのか、そこら辺の評価はどうお考えになっていらっしゃいますか。

社会調査と都市計画

草創期の生活まるごとの調査

祐成　総合性ということで言いますと、例えば内務省の地方局では明治の末に「細民調査」を実施しています。当時「貧民窟」と呼ばれたスラムを細民地区ととらえて、家屋だけではなくて、その生活の全体をとらえるような詳細な研究です。一方で、大正時代は衛生局が「月島調査」という調査を行っています。これも家計調査や余暇時間の使い方も含めて、生活を総合的にとらえようとしている。

その総合性は内務省に限られたことではありません。私が興味をもって読んだのは大阪市役所の調査です。これは関一《せきはじめ》という学者出身の市長の影響も大きいと思いますが、社会政策の根拠を得るために社会調査を行うのです。一九一九（大正七）年に始まった「労働調査報告」というシリーズがあり、二七（昭和二）年からは「社会部報告」と改称されるのですが、タイトルを見ると、「密住地区居住者の労働と生活」（一九二五年）、「呉服店員の生活と労働」（一九二八年）というように、「生活」と「労働」という言葉がセットで使われています。こうした職場での労働と住居や地域での生活の両方をカバーする視点が、社会政策の初期にはむしろ主流だったのではないか。

「常傭労働者の生活」という一九二一（大正十）年頃の調査を見ますと、市役所の職員が労働者の家まで出かけていってインタビューをしている。同時に、室内のたたずまいや暮らしの細部を描写している。当時は「モノグラフ」と呼んでいたようですが、ルポルタージュといいますか、単なる統計調査ではなくて、調査員が自分の目と耳でとらえた情報の豊かさを、なんとか生きたまま伝えようとしている。

他の報告書を読んでみても、「わしらの生活を調べてくれたかて生活がようなるじゃなし」、「何ぞ呉れるんどすか」といった反応とか、「保険の勧誘はお断りだっせ」と追い返されそうになったとか、そういうことまで書いている。基本的にはお堅い報告書のスタイルなのですが、ところどころ、現場での調査員と対象者のやりとりを彷彿とさせるような記述に出くわすのです。手法としては洗練されていないかもしれないけれども、とにかく生活を丸ごととらえようと、社会調査というアプローチそのものを反省しながら、いろんな工夫をしていたということだと思うのです。東京市社会局にも、「考現学」を思わせるような図版が掲載された調査があります（図４、図５）。

これに対して、一九四〇（昭和十五）年前後に厚生省が行った「大都市住宅調査」は、戦後の住宅統計調

図４　大阪市社会部「毛馬・都島両橋に於ける家舟居住者の生活状況」（1937 年）p.6

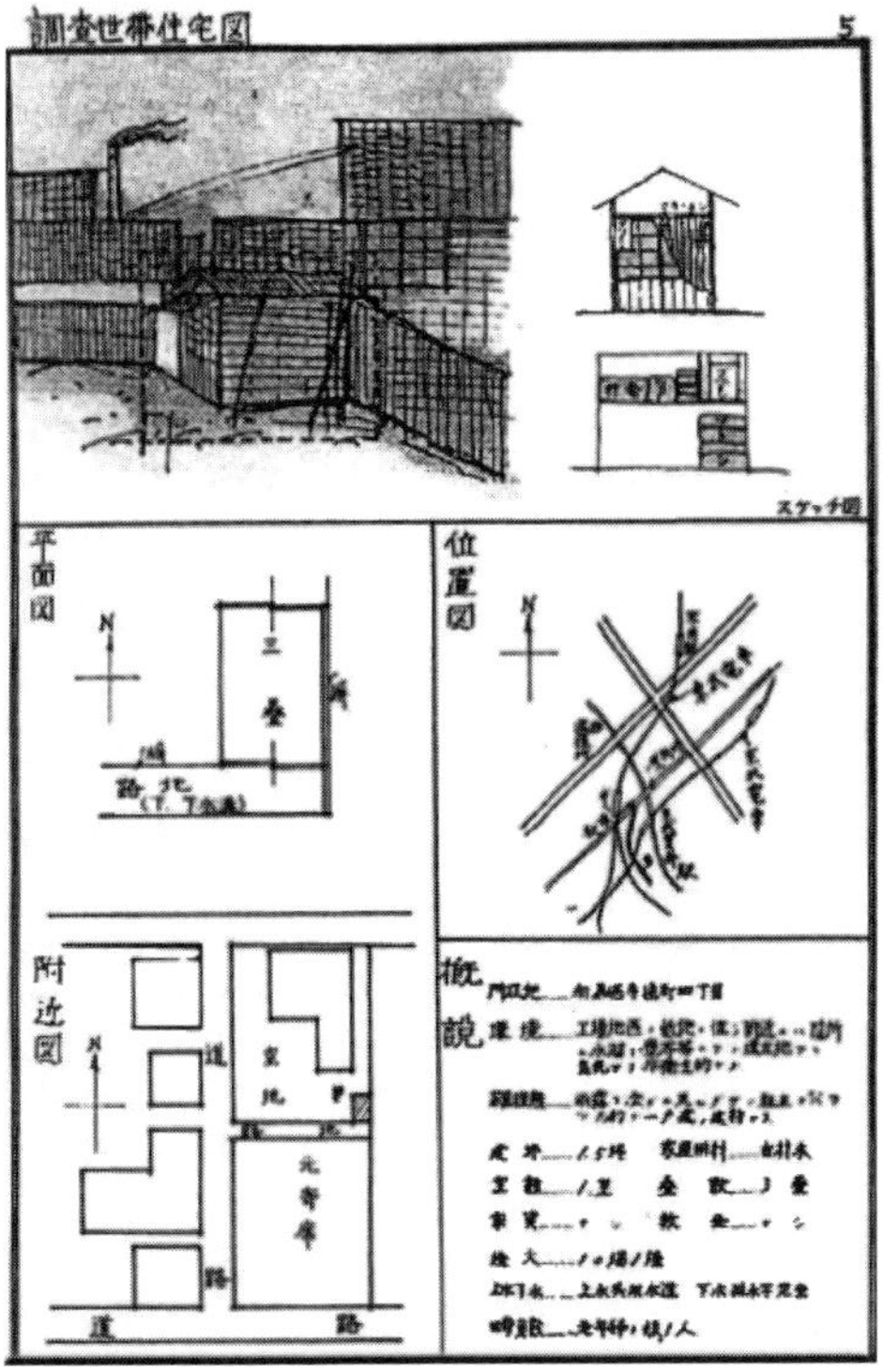

図５　被救護者に関する調査　昭和９年度（「日本近代都市社会調査資料集成１」東京市社会局調査報告書 47）

査の原型ともいえる全国的なセンサス調査です。調査項目を絞り込み、標準化することで、住宅という対象が政策の中で扱いやすくなることはたしかです。しかし、初期の調査でとらえようとされていた生活の総合性がだんだんと切り分けられていったとも言えるのです。

専門分化で失われた共通のカルチャーや横断的思考

組織の上でも、内務省地方局は戦後でいうと自治省をはじめとして厚生省、労働省、建設省の一部を含んでいたわけです。これは機能分化をしていくという意味では発展ですが、同時に、相互の交流が難しくなっていきます。一例を挙げると、先ほど大月先生のお話にも登場した池田宏という官僚は、もともとは地方局で、その後、土木局の道路課長、初代の都市計画課長、都市研究会、社会局長官、同潤会理事長というように、今から見るとかなり広い範囲を行き来しています。こういう人がだんだんと減っていったのではないか。『田園都市と日本人』の解説（香山健一「田園都市国家への道」）によれば、後に都市計画課長になる飯沼一省氏が一九一七（大正六）年に内務省に入ったときは、何冊か必読書を渡されて、その中にこの本があったというのです。つまり、衛生局に行くか、土木局に行くか、どこに行くかわからないけれども、ともかくみんなこれを読むといったカルチャーがあったらしい。しかし、仕組みが整備されていくことの功罪だと思いますが、お互いを隔てる壁がだんだんと厚くなっていくというプロセスと、戦時体制のようなともかく効率的に業務を遂行する必要に迫られる中で、余裕がなくなっていったという面もあると思います。

大月　官僚組織もそうですが、大学自体も全くそうで、専門分化はいいけれども、結局、お互いの情報の流通がなくなって共同で作業できなくなってしまった。そういう体質になっています。官僚組織では、なんとか局となんとか局で似たような施策を、ちょっと色合いを変えながらやっていたりする。それは実は大学の中でも似たようなことをやっていて、例えば高齢化の問題でも、社会学と地域保健と建築が、似たようなテーマでそれぞれ分かれて研究している。だから、それを横つなぎにするＩＯＧ（Institute of Gerontology 東京大学高齢社会総合研究機構）のような組織が必要だったのです。

同潤会の猿江裏町の改良事業が面白いのは、帝都復興区画整理事業でやっているので、同潤会がここの土地を先買いするのです。同潤会の土地だけでなく保育園の土地とかあそか病院の土地がばらばらにあったのを、「換地設計」と呼ぶのですが、土地を寄せ集める。そのときに、集約的にある拠点をつくろうと、土木のほうが都市計画とか住宅計画を思い描きながらやらなければ効率的な拠点はできないのです。

ところが今、東北の震災復興で何が起きているかというと、残念ながら、インフラを扱っておられる土木が、その上にどういう建物が建ってどういう生活が営まれるのかまで思いを馳せて、あるいは実際にそこで公営住宅を設計する人、住む人、福祉事業を展開する人と話し合いながら絵を描いているとは到底思えないような換地設計を数多く見かけます。だから、我々住宅屋からすると、こんな道ばかり広くてすかすかの町をつくったら、コミュニティもできないのではないかと危惧するようなものが平気で出てくる。この点、大正時代の土木と建築と福祉をやっている人たちは、多分もっと近かったのでしょうね。

高橋　今のお話は本当に現代的な課題で、なぜ今、横串にさす発想がないのか。コモンセンスとあえて言いましょうか。専門的な技術を駆使する人たちが共通の文化をどこかで持っていた時代と、それが壊れてしまった時代。まさに私どもの仕事を含めて言うと、住まいというハードウェアと、そこにどういう住まい方が展開するのか。先ほどの抽象化されているという言われ方はものすごく重要で、労働力として算入して、子どもをつくり、定年退職まででしょう。老いて、そこでケアが必要になるということは、多分視野に置かれないで住まいが設計されてきた。それは五階建てまでエレベーターは要らないという思想ですね。

ところが、今現実に、その想定を超えたことが団地などで起こっているわけです。そういうことを含めて、我々の共通の理解がそれをつかみ取る力がなくなると同時に、現実のほうが想定したよりもはるかに多様化してしまってきている。先ほどの土木屋さんの道路設計の中に、そういう想定がない。三・一一以降、「想定外」という言葉が流行語になってしまったのは、想定外のことが起こるのが普通だというのではなくて、自分の専門性の中に全部閉じ込めてハンドリングできると思っていたのが、そうではなくなってきているということが明らかになった。これはどこの領域でも起こっていますが、とりわけ住まいのあり方について、その問題をもう一回とらえ直さなければいけない。

「家族」と「世帯」

大月　本当にそうですね。例えば政策的には「世帯」といいます。一世帯で一住宅とか。世帯というのは国勢調査令で決まっているようですが、生計を一にしていること、及び同じ建物に住んでいるという二つの条件を満たすと世帯です。しかし、我々が通常、生活していく上で、生計は必ずしも一緒ではないけれども、家族が助け合って生活していたりする。例えば、親と子が近所に住んで助けあう「近居」というのは普通にあります。それは家族だと思っているからであり、普通にあることなのに、政策上は世帯で切っているからそれは見えないことになっています。法律上は、民法に親族の規定はありますが、家族の規定はないのです。家族だと思ったら、家族なのです。

　例えば、団地の設計をする人は、ここのエリアは高齢化が進んで、ひとり暮らしの老人がたくさんいて大変だ。だから、施設もたくさん造らなければいけないという議論になりがちですけれども、東京都心の限界集落と呼ばれているアパートとか団地を調べてみると、娘が団地隣の何丁目に住んでいて、週に一回来てくれるということがよくある。団地の境界を越えて一つの家族が成立していると言っていい。

　そうした家族のリアリティよりも、世帯をあくまでも単位とした政策しか行われておらず、誰もそれに疑問を持っていないところが不思議。常に予算づけの方法が「世帯」という単位で決まってしまっているから、新たに家族を問い直そうとか、新たな家族に融資することによって日本の社会を元気にしようとか、そういうことを考えられていないというのが、僕の印象です。

　岩手県大槌町で災害公営住宅整備計画検討委員会の座長をさせていただいたのですが、仮設住宅に住んでいる人が、公営住宅に入るときに誰と一緒に同じ団地に住みたいのか、というのが話題になりました。

　マスコミでは、コミュニティが大事だからコミュニティでみんな一緒に仲よく入居できるようにしましょうとか言っていますが、現実には、コミュニティの中でも嫌い合っている人がいたりする。逆に、あるおばあちゃんは、全く他人だけど、たまたま仮設で知り合った別のおばあちゃんと一緒でないと生活が成り立たない場合だってあります。その人と「一緒だったら、どこに行ってもいいわ」と思っていたりする。それは広い意味で家族、つまり拡大家族、疑似家族であり得ると思います。

　そのことを、政策の柔軟性をもう少し高めて、この人が家族と思っているのだったら、それを親族のように公共で支援する。こ

1990 年当時の同潤会アパート（大月敏雄氏撮影、提供）

の人とこの人が一緒に災害公営住宅に入るならば、当選確率を少し高くしてあげようとか、今までの人間の尺度とか単位を少し変えるだけで、救われる人が相当出てくるような気がするのです。

髙橋　祐成さんは、そこら辺のことを住宅政策の歩みに即しながらずっと展開してこられたと思いますが、今の大月さんの話を敷衍《ふえん》していただけますか。

「住まい」と「住まい方」の再統合

祐成　イギリスのタウンゼントという著名な社会学者が『居宅老人の生活と親族網――戦後東ロンドンにおける実証的研究』（原著一九五七年、邦訳一九七四年、垣内出版）で、やはり拡大家族の考え方を展開しています。福祉国家が本格的に形成されていくなかで、真に政策の対象とすべきは誰かということが問題になった。そこで彼は、老人にかなり詳細な日記を何日にもわたってつけてもらうのです。

すると、同じ独居だけれども、近くに家族がいて頻繁に訪ねてくるので孤独を感じていない老人と、本当に孤独な人がいることがわかった。「世帯」という静態的な把握だけでは不十分で、時間の流れのなかでの空間の使い方までとらえないと、生活の構造は理解できないというわけです。

髙橋　実は先ほどの家族観はいろんなところに制度としてあらわれていて、例えば「建築基準法」だったら、家族とそれ以外、特定建築物と人をして住まわせる場所に二分する。そうすると、その中間型がありません。

今議論になっているシェアハウスは、寄宿舎扱いになってしまう。だけど、寄宿舎扱いになった途端に、規則が非常に厳しくなる。ここからだいぶ飛ぶけれども、実は我々の想定していなかったことがいろいろな形で起こり始めてきています。地域包括ケアの考え方では「基盤としての住まい」という言い方をしております。住まいはまさにケア、住まい方の問題と折り合わせながら、包括的なサポートをしていく基盤ですから、今までのような住まいのとらえ方ではうまくいかなくなりはじめています。

例えば、施設と住宅の二分法もそう。もともと施設に「ホーム」という名前を付けたこと自体のメタファーの意味する問題があります。誰が一番初めに施設を「ホーム」と付けたのでしょうか。もともとドイツではハイム（Heim）ですから、住居、居住の場という意味にすぎないのです。それをホーム（家族）という名前をわざわざ横文字を当ててかぶせていく。

そういうことを含めて、住まいと住まい方の関係について、猿江裏町でやろうとしていたことが、ある意味で挫折し、専門分化の中でばらばらになっていったけれども、今、それを再統合する。そのきっかけが先ほどのコミュニティ型仮設住宅の話だと思うのです。これから高齢化が非常に進み、成熟化していく日本の都市の中で、その問題をもう一回考え直さなければいけない。そんな時代が来ていると思うのです。

その中で、ここからミッシングリンクというのでしょうか、回復すべきものを、それぞれ思うままに議論していただけないでしょうか。

生活のリアリティ、家族のリアリティ、労働のリアリティ

「世帯」の内訳の変化

大月　祐成先生がおっしゃったことは非常にそのとおりだと思っていて、行政自体が専門分化していく中で、同潤会のときに持っていたものが、戦後、ある種効率化していくのだけれども、その効率化には前提があり、「世帯」という基礎単位はどの省に行っても一緒です。一緒だからこそ安心して袂を分かって、それぞれの省ごとの政策の竪穴を掘りに行くというようなことをやっていたのです。しかし、我々の生活のリアリティ

はここ二十年ぐらいで前提自体が相当変わっており、家族のリアリティと、政策単位である「世帯」がかみ合わなくなっている。

例えば今、三分の一ぐらい離婚するわけです。そうすると、元旦那、元嫁、元お父さんとかも含めて我々は一つの家族だと認識して、ある程度助け合ったりして住んでいる場合もある。そういうものを、住まいとか、施設とか、町はどう引き受けることができるのか。それは離婚した三分の一のリアリティなんです。

さっき僕が言った「近居」という現象では、多少元気なおじいちゃん、おばあちゃんの近所に子ども世帯と孫がいて、今の時代は共働きでないと生活できないから、孫は昼間や夕方、おじいちゃん、おばあちゃんに面倒を見てもらう。親世帯がちょっと動かなくなりかけたら、孫と一緒にみんなで面倒をみようという関係性の中で、社会とか我々の生活自体が成り立っている。

あるいは、ペットです。人間でないものと同居することによって、その人が生きられるような条件がある。それも広い意味で家族です。あるいは、このヘルパーさんでないと嫌だというケースもあるでしょう。そういう人間関係も住まいに引き寄せて考え直さないと、古い単位を使って議論していても、何の役にも立たないということを、本当に思いますね。

そういうリアリティを我々はどれだけ把握しているでしょうか。ある団地に近居している親子はどれぐらいいるのか、どれくらいの人がペットを家族と思っているのかなど悉皆調査《しっかいちょうさ》をしない限り誰も知りません。要するに、我々の生活の総体が誰にも見えていないというところが非常に困った状況で、それはぜひ社会学に期待したいところでもあるのですが。

高橋　社会学という学問の宿命みたいなもので、いつも全体性の把握と科学性の間で股裂きになってきました。祐成さんは社会学的な視点で住まいの問題を研究されていますが、ちょうど祐成さんの世代は、高度経済成長が構築した安定的な社会単位がそろそろ崩れてきている中で、地域調査などもされている。しかし、僕らの時代は、まだその前提が辛うじて信じられていた時代にいろんな調査をした。そうすると、数量的な調査でどうのこうのと言えます。先ほどのモノグラフに戻るという話は、実はそういう前提が崩れたから戻らざるを得ないということだと思います。

標準化が崩れた家族のあり方、労働のあり方

祐成　私自身が実施してきたのは大体標準的な調査です。郵送調査で七割ぐらいの回答をいただけたりします。ただ、それだけの高回収率のアンケートであっても、分析すればその地域の生活がわかるとはなかなか言いづらい。

また古い話に戻ってしまいますが、建築学者の西山《にしやま》夘《う》三《ぞう》氏が、戦時中に住宅の型計画を提出されています。その根拠の一つ目として、「国民生活が標準化されてきている」ということを挙げておられるのです。親と子どもがいて、親のうちのどちらかは雇用労働者である。産業の発展に伴って、そうした働き方が一般化してきたし、これからもそれが増えていくだろうという展望があるから、住宅はそれほどたくさんの種類は考えなくてもいい。ある範囲内でつくっておけば、家族の人数の大きさ、小ささぐらいで計画が立てられるという発想だったと思うのです。一九四〇年ごろから七〇年代までは、そうした意味での標準化されたものを対象にしていれば、かなりカバーできた時代だったと思うのです。

それ以前には、定職についていない、何で食べているのかわからない「雑業」としか言いようのない人々が都市には大勢いた。あるいは戦後の貧困調査でも、「賃金持ち寄り型家族」というような概念があった。むしろこれからは、こういうものが、また増えてくるかもしれない。つまり、非雇用労働、雇用外で働いている状態が広がる中で、恐らく調査の仕方を変えないといけないでしょうし、政策のターゲットの設定の仕方も変わってくるのではないかと思います。

高橋　考えてみたら、高齢社会はそういう社会ですね。元気な高齢者は、まさに非雇用的労働を期待されている。非正規雇用化や非婚化が、そういうものを促進しているわけですから。八月（二〇一三年）に社会保障制度改革国民会議の報告書が公表されましたが、一九七〇年代モデルとされている、正規雇用で、専業主婦で、境界がはっきり見えている標準化した人たちを想定して社会保障はできてきたけれども、二〇二五年モデルはそうではないでしょう。

社会調査でちょっと面白いエピソードをご紹介すると、ある自治体が高齢者に行ったアンケート調査は、行政が直接行うものですから、当然七〜八割の回答が返ってきますが、そこでやめないのです。返らなかった残りの二割にフォロー調査をかけて、そこにこそ政策のターゲットが潜在していると考えた行政官がいます。

大月　偉いですね。

高橋　まさにそれは今、祐成先生がおっしゃった話ですね。我々は七割回収すればすべてが推測できるという前提だったのですが、現場の実践家にとってはそうではない。だから、厚労省は日常生活圏について悉皆調査をやれと言って、サンプリングで七割返ってくればいいと思っている人たちを当惑させています。政策当局者は、いつも批判の対象になっていますが、国・地方を含めて、現実の実態をよくわかろうとする政策担当者も少なくなく、従来型の発想のままでいる部分との対立が今後大きくなりつつあるような気がしています。

「空き家問題」の解決法・・住み開き

高橋　そういうことに気がついた人たちと、気がつかないで従来型の行動様式をとっている人たちの間に、随分大きな溝ができ始めていて、これをどう考えるか。住まいの話も多分そうだと思いますし、僕が先行きをものすごく心配しているのはタワーマンションです。そして、マンションの建替え問題で、不良住宅改良という議論と別のコンテクストで、新しいタイプの不良住宅改良問題といえる課題が起こり始めています。

　祐成さんも指摘されていますが、日本の住宅は私有化原理でずっと動いてきており、それを持家政策が後押しをして、公営住宅は補完的というか残り物として存在しています。だから、ヨーロッパ諸国では社会住宅と呼ばれる公営住宅が二割～四割近くを占めますが、日本の場合は五％と少ない。公営住宅の割合が低い問題に対して、日本は住宅ローンという仕掛けを組んで、経済成長で得た収入をローンで再回収するという実に精緻な仕組みをつくりました。アメリカでは既に住宅ローンが破綻しましたが、日本でも恐らくそういうことが起こって、従来型のシステムでは住まいそのものが成り立たない事態が起こるのではないかと危惧しています。

　そういうことを考える上で、日本の財政がものすごく逼迫する中ではありますが、もう一回、新しい不良住宅改良事業の議論をする必要があります。空き家問題はまさにその前駆的なアラームを鳴らしていると思っています。

大月　今、空き家はどこに行っても問題ですね。全国の築二十年ぐらい経過した戸建て住宅団地の自治会や町内会にずっとインタビューに行っていますが、どこも空き家は問題になっています。結局、周りから手出しができないのです。ごみ屋敷というのが、かつて有名になりました。家の中がごみだらけで、臭くて、そこからネズミが出てきて大変だ。けれども、その住人は、それは宝物だから片付けたらダメだと主張する。でも、周りにとっては大迷惑。私有財産を一歩でも跨いだら犯罪になってしまうぐらいの勢いで、我々は私有財産というものを考えています。

今、高齢化が進む地域で何が起きているかというと、じいちゃん、ばあちゃんが住んでいる家は、手入れができずに緑がわんさか茂ってしまう。ただでさえ狭い前の道に緑が覆いかぶさるから、これをなんとかしたいけれども、他人の所有だから何もできない。そこで、そうした地域を誰がどうやってマネジメントしていくかということが問われているのですが、たいてい行政はそれは民間のマターだと言うので、結局、地域の町内会とか自治会が頭を悩ませて、場合によっては町内会でボランティアを募集して、道路から出た分は刈りますとか、自分たちでおばあちゃんの庭の草むしりをやりましょうとか、そういうことが既に始まっています。

その延長はどうなるかというと、おばあちゃんが一人で住んでいる家に、きれいな庭とリビングがあるので、それを地域で使わせてくれませんかみたいな話になる。例えば、世田谷でやっている「地域共生のいえ」プロジェクトなどがあります。最近、「住み開き」という言葉がはやっていて、自分の家の余った空間を、毎日とか週に一回、月に一回、地域にオープンする。オープンガーデンの家版だと思えばいいのですが、ああいうことが少しずつ始められている。

間の領域・・完全な「公」でも、完全な「私」でもない領域

大月　今まで公・共・私ときっぱり分かれていて、それぞれ公空間は公が管理しなければいけない、共空間は自

治会・町内会・管理組合が管理しなければいけない、私空間は個人で管理しなければいけないと、暗黙の前提で管理主体を決めていましたが、実態を見ると、公・共・私が入り乱れて管理し合って、地域を支え合っているのです。例えば地元のおばあちゃんたちが公園に花を植えるのを「公園里親制度」と言って、行政が支援し始めている。公を個人で耕す、公を共の世界で耕す、あるいは個人の世界を共で耕すといったようなことです。要は、地域のメンテナンスのために、異なる主体が一緒に手を入れる。地域を支えていく上で、そういうことが必然的に進んでいかざるを得ない状況があります。

　そうすると、昔のコミュニティみたいに、おばちゃんが「こんにちは」と言って、気がついたら上がってお茶をすすっていたとか、そんな場面も場合によってはあり得るのではないかという気がします。

高橋　今のお話を社会学的に敷衍すると、私的空間と公的空間という二分法で分離してきたのが、共助とか、最近、地域包括ケアでは互助と言っているのですが、空間と管理主体が一対一対応でいたものが、対応しなくなってきている。そういう議論は極めて社会学的ですが、住宅の議論をする上で、これはこれからの基本になるような気がしたのです。

祐成　なぜ私有化という形でこれまで大丈夫だったかというと、イギリスの社会学者Ｒ・パールのいう「雇用外労働」が豊富に存在していたからだと思うのです。つまり、それぞれに任せておけば、その敷地の中、建物の中でなんとかなる。それは標準化された世帯がほとんどを占めていたことと対応していると思います。それを「私」の領域に閉じ込めておくと、格差が大きくなり過ぎるということに多くの人が気づいてきた。ある家はお金も設備も人手も豊富だが、ないところは全くない。その調整がうまくできなくなってきたから、間の領域が必要になってくるのではないでしょうか。

　もともとは社会というのはそういう姿が常態で、いろんな人がいることが前提だと思います。だからこそ完全な「私」でもなく、完全な「公」でもない領域を、さまざまな工夫をしてつくってきたのですけれども、二十世紀の半ばは、そういうものがなくてもいいと思えた特殊な時期だったのかもしれませんね。

大月　そういうものがなくても成り立っていたのですね。

祐成　特殊な状況でしかないのに、いつまでも続くような気がしていたのではないかと思います。

戦後の価値観と仕組みの崩壊

高橋　大正時代の同潤会のように、内務省官僚たちが将来の社会として見通していた社会があった。しかし、戦争を挟み、高度経済成長を挟んで、今日の社会はイデオロギー的には、市場原理主義的な民間活力なり自律的な動きに全面的に依拠するような議論がまかり通っているにもかかわらず、現実には、その前提となる自立した個人がどんどん消えてきている。その矛盾がこれから大きくなっていきます。

　もう一つは、やはり来るべき震災ですね。いろんな資料を見ると、東日本大震災は終わりでなく、始まりだと見えるのです。その中で、戦後成長がもたらした価値と仕組みが崩れているということを相当早い時期に認識している人と、認識していない人もいるわけですが、そこら辺をどのようにつくり直すのか。少なくとも住宅とケアを一体化した包括的支援をやらなければいけないのが、高度成長以降、予期せざる結果としての高齢化の問題があり、自立を念頭に置いた仕組みが実は膨大な依存的な人口を生み出すという、ある種の逆説としか言いようのない事態。その逆説について、我々は本当に正直に認識しているのかといつも思うのです。

　住まいの問題も、まさに先ほど標準化とおっしゃった前提としたものが崩れ始めている。高齢者の住まいだけではありません。標準的と考えられている家族形成をしない人々、また、それを選ばない人も増えているわけだから、そういうことを含めて、住まいと人間のあり方と社会について、二〇二五年、高齢人口二千万人を超え、大都市高齢化が急速に進む時期を見越して提言をお願いします。

ソーシャルミックスは可能か

大月　震災の前に、東北のあるニュータウンを調べたことがあります。そのニュータウンは四千軒くらいの戸建て住宅だけが並んでいるような、みんなの憧れのニュータウンでしたが、三十数年過ぎて、今や高齢者タウンになって、空き家も増え始めている。その中で、一部ニーズがあって小さなアパートに変わっています。戸建ての良好な住宅が並んでいるところに、安いアパートが建ってしまうのは、一般的によくないことだとされています。

　ところが、実際に調べてみると、そのアパートが建つことによって何が起きているか。その町出身の女の子が都会に行って、結婚し、子どもができて、離婚して、子どもと一緒に町に戻ってきてそのアパートに住んでいるという母子家庭が結構あるのです。それは、アパートがあったからこそ、母子家庭の方はおじいちゃん、おばあちゃんの近所に住んで、子どもはおじいちゃん、おばあちゃんに面倒を見てもらって、自分はちゃんと稼げるという構造になっている。そういうことが成り立つためには、同じような住宅ばかりであってはいけない。

　それを、我々は理念的に「ソーシャルミックス」と言っているけれども、ソーシャルミックスが本当に我々の生活にどう役立つのかという議論がないままに来ています。例えばアメリカでソーシャルミックスと言ったら、住宅地を開発するときに一割か二割はアフォーダブルハウジング（低所得者用住宅）にしなければならないというので、「アフォーダブルハウジング飛ばし」というのがあります。アフォーダブルハウジングの用地を別に確保しておく。要は、本音では良好な白人街区をつくらないと高く売れないわけです。だから、「飛ばし」の技術が成り立っているのだけれども、そういうことではなくて、本当にその住宅地が、我々の十年後、二十年後を支え得る家の構成になっているのかというところが、実はこれからの住宅地、あるいは地域に求められる要素だと思います。

　そういう面では、都会は超高層マンションがあったり、小さなアパートがあったり、戸建てがあったりして、ぐしゃぐしゃですね。それが実はいいのだけれども、郊外に行った瞬間に、非常に画一的で脆弱な町ができているのをどうつくり替えるかというのは、一つのテーマだと思います。

住宅の質と住まいの質

脱法ハウスの住人

祐成　社会学は実際に物をつくることができないものですから私はつい言葉にこだわるのですが、「住宅」の質と「住まい」の質は違うのではないかと考えています。英語文献だとハウジングとホームを区別する議論をよく見かけます。その場合に、住宅の質にプラスして住まいの質を充実させることはもちろん大事なのですが、住宅としての質はあまりよくないけれども、住まいとしてはそれなりに役立っている空間をどう評価するかという問題が鍵になると思います。
　先ほどシェアハウスは寄宿舎なのかどうかというお話がありました。住宅の質を重視する立場からすれ

1990年当時の同潤会アパート（大月敏雄氏撮影、提供）

ば、第三者が募集して住まわせているのは事業なので、寄宿舎として施設を整えねばならないという理屈になると思います。ただ、入っている人にとって、そこで暮らすことができているならば、それはそれで評価すべきなのではないか。最近、さらに劣悪な違法貸しルームとか、脱法ハウスが話題になっています。この問題を考える集会で、脱法ハウスに実際に住んでいる方が発信されたのですが、自分は住み続けたいとおっしゃっていたんですね。

つまり、住宅としての質はどうしようなく劣悪なのだけれども、では代わりにどこか都心から離れた公営住宅に住めれば問題が解決するのかというと、その人にとってはそうではない。むしろ知り合いもたくさんいる今の場所に住み続けたいという。そうした感覚をどう受け止めればいいのか。

それは、いわゆる木賃アパートという、質は悪いけれども家賃が安い住宅をどう評価するかという論点とも関わっています。それらはもちろん住宅の標準あるいは理想からすれば認めることができないのだと思いますが、全てを基準どおり造り替えることができないとすれば、そうしたストックを、いかにして住まいとしてなんとか使っていくかという視点も一方で必要ではないかと思います。

「一人暮らし」から「とも暮らし」へ

髙橋　今、僕はキーワードとして「『ひとり暮らし』から『とも暮らし』へ」と言っています。「とも」は、「友」人と、「共」同と、寄り添う「伴」走。園田眞里子先生（前明治大学教授）と、この言葉を流行らそうよと言っているのですが。独居というのは標準化されていればひとり住まいということになりますが、実は一緒に住めるようなソフトとサポートを入れると、それこそ互助のよさみたいなものが出てきます。ところが、少なくとも他人同士の共同居住は今の建築基準法も想定していない。脱法シェアハウスのお話は象徴的で、あれは規制し、なくすべきだというのが今日の考え方です。しかし、そうであれば、そういう人たちのいる場所を質を保ちながらどうやってつくっていくか。

　これは従来の雨露しのぐ屋根の延長としての、箱としての住宅政策から、国交省的に言えば、「住宅建築計画法」から「住生活基本法」に変わったけれども、今日ずっと議論してきた標準化されつくされないさまざまな多様性があらわれている中で、住生活の内実をどう考えて、これを具体的な政策とどう結びつけていくか。そんなことをもう一度考えさせてくれる歴史的なものが、猿江裏町不良住宅改良だったのかなと思いつつ、過去と未来と現在を行きつ戻りつしたような議論になりました。何か言い残したことを一言補っていただきたいと思います。

「とも暮らし」を阻む空間的・システム的な要因

大月　最近、高齢者施設を見学に行くチャンスがいくつかあって、面白いなと思うのは、特養でも老健でも、基本的に個室といいますが、施設の人に聞くと、二人部屋とか三人部屋も残しておいたほうが、助け合うという気持ちが生まれていい場合もある。また、個室に住んでいる人たちも、自分たちで面倒を見合っているところがあるので、それをスタッフが全て引き受けるというやり方がよいのだろうか。住んでいる人同士がある程度面倒を見合うことを割り引きながら、逆にそういうことを促進するような空間はどうつくれるのか。そこを考えない限り、いつも「ゼロから百まで全て面倒を見ます」というところから出発しているから、施設がものすごく重たくなってしまうし、住宅地を福祉化しましょうと言ったら、重たくなってしまう。
　施設の中ですら、例えばユニットケアも、現場の人にとっては評判が悪いときがあります。都道府県が、ユニット同士をつなぐと事業者が悪さをしてスタッフを減らしてしまうからという理屈で、ユニット同士をつないではいけない、きっぱり縁を切らなければダメだ、という指導をしているようです。しかし、こっちのユニットで仲の悪い人が一人でもいて、向こうのユニットの友だちがいれば、そっちに行きたくなるじゃないですか。そういう可能性をゼロにするような空間のつくり方がされている。

それを施設の中だけでなく、町の中でも我々は展開してしまっていて、とも暮らしを阻む空間的な要因、システム的な要因が、よく考えると我々の周りにいっぱいある。そのバリアをどんどんなくしていくだけでも、相当面白い新たな価値の創出ができるのではないかと思いました。

「住まい」を想像するときの個別性

祐成　住宅について多少物を言ったり、学生に授業をしているときにも感じることがあるのですが、住まいというものの特徴として、ほかの人がどんな生活をしているかが想像しにくい。自分の状況で推しはかろうとしたり、自分はそういうところに住んだことがないのでわかりませんと、話を打ち切ってしまったりします。

学会のような公共的であるべき場で報告しても、個人的な経験や意見を披露される方が結構いらっしゃいます。私的な空間だからなのか、あまりにもいろんなものを含んでいて扱いきれないからなのか、住宅に関して公共的な議論が成り立ちにくいと言いますか、それぞれの立場の人がそれぞれの見解を述べて言いっ放しになってしまいがちな印象を受けます。そのあたりの議論の成り立ちにくさは何なのかが気になっています。

住まいについて公共的な議論が成り立つというのは、成熟した社会の証なのではないかと思うのです。つまり、住まい方についての想像力が試されている。まず、今まで経験のないような住まい方で暮らすことにはかなりの勇気が要ります。家族以外と一緒に住んだことがない人が、いきなり「とも暮らし」と言われても二の足を踏んでしまう。逆に、住まいに夢を投影して過剰な期待をもつこともある。「こんなはずじゃなかった」という落胆が生じやすいのも、想像の難しさゆえでしょう。

　その一方で、いろんな工夫をすることで壁を乗り越えていって、これはこれでありなんだと、考えを改めていけるのも、また住まいの特徴だと思います。はじめは違和感があっても、慣れてしまえば意外となんとかなる。想像のしにくさと、適応のしやすさが、住まいの特徴かなと最近は考えています。調査をするにしても、政策を考えていく場面でも、こうした一筋縄でいかない性質をどううまくとらえるかが鍵となるでしょう。その際に、歴史を振り返ることで多くの有益なヒントが得られると思います。

高橋　今日の議論は歴史をさかのぼりながら、住宅と住まい方の将来を考えるという、アクチュアルな議論をすることができました。ありがとうございました。

大月　敏雄　一九六七年、福岡県生まれ。東京大学大学院工学系研究科建築学専攻教授。東京大学工学部建築学科卒業、同大学大学院博士課程単位取得退学。工学博士。横浜国立大学工学部建設学科助手、東京理科大学工学部建築学科准教授を経て現職。

著書『町を住みこなす――超高齢社会の居場所づくり』（岩波新書、二〇一七年）、『住まいと町とコミュニティ』（王国社、二〇一七年）、『集合住宅の時間』（王国社、二〇〇六年）。編著『近居――少子高齢社会の住まい・地域再生にどう活かすか』（学芸出版社、二〇一四年）ほか多数。

祐成　保志　一九七四年、大阪府生まれ。東京大学大学院人文社会系研究科准教授。一九九七年、東京大学文学部行動文化学科社会学専修卒業。二〇〇二年、同大学大学院人文社会系研究科社会文化研究専攻博士課程単位取得退学。札幌学院大学社会情報学部助教授、信州大学人文学部准教授を経て現職。

著書『〈住宅〉の歴史社会学――日常生活をめぐる啓蒙・動員・産業化』（新曜社、二〇〇八年）。

あとがき

この書物は、私が高齢者住宅財団理事長を務めていたときに財団の機関誌「エイジングインプレイス」に掲載した鼎談と、「医療介護 Next」誌のために行った対談やコラム、また、過去の論文および書き下ろしの文章などから、地域包括ケアへの理解が深まるように編集したものである。

対談、鼎談は活動の当事者と行政官、研究者などの方々にご参加いただいた。現場に即しながら多様な議論を展開していただけたのは、ひとえに実践の重みと、鋭い視点と見識によるものである。

これらを記事にしていただいた高齢者住宅財団企画部長の落合明美、「医療介護 Next」誌の編集担当で、現在ウェブマガジン「医療と介護２０４０」主宰の横井むつみ両氏にお礼を申しあげる。

さらに、これらの素材を提供され、またコメントをいただいた関係の方々に感謝したい。これらの座談と文章の収録をお許しいただき、また写真を提供していただいた方々にも改めて御礼を申し上げる。

なによりこのような企画を書籍化していただいた木星舎の古野たづ子さんに深く感謝する。木星舎はホームホスピス関係のほか、緩和ケア、心理療法から民俗学にいたる上質な書物を出版している。そのレパートリーに本書が加わることを喜びたい。

二〇二二年　春

編　者

関連年表

西暦・和暦	事　項	関連する部・章
1907・M40	内務省地方局有志「田園都市」発刊	Ⅲ・4
1916・T5	後藤新平、内務大臣就任	Ⅲ・4
1920・T9	内務省社会局設置	Ⅲ・4
1923・T12	9月1日、関東大震災発生	Ⅲ・4
1924・T13	同潤会設立	Ⅲ・4
1929・S4	救護法制定	Ⅲ・4
1930・S5	猿江裏町復興住宅完成	Ⅲ・4
1931・S6	満州事変勃発	
1938・S13	厚生省設置。厚生省に住宅課設置	Ⅲ・4
1946・S21	旧生活保護法	Ⅲ・4
1948・S23	建設省住宅局設置	Ⅲ・4
1950・S25	新生活保護法	Ⅲ・4
1951・S26	社会福祉事業法制定	Ⅲ・4
1960・S35	春日町（1972年市制施行）社会福祉協議会結成	Ⅲ・2
1966・S41	山口昇、御調国保病院着任	Ⅲ・1
1971・S46	白十字病院（佐藤智院長）が東村山市の委託で訪問看護事業開始	Ⅲ・3
1972・S47	有吉佐和子『恍惚の人』出版。ベストセラーとなる	
1973・S48	老人福祉法改正により、老人医療費無償化	
1974・S74	御調国保病院出前医療開始（「寝たきりゼロ作戦」開始）	Ⅲ・1
1975・S75	本田義信春日市社協会長に専任・老人給食事業開始	Ⅲ・2
1979・S54	春日市社会福祉センター落成	Ⅲ・2
	全国社会福祉協議会「在宅福祉サービスの戦略」発表	
1981・S56	ライフケアシステム設立総会	Ⅲ・3
	春日市社協老人下宿構想（行政の同意得られず難航。自転車振興会の先駆的事業補助で）1983（昭和58）年着工	Ⅲ・2
1982・S57	こぶし園開園。小山剛生活指導員として着任	Ⅱ・1
1983・S58	老人保健法で病院退院患者の訪問看護診療報酬化	
1984・S59	御調国保健康管理ステーション（町と病院の保健医療福祉組織統合）開設	Ⅲ・1
1987・S62	本田義信、在宅福祉領域で初の朝日社会福祉賞受賞	Ⅲ・2
1988・S63	北九州越冬実行委員会結成	Ⅰ・5
1990・H2	山谷地域を中心にボランティアサークルふるさとの会創設1999年に特定非営利活動法人格取得「自立支援センターふるさとの会」となる	Ⅰ・1
	福祉関係八法改正（地域における福祉、在宅福祉サービスなどの法定化等）	
1991・H3	福岡市内で宅老所「よりあい」を開設	Ⅱ・2

＊和暦　M＝明治　T＝大正　S＝昭和　H＝平成　R＝令和の略

関連年表

西暦・和暦	事　項	関連する部・章
1992・H4	訪問看護ステーション制度が老人保健法改正で創設、また、医療法改正で「居宅」を医療提供の場として法定化	
1995・H7	神戸・淡路大震災発生	
1996・H8	こぶし園認知症グループホームモデル事業導入	Ⅱ・1
	白十字診療所から佐藤医師独立、後に互酬会水道橋東口クリニックとして医療法人化。	Ⅲ・3
	堂園メディカルハウス開設	Ⅰ・4
1997・H9	御調保健福祉センター開設	Ⅲ・1
1998・H10	特定非営利活動促進法でNPO法定化	
1999・H11	川原秀夫が、小規模多機能型居宅介護サービスの原型となる小規模多機能型ホーム「きなっせ」を熊本市に開設。	Ⅱ・3
2000・H12	介護保険法施行・社会福祉法（社会福祉事業法の名称変更と改正）	
	ホームホスピス宮崎、特定非営利法人認証	Ⅰ・2
	特定非営利法人北九州ホームレス支援機構設立	Ⅰ・5
2001・H13	全個室・ユニットケア型の特養「けま喜楽苑」を兵庫県尼崎市に開設	Ⅰ・3
2002・H14	ホームレス自立支援法成立、2012（H24）年、2017（H29）年に改正	Ⅰ・5
	こぶし園サポートセンター三和開設	Ⅱ・1
2003・H15	高齢者介護研究会（厚労省老健局に設置）が「2015年の高齢者介護」を公表、「地域包括ケアシステム」の構築を提言（2006年からの介護保険制度改革に反映された。また、小規模多機能型居宅介護等の地域密着型サービスなど認知症への対応するケアモデルの提案）	
2004・H16	かあさんの家曽師（ホームホスピス第一号）開設	Ⅰ・2
2006・H18	住生活基本法制定（名称変更）	
	小規模多機能型居宅介護が創設型	
2007・H19	東近江医療連携ネットワーク研究会発足（「三方よし研究会」の前身	Ⅱ・2
2008・H20	年越し派遣村設置（リーマンショックによる生活困窮者支援）	Ⅰ・1/5
2009・H21	群馬県渋川市の静養ホームたまゆら火災	Ⅰ・1
2011・H23	東日本大震災発生	
	加藤忠相「あおいけあ」創設	Ⅱ・3
2013・H25	生活困窮者自立支援法成立	Ⅰ・5
	NAGAYA TOWERが鹿児島市に開設	Ⅰ・4
	高齢者住まい法改正（サービス付き高齢者住宅創設）	Ⅰ・1
	北九州ホームレス支援機構が特定非営利活動法人「抱樸」に改称	Ⅰ・5
2014・H26	こぶし園大型特養解体完成。５地域に小規模特養として分散。小規模多機能型居型宅介護、キッズルーム、居酒屋など併設	Ⅱ・1
2015・H27	全国ホームホスピス協会設立	Ⅰ・2
2019・R元	住宅セーフティネット法（通称）改正（居住支援法人制度等）	

【図表一覧】

部・章	頁	図番号	図表名	出典・作成（提供）者
序	5	1	地域包括ケアシステムの「植木鉢」の変化	地域包括ケア研究会
Ⅰ-1	17	1	地域居住支援法（仮称）の構想	髙橋紘士
〃	20	2	ふるさとの会による「自立援助ホーム晃荘」	ふるさとの会
〃	31	3	墨田区におけるふるさとの会の支援状況	〃
〃	35	4	生活困窮者への支援	〃
〃	37	5	都市型軽費老人ホーム「ルミエールふるさと」	〃
〃	39	6	機能障害を生活障害にしない家族的ケア	〃
Ⅰ-2	54	1	かあさんの家の仕組み	市原作成の図を高橋改変
Ⅰ-2	65	2	かあさんの家のネットワーク	市原美穂
Ⅰ-3	80	1	従来型特養の個室化と個室ユニット化	三浦　研
Ⅱ-1	157	1	地域社会が一つの施設・病院	小山　剛
〃	160	2	施設分散と地域支援計画（地域全体を支えるシステム）	〃
〃	165	3	私の築いてきた人生は地域の中にある	〃
Ⅱ-2	176	1	チーム永源寺	花戸貴司
〃	178	2	地域のとらえかた（グローバル・ローカル・コミュニティ）	髙橋紘士
〃	183	3	東近江魅知普請曼荼羅	北川憲司
〃	185	4	地域包括ケアシステムモデル	髙橋紘士
Ⅱ-3	192	1	ケアの意味の変遷（Oxford English Dictionaryによる）	〃
〃	197	2	生活機能を規定する諸要因の関連	備酒伸彦（高橋改変）
Ⅲ-1	205	1	御調町の中高齢者向け事業	公立みつぎ総合病院
Ⅲ-3	236		ライフケアシステム	佐藤　智
Ⅲ-4	244	1	同潤会による不良住宅改良事業	大月敏雄
〃	244	2	東日本大震災でのコミュニティケア型仮設住宅配置図	〃
〃	251	3	内田祥三による田園都市計画	〃
〃	255	4	被救護者に関する調査（昭和９年度）	祐成保志

【初出一覧】

序章　地域包括ケアの展開についての対話

「総合診療医テキスト「地域包括ケアシステム」中山書店　2016 年第 I 部

第 I 部

---

1 章　ホームレス支援の射程　ふるさとの会が切り拓いてきたこと

「財団ニュース」110 号　高齢者住宅財団　2012 年 9 月

2 章　とも暮らしの可能性　ホームホスピスからのメッセージ

「財団ニュース」124 号　高齢者住宅財団　2015 年 1 月

3 章　施設を作り直す　個室ユニットケアの意味

「医療介護 Next」Vol.12 no.4　メディカ出版　2016 年

4 章　住まい方を変える　ナガヤタワーの理念と実際

「財団ニュース」133 号　高齢者住宅財団　2016 年 7 月

5 章　ホームレスを生み出さない社会へ　包括的居住支援の構想

「医療と介護 2040」Web magagin　2021 年

第 II 部

---

1 章　「こぶし園」施設を地域に展開する　小山剛の仕事

『小山剛の拓いた社会福祉』より　中央法規出版　2016 年

2 章　三方よし研究会と地域まるごとケア

「医療介護 Next」Vol.12 no.3　メディカ出版　2016 年　及び、書き下ろし

3 章　ケアの意味と新たなケアのかたち

「医療介護 Next」Vol.4 no.3　／同　Vol.5 no.1　メディカ出版　2018 年

第 III 部

---

1 章　御調国保病院の挑戦　　地域包括ケアの創始

「医療介護 Next」増刊号　メディカ出版　2017 年

2 章　在宅福祉事業の創始とその展開　　春日市社協の事業

『しあわせへの挑戦　春日市社協の実践』本田義信との共著　全国社会福祉協議会　1987 年

3 章　包括的支援としてのライフケアシステム

書き下ろし

4 章　社会事業の可能性　　同潤会による不良住宅改良事業の構想と展開

「財団ニュース」118 号　高齢者住宅財団　2014 年 11 月

高橋　紘士
(*Takahashi Hiroshi*)

1944年生まれ。特殊法人社会保障研究所研究員、法政大学、立教大学、東京通信大学などで教職の他、高齢者住宅財団理事長、東京都社会福祉審議会委員長などを歴任。
現在，高齢者住宅協会顧問、全国ホームホスピス協会理事、全国居住支援法人協議会顧問、全国日常生活支援住居施設協会顧問などを務める。この間、厚労省老健局「高齢者介護研究会」「地域包括ケア研究会」の他、国交省住宅局等の委員会の委員などを務める。
共編著に『地域包括ケア時代の地域包括支援センター』『地域連携論』『地域包括ケアシステム』（以上オーム社）『福祉情報化入門』『コミュニティ福祉学入門』（以上有斐閣）などの他、論文多数。

人を想い　地域を耕し　社会を変える人たちと

地域包括ケアを現場で語る

2022年3月10日第1刷発行

■

編著者　高橋　紘士

■

発　行　図書出版 木星舎
〒814-00025　福岡市早良区西新7丁目1-58-207
TEL 092（833）7140　FAX 092（833）7141
http://mokuseisya.com/

■

印刷・製本　シナノ印刷株式会社

ISBN978-4-909317-25-4